MARVEL

TODO LO QUE SIEMPRE QUISISTE SABER

ADAM BRAY
LORRAINE CINK
JOHN SAZAKLIS
SVEN WILSON

CAPÍTULO UNO

PERSONAJES

CAPÍTULO DOS

EQUIPOS

CONTENIDO

CAPÍTULO TRES
LUGARES

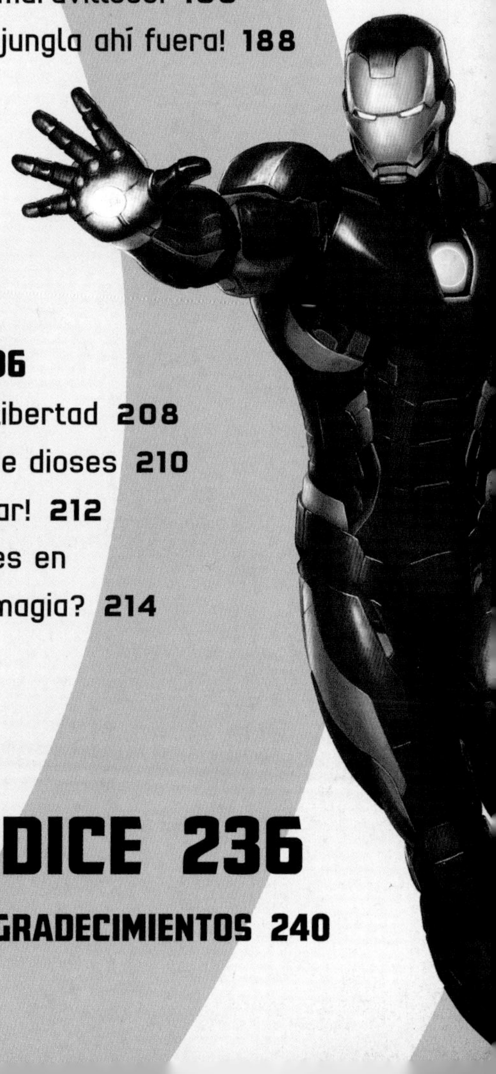

CAPÍTULO CUATRO
CIENCIA Y MAGIA

CAPÍTULO CINCO
SUCESOS CLAVE

CAPÍTULO UNO
PERSONAJES

¿Qué villano dio a todo Manhattan los **PODERES DE SPIDERMAN?**

¿Sobre qué **MONTABA** Duende Verde antes de inventar su **PLANEADOR MURCIÉLAGO?**

¿Cómo derriba Hulk a **SUS ENEMIGOS** sin siquiera tocarlos?

SUPERHÉROES

«Mi trabajo es hacer que el mundo sea mejor el día de mañana. Siempre lo ha sido... Siempre habrá *algo* por lo que luchar. Y yo *siempre* seré un soldado.»

«Atreveos a creer en los más elevados sueños, y seréis una excepción.»

«Es *cosa nuestra* recordar y hacer escuchar a cualquiera que *todos* los hombres y mujeres son *iguales.*»

«No puedo rendirme. ¡No sé cómo!»

«Esta nación se fundó sobre *un principio* por encima de todos: la exigencia de que *nos levantemos por lo que creemos,* sin importar el riesgo o las consecuencias.»

«¡Mírame a los ojos, tirano! ¡Son los ojos de un hombre que moriría por la libertad!»

¿DE VERDAD?

Mientras combatía a **Sombra Nocturna,** la Reina de los Licántropos, a Steve Rogers le inyectaron un **suero** que lo convirtió en **hombre lobo.**

CIFRAS...

1,87 m
Estatura de Rogers después del suero

109 kg
Peso de Rogers después del suero

1922
Año de nacimiento de Steve Rogers

48 km/h
Velocidad máxima en carrera de Rogers después del suero

4-F
Calificación de rechazo de Steve Rogers cuando intentó alistarse por primera vez en el ejército

¡UAU!

363

Peso en kilos que puede levantar el Capi en un banco de pesas.

TOP 5 - CAPIS SUPLENTES

SAM WILSON (HALCÓN) Asumió el cargo cuando la edad pudo con Steve Rogers.

BUCKY BARNES (SOLDADO DE INVIERNO) Su mejor amigo le sustituyó cuando el Capitán fue supuestamente asesinado.

ROSCOE SIMONS Le suplió cuando el Capi se convirtió en Nómada, un héroe sin nación.

DAVE RICKFORD Un peón usado por Nick Furia para convencer a Rogers de que retomara su papel.

JOHN WALKER Adoptó el rol cuando Rogers renunció, antes de convertirse en U.S. Agente.

P: ¿Por qué se retiró Rogers como Capitán América?

R: Cuando se enfrentó al villano Clavo de Hierro, los efectos del suero del supersoldado fueron **neutralizados** y Rogers **envejeció rápidamente.** Sam Wilson, Halcón, ocupó su lugar como Capitán América.

¡CUÉNTAME MÁS!

El escuálido Steve Rogers quería servir a su país y combatir a los nazis, pero fue rechazado por su mala condición física. Cuando el Dr. Erskine lo invitó a unirse a la Operación Renacimiento, el programa militar del supersoldado, Steve no lo dudó.

SHIELD DESCLASIFICADO

SOLDADO DE INVIERNO
Bucky Barnes fue dado por muerto al final de la II Guerra Mundial, en la explosión del avión del Barón Zemo. Años después, con el cerebro lavado, regresó como el Soldado de Invierno, un agente de élite soviético. Steve ayudó a su amigo a recuperar la memoria.

DATOS

NOMBRE REAL: Steven Rogers

OCUPACIONES: Capitán del ejército de EE UU, director de SHIELD, dibujante

ARMA PRINCIPAL: Su escudo, prácticamente indestructible

PUNTOS FUERTES: Apenas envejece; líder inspirador y luchador experto; físicamente perfecto; gran integridad

PUNTOS DÉBILES: Su edad (al desaparecer el efecto del suero del supersoldado)

ALIADOS: Soldado de Invierno, Halcón, Nick Furia, Vengadores

ENEMIGOS: Cráneo Rojo, Barón Zemo, Hydra, IMA

ENTRE... ...VIÑETAS

Marvel Comics «reinició» al Capi, héroe de la II Guerra Mundial, en *Avengers* #4 (Marzo 1964). El Capi volvió con nuevos antecedentes: ¡estaba congelado en el Ártico desde 1945!

¡¡NOOOOO!!

En cuanto Steve Rogers recibió el suero del supersoldado, los nazis **MATARON** a su creador, el Dr. Erskine. El Capi quedó así como **ÚNICO MIEMBRO** de la Operación Renacimiento, iniciada para crear todo un **EJÉRCITO.**

AMOR FALLIDO

Steve Rogers y **Sharon Carter** (Agente 13) **se enamoraron**, pero **no funcionó**. Ella fue **programada** por el **Dr. Faustus** para **asesinar al Capi.**

DE ENTRE LOS MUERTOS

El Capi fue aparentemente asesinado al final de la Guerra Civil superhumana, pero **sobrevivió.** Fue herido con un arma especial temporal y tuvo que **revivir** los grandes sucesos de su vida.

CENTINELA DE LA LIBERTAD

El **Capitán América,** una **inspiración** para los soldados de EE UU en la II Guerra Mundial, luchó contra **diabólicos villanos nazis** y salvó el mundo. Atrapado en el hielo durante décadas, fue **revivido** por los Vengadores para volver a **servir.**

EL REY DEL MAR

Namor es el señor y protector del reino submarino de **Atlantis** y tiene asombrosas **capacidades acuáticas.** Nacido de **madre atlante** y **padre humano,** se ha enfrentado a menudo con los **«habitantes de la superficie»,** pero lucha junto a ellos cuando considera que **conviene a Atlantis.**

ENTRE...

Namor fue uno de los primeros superhéroes Marvel. Fue creado por Bill Everett y debutó en *Motion Picture Funnies Weekly* #1 (Abril 1939). Su nombre es «Roman» al revés.

...VIÑETAS

¡¡AAARRGH!!

Namor es prácticamente **INVENCIBLE** en el mar. Fuera del agua su **FUERZA DISMINUYE** y, pasados unos días, incluso podría **MORIR.**

DATOS

NOMBRE REAL: Namor McKenzie

ALIAS: Hombre Submarino, Hijo Vengador, Imperius Rex

PUNTOS FUERTES: Adaptaciones anfibias para vivir bajo el agua; fuerza, velocidad, reflejos y resistencia superhumanos; vuelo; longevidad; telepatía con los seres marinos

PUNTOS DÉBILES: Impulsivo; vulnerable a la deshidratación y a la contaminación

ENEMIGOS: Attuma, Tiburón Tigre, Nitro, y cualquiera que, según él, amenace a Atlantis

¿DE VERDAD?

Namor estuvo casado con Marrina Smallwood, una **alienígena acuática** miembro de Alpha Flight, hasta que Norman Osborn la **transformó** en un **monstruo marino.**

UNIVERSO ALTERNATIVO

En el posible futuro de **Tierra X**, Namor es responsable de la **muerte de Johnny Storm,** la Antorcha de los 4 Fantásticos. Como castigo, Franklin Richards altera la realidad para que la mitad del cuerpo de Namor esté **siempre en llamas.**

MANEJAR CON CUIDADO

El **Cuerno de Proteo** es un **artefacto** atlante capaz de convocar a **colosos** de las mayores profundidades del océano para cumplir las órdenes de su portador. Namor ha usado el Cuerno para llamar a bestias como **Giganto,** un inmenso **cachalote** con **piernas y brazos.**

SHIELD DESCLASIFICADO

LOS INVASORES

En la II Guerra Mundial, Namor luchó contra las fuerzas del Eje junto con otros héroes en el grupo de los Invasores. Esta experiencia suscitó en él un reticente respeto hacia los héroes humanos, en especial el Capitán América (Steve Rogers).

AMOR INVISIBLE

Namor ama desde hace mucho tiempo a Sue Richards (la Mujer Invisible de los 4 Fantásticos), pero ella solo tiene ojos para su maridito Reed, **MÍSTER FANTÁSTICO.**

¡IMPERIUS REX!

GRITO DE GUERRA DE NAMOR

¡UAU!

96,6

Velocidad máxima en km/h que alcanza Namor nadando. Es unas 13 veces más rápido que el mejor nadador humano.

¡¿QUÉ?!

El nadador olímpico Todd Arliss **se dañó la columna vertebral.** Sometido a un experimento que **mezcló su ADN** con el de Namor y un tiburón, se convirtió en **Tiburón Tigre,** el villano acuático de dientes como navajas.

¡¡NOOOOO!!

Poseído por la **FUERZA FÉNIX,** Namor arrasó gran parte de la nación de **WAKANDA** con un **MAREMOTO.**

CUANDO LOS BUENOS SON MALOS

EL CÓNCLAVE

Namor colaboró en secreto con Iron Man, Mr. Fantástico, Pantera Negra, Bestia y Rayo Negro para evitar que un choque de mundos destruyera la Tierra. Cuando los demás rechazaron sus drásticas soluciones, Namor los traicionó y se unió a un Cónclave de villanos.

TRIDENTE DE NEPTUNO

El señor de Atlantis usa a menudo como estandarte un tridente que puede **controlar las aguas** y lanzar **descargas místicas.**

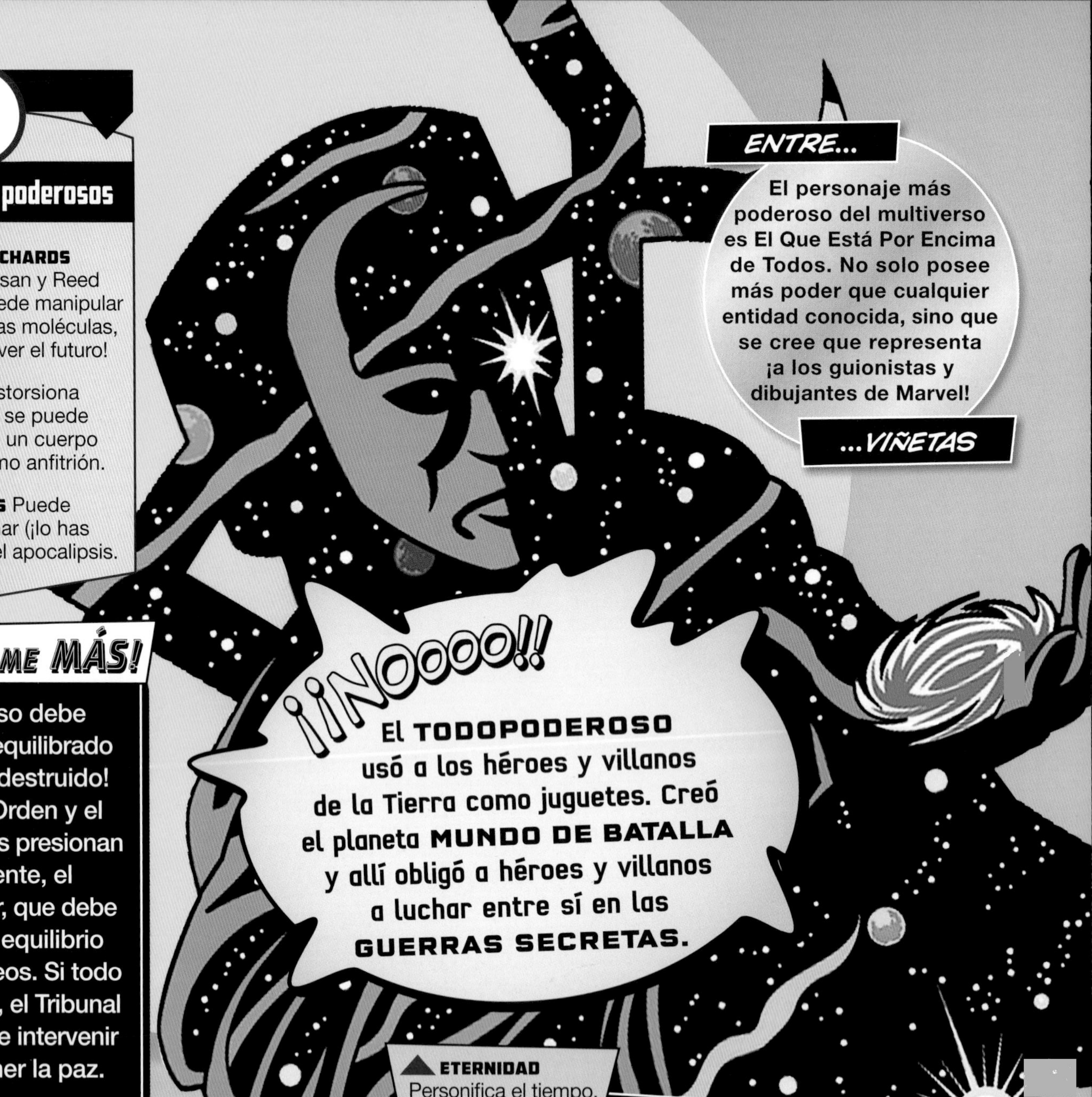

TOP 3

Seres más poderosos

1 **FRANKLIN RICHARDS** El hijo de Susan y Reed Richards puede manipular la realidad, las moléculas, el tiempo ¡y ver el futuro!

2 **PROTEUS** Distorsiona la realidad y se puede apoderar de un cuerpo humano como anfitrión.

3 **APOCALIPSIS** Puede desencadenar (¡lo has adivinado!) el apocalipsis.

¡CUÉNTAME MÁS!

El multiverso debe permanecer equilibrado ¡o todo será destruido! El Amo del Orden y el Señor del Caos presionan a su sirviente, el Intermediador, que debe mantener el equilibrio entre sus deseos. Si todo lo demás falla, el Tribunal Viviente puede intervenir para mantener la paz.

ENTRE... ...VIÑETAS

El personaje más poderoso del multiverso es El Que Está Por Encima de Todos. No solo posee más poder que cualquier entidad conocida, sino que se cree que representa ¡a los guionistas y dibujantes de Marvel!

¡¡NOOOO!!

El **TODOPODEROSO** usó a los héroes y villanos de la Tierra como juguetes. Creó el planeta **MUNDO DE BATALLA** y allí obligó a héroes y villanos a luchar entre sí en las **GUERRAS SECRETAS.**

SIEMPRE OBSERVANDO...

Los VIGILANTES son una raza alienígena OMNISCIENTE que juró vigilar el universo, pero NO INTERVENIR NUNCA. UATU EL VIGILANTE daba ocasionales avisos a la humanidad, pero ocultaba SECRETOS CÓSMICOS. Esto condujo a su ASESINATO y a la REVELACIÓN de los incontables misterios ocultos tras sus ojos.

ETERNIDAD Personifica el tiempo.

TOP 4 - ENTIDADES CÓSMICAS

Existen al margen de todo y poseen vastos poderes sobre espacio, tiempo y existencia.

INFINITO Personifica la totalidad del espacio.

MUERTE Puede dar y quitar la vida a su antojo.

OLVIDO Personifica la nada.

PODEROSOS

SHIELD DESCLASIFICADO

CYTTORAK, SEÑOR DEL OLVIDO

Cyttorak podría ser el ente mágico más potente del multiverso. No solo tiene un nombre tan poderoso que se pronuncia en conjuros, sino que una de sus gemas es la fuente del poder de Juggernaut. Tiene tanto poder que llegó a aprisionar a Galactus, el Devorador de Mundos.

TOP 3 GRANDES MAESTROS MÍTICOS

YAO EL ANCIANO Maestro místico e instructor del Dr. Extraño.

LEI KUNG EL TRONADOR Inmortal, mentor en artes marciales de Puño de Hierro.

CHTHON Dios antiguo de la oscuridad, creó los vampiros y dio sus poderes a la hechicera Morgana Le Fay.

¡Acción!

MEJORA CÓSMICA

¡El poder cósmico puede tener un **LADO OSCURO!** **JEAN GREY** era una poderosa telépata que, tras absorber la **FUERZA FÉNIX**, se convirtió en **FÉNIX...** y adquirió el poder de aniquilar o crear **PLANETAS ENTEROS.**

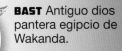

TOP 5 - DIOSES PODEROSOS

BAST Antiguo dios pantera egipcio de Wakanda.

ZEUS Dios supremo del Olimpo.

GEA Diosa antigua y Madre Tierra.

AMATSU-MIKABOSHI Dios sintoísta del caos.

ODÍN Padre-de-Todos de Asgard.

¡CUÉNTAME MÁS!

Los Vishanti (Hoggoth el Viejo, Oshtur y Agamotto) son una arcana trinidad mágica que ha protegido las dimensiones terrenales desde el alba de los tiempos. Ellos escribieron el místico Libro de Vishanti, que ayuda al Dr. Extraño a convertirse en Hechicero Supremo.

¿DE VERDAD?

La **Inteligencia Suprema** es un superordenador, pero es uno de los seres más poderosos del multiverso. Fue creada por los kree, una raza alienígena avanzada, pero desarrolló una **mente propia.** Su implacable lógica provocó entonces la **destrucción** del mundo natal kree.

¡¡AAARRGH!!

El **GRAN MAESTRO** es un ser cósmico prácticamente inmortal. Viaja por el universo y **DOMINA JUEGOS** de todo tipo. Incluso desafió a la **MUERTE** a una partida, **¡Y GANÓ!**

Estos **omnipotentes** señores de las esferas **cósmica** y **mística** equilibran las fuerzas entre bien y mal, caos y orden, tiempo y espacio. Pueden acabar con el **multiverso entero...** ¡o **crear uno nuevo!**

¡UAU!

52

... ¡y subiendo! Número de armaduras diferentes de Iron Man.

Armadura gris clásica
Destructor de Hierro
Armadura Hulkbuster
Armadura de sigilo MK II
Armadura espacial MK III
Armadura icónica
Armadura Modelo 42
Armadura de profundidad

HEAVY METAL

Tony Stark es el **millonario propietario** de la empresa tecnológica Industrias Stark, un **playboy** y un **genio de primer nivel.** Sus **armaduras** controlan una grave herida y le dan **poderes asombrosos** para luchar por la justicia como **Iron Man.**

ENTRE...

Stan Lee buscaba para Marvel un personaje que cayera mal a los lectores, como un rico fabricante de armas, para hacerlo luego amable. Iron Man debutó en *Tales of Suspense* #39 (Marzo, 1963).

...VIÑETAS

DATOS

NOMBRE REAL: Anthony Edward Stark

PUNTOS FUERTES: Inteligencia de genio; liderazgo; habilidades de ingeniería y de combate; sus trajes aumentan la fuerza y la resistencia, lanzan rayos repulsores y permiten el vuelo supersónico

PUNTOS DÉBILES: Depende de la tecnología para vivir; alcoholismo; ego inmenso

ALIADOS: Máquina de Guerra / Patriota de Hierro (Jim Rhodes), Vengadores, Mr. Fantástico

ENEMIGOS: ¡Demasiados para mencionarlos aquí!

¡CUÉNTAME MÁS!

Herido y retenido por un señor de la guerra, Tony Stark y otro prisionero, Ho Yinsen, construyeron una placa magnética que evitaba que un fragmento de metralla llegara al corazón de Tony, y además alimentaba una armadura...

CONOCIDO POR

MANIÁTICO DEL CONTROL Y FIESTERO

CRISIS DE IDENTIDAD

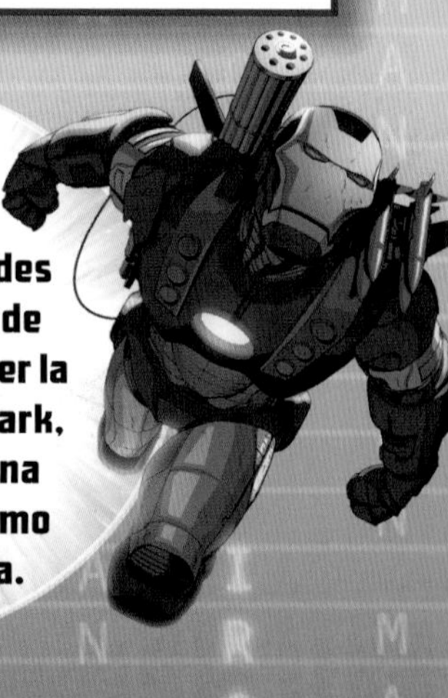

Jim «Rhodey» Rhodes vistió la armadura de Iron Man para proteger la identidad de Tony Stark, antes de adoptar una identidad propia como Máquina de Guerra.

¡UAU!

12348

Velocidad en km/h que alcanza la armadura espacial MK III de Iron Man.

¡Acción!

HASTA EL EXTREMO
Tony mejoró su sistema con la **NANOTECNOLOGÍA EXTREMIS**, que le permitía guardar su armadura dentro de sus **HUESOS**. Ganó fuerza y agilidad y podía producir **ÓRGANOS NUEVOS.**

SHIELD DESCLASIFICADO

DIRECTOR STARK
Tras la Guerra Civil superhumana, Tony Stark fue nombrado director de SHIELD. Su reputación quedó gravemente dañada cuando fracasó en la anticipación y prevención de la invasión de la Tierra por los skrulls, y su puesto fue ocupado por el maligno Norman Osborn.

TOP 5 Trajes de Iron Man

1. **HULKBUSTER** Permite a Tony tener un mano a mano con Hulk.
2. **DESTRUCTOR DE HIERRO** Mejorado con uru y muy útil cuando el tío maligno de Thor ataca la Tierra.
3. **ARMADURA DE SIGILO MK II** Equipada con «camuflaje activo».
4. **ARMADURA ESPACIAL MK III** Con cohetes impulsores y una IA a bordo llamada PEPPER, convierte a Tony en todo un Guardián de la Galaxia.
5. **ARMADURA DE PROFUNDIDAD** Modelo resistente a la presión que permite moverse con libertad por el océano.

AMOR FALLIDO

El playboy Tony es famoso por su tormentosa vida amorosa. Tiene el don de liarse con hermosas mujeres que tienen planes sombríos o problemas psicológicos, que no soportan que sea Iron Man ¡o que son asesinadas!

CUANDO LOS BUENOS SON MALOS

La «onda de inversión» de Cráneo Rojo sacó a relucir los aspectos negativos de Tony, que, anteponiendo el beneficio económico al heroísmo, creó una app Extremis 3.0 y cobró escandalosas sumas a la población por usar su nanotecnología mejorada.

¡¡NOOOO!!

La **ARMADURA** de Tony desarrolló una mente propia y empezó a usar **FUERZA LETAL.** Enfrentado a su «armadura viviente», Tony tuvo un ataque cardiaco, y la armadura sacrificó su conciencia para **SALVARLO.**

MISIÓN DE RESCATE

Un ataque de Ezekiel Stane dejó a Pepper Potts, novia de Tony por un tiempo, con metralla en el pecho. Tony le salvó la vida equipándola con un traje especial de Iron Man que le permitió convertirse en la heroína Rescate.

ENEMIGOS BLINDADOS

DÍNAMO CARMESÍ
Todo es más grande en Rusia, como demostró este tanque andante soviético. Más grande… pero no por ello mejor.

LÁTIGO
Este ingeniero tomó una pieza de la armadura de Tony y le añadió sus propios látigos electrificados.

ESPÍA MAESTRO
El rostro tras la máscara puede cambiar, pero cada Espía Maestro ha sido un gran problema para Tony.

VENTISCA
¿Ha llegado un frío gélido, o es tan solo la capacidad de Ventisca para generar temperaturas bajo cero?

TORBELLINO
Imagina una peonza cubierta de cuchillas de afeitar y tendrás a este supermatón generador de tornados.

QUINCALLERO
El comerciante de armas Obadiah Stane intentó controlar Industrias Stark atacando con su armadura.

¡CUÉNTAME MÁS!

Hank Pym descubrió las partículas Pym, que le permiten disminuir hasta el tamaño de una hormiga o crecer como un gigante. El suero puede ingerirse en píldoras o aspirarse como un gas.

¡UAU!

30,5

Estatura máxima en metros de Hank Pym como Goliat/Hombre Gigante.

Ya no soy Hombre Hormiga.
No soy Hombre Gigante...

SHIELD DESCLASIFICADO

VENGADORES IA

El robot Ultrón no es el único invento catastrófico de Hank Pym. También desarrolló un virus anti-Ultrón que evolucionó como IA consciente, y se llamó Dimitrios. Se convirtió en una amenaza tal que Hank formó un grupo de Vengadores IA (Hank, Muertebot, Alexis, Visión, Victor Mancha y Monica Chang) solo para combatirlo.

HANK PYM: FUGITIVO

Cabeza de Huevo, enemigo de Hank, lo acusó de robar **secretos nucleares.** Luego, junto con los Amos del Mal, le **liberó** durante el juicio, poniendo las cosas **aún peores** para Hank.

¡¡AAARRGH!!

El **MAYOR ERROR** de Hank fue crear al robot Ultrón, que **ADQUIRIÓ VIDA,** intentó eliminar a toda la raza humana y **SE ENAMORÓ** de Avispa, la esposa de Hank.

¡¿QUÉ?!

Cuando Hank se deshizo de su **tímido personaje Hombre Gigante** y se convirtió en el **insolente vigilante Chaqueta Amarilla,** no se lo dijo a los Vengadores ni a su **novia Janet**. Chaqueta la besó y, **para asombro de todos,** ¡ella aceptó **casarse con él!**

P: ¿Cómo controla Hank Pym a las hormigas?

R: Para controlarlas, Hank desarrolló un **casco cibernético** que transmite **ondas psiónicas y electrónicas** con un alcance de **1,6 km.** Hank pidió ayuda por primera vez a las hormigas cuando agentes de la KGB intentaron **matarlo** y **destruir** su investigación.

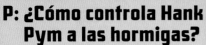

DE ENTRE LOS MUERTOS

¡Hank y Ultrón se **fusionaron!** Hank supo en qué se había convertido y aparentemente **murió.** Meses después regresó, con Ultrón como **armadura.**

PARTÍCULAS PYM

Hank Pym es un **científico** brillante, **experto en robótica** y miembro fundador de los **Vengadores.** Pero ya sea reducido como **Hombre Hormiga** o tocando las nubes como **Goliat,** nunca se ha sentido **a gusto** como superhéroe.

... ni Goliat...
... ni Chaqueta Amarilla.
¡SOY HENRY PYM!

UN MAL DÍA

Hank consume tantas partículas Pym que puede cambiar de tamaño a voluntad, e incluso alterar el tamaño de los objetos que toca. Sin embargo, esto resulta negativo para su salud.

CONOCIDO POR

CAMBIAR DE TAMAÑO Y DE IDENTIDAD HEROICA

DATOS

NOMBRE REAL: Henry «Hank» Pym

ALIAS: Hombre Hormiga, Goliat, Hombre Gigante, Chaqueta Amarilla, Avispa, Ultrón

PUNTOS FUERTES: Inventor y científico brillante

PUNTOS DÉBILES: Inseguro, celoso, con complejo de culpa; el trabajo perjudica su salud

ALIADOS: Vengadores, Vengadores Costa Oeste, Poderosos Vengadores, Tigra, Avispa

ENEMIGOS: Cabeza de Huevo, Kang, Morgana Le Fay, Ultrón

CRISIS DE IDENTIDAD

Durante las Guerras Secretas, Hank fue suplantado por un skrull. El Hank real regresó... para ver cómo su esposa Janet moría debido a las acciones del agente skrull. Entonces adoptó la identidad de Avispa en su honor.

¡Hola! Soy la Avispa. ¡Y acabas de ser *PICADO*!

DATOS

NOMBRE REAL: Janet van Dyne

PUNTOS FUERTES: Cambio de tamaño, vuelo, velocidad superhumana, descargas bioeléctricas

PUNTOS DÉBILES: Una reducción excesiva puede atraparla en el microverso

ENEMIGOS: Cabeza de Huevo, Chaqueta Amarilla (Criti Noll)

PARIENTE FAMOSO: Dr. Hank Pym (ex marido)

CIFRAS...

1,6 m
Estatura de Janet van Dyne

1,3 m o menos
Estatura cuando empezaron a crecerle alas

1,3 cm
Estatura mínima de Janet como Avispa

50 kg
Peso de Avispa

2–4 alas
Número variable de alas de Avispa

63 km/h
Velocidad de vuelo de Avispa

¿DE VERDAD?

Pym implantó en la cabeza de Janet unas células que le permitían desarrollar unas **antenas temporales** y comunicarse con los insectos.

MANEJAR CON CUIDADO

Chaqueta Amarilla (Hank Pym) dio a Janet el **Prisma de Poder** y este se adueñó de su mente. La gema es en realidad un **ser consciente** con el poder de manipular la energía.

UN MAL DÍA

Janet se **divorció** de Hank Pym cuando la frecuente **alteración de su tamaño** alteró su personalidad, haciéndole **celoso y paranoico.**

¡¡AAARRGH!!

Durante la **INVASIÓN SKRULL,** Avispa quedó atrapada en el **MICROVERSO.** Pero Hank y los Vengadores creyeron que había **MUERTO EN COMBATE** y no pensaron en buscarla.

¡UAU!

30

Toneladas que puede levantar Avispa en su máximo tamaño.

DE ENTRE LOS MUERTOS

El mundo creyó que Avispa había sido **asesinada,** pero tras recibir su señal de emergencia desde el **microverso,** los Vengadores se encogieron y **la rescataron.**

ANTES...

Para sanar a Janet de unas graves heridas, Hank Pym la introdujo en un capullo. Cuando salió de él, Janet era más avispa que humana, con enormes alas, largas antenas y dedos larguiruchos. Hank aseguró a los preocupados Vengadores que Janet estaba en «perfecta forma física».

DESPUÉS...

¡CUÉNTAME MÁS!

Gracias a las partículas Pym, Avispa puede crecer y encoger a voluntad, como Hombre Hormiga. Las alas le crecen cuando encoge, y son reabsorbidas por su cuerpo cuando crece. Puede lanzar descargas bioeléctricas («aguijones de avispa») por las manos para aturdir a sus oponentes.

SUPERAGUIJÓN

Janet van Dyne unió fuerzas con Hank Pym para vengar la muerte de su padre, y se convirtió en la asombrosa **Avispa.** También ella es **miembro fundador** de los **Vengadores,** e inspira a sus compañeros con su valor y determinación. Es diminuta, ¡pero su picadura es grave!

P: ¿Cómo se convirtió Janet en Avispa?

R: Vernon, el padre de Janet, usó un **rayo de radiación gamma** para buscar vida alienígena. Un **criminal kosmosiano** siguió el rayo hasta la Tierra y mató a Vernon. Janet buscaba **vengar** a su padre, y para ello, Hank Pym la transformó en **la Avispa.**

¡Acción!

GIGANTESCA

Janet suele transformarse en la **PEQUEÑA AVISPA**, pero tras un **ROMANCE CON OJO DE HALCÓN**, decidió que ya era hora de un **GRAN CAMBIO** y probó la vida **COMO GIGANTE**.

P: ¿Cómo nació Hombre Hormiga?

R: Scott robó el **viejo traje** del Hombre Hormiga original, **Hank Pym,** y la fórmula de sus partículas para encogerse hasta el tamaño de una **hormiga.**

¡Acción!

HORMIGA DE FUEGO

Scott Lang **SE REDUJO** para poder entrar en el **FLUJO SANGUÍNEO** de Antorcha Humana y destruir un dispositivo controlador. Las **CÉLULAS DEL ANDROIDE** dieron a Scott el poder temporal de **LANZAR Y CONTROLAR LAS LLAMAS.**

P: ¿Por qué se convirtió Scott en Hombre Hormiga?

R: Para salvar la vida de su hija, **Cassie,** que requería una **operación de corazón.** ¡Fue una medida desesperada!

CONOCIDO POR

LLEGAR A LUGARES A LOS QUE OTROS HÉROES NO PUEDEN LLEGAR

¡MEJOR PEQUEÑO!

¡También hay superhéroes de **pequeño tamaño!** Está muy bien poder **machacar** a un villano, llevar un **traje de hierro** o manejar un **martillo mágico...** pero a veces, los **problemas grandes** requieren un héroe diminuto: **¡Hombre Hormiga!**

¡¡NOOOOO!! Cassie, la hija de Scott, siguió a su padre en la tarea heroica como la cambiante **ESTATURA**, pero fue asesinada por el superpoderoso **DR. MUERTE.**

SHIELD DESCLASIFICADO

EL TERCER HOMBRE HORMIGA
Eric O'Grady, ex agente de SHIELD y criminal, se unió a los Thunderbolts de Norman Osborn como Hombre Hormiga. Después de resurgir la personalidad demente de Osborn (Duende Verde), Eric fue aceptado en los Vengadores Secretos y ayudó al grupo a resolver el lío dejado por la oscura etapa de Osborn como jefe de seguridad de EE UU.

¡Cabalga, Hombre Hormiga!
Si Scott quiere llegar a un lugar **superrápido,** se encoge y salta sobre una amigable **hormiga voladora.**

¡UAU!

1,6

Distancia en km a la que Hombre Hormiga puede comunicarse con los insectos. Por supuesto, ha de llevar puesto su casco cibernético.

¡¡Sííí!! Hombre Hormiga **SALVÓ** la vida de su hija Cassie durante su trasplante de corazón **REDUCIÉNDOSE** hasta un tamaño microscópico y atacando a sus **GLÓBULOS BLANCOS.**

DATOS

NOMBRE REAL: Scott Edward Harris Lang

PUNTOS FUERTES: Las partículas Pym del cinturón le permiten reducir su tamaño; el casco le otorga control sobre los insectos; las muñequeras lanzan descargas bioeléctricas; es experto en electrónica y un buen padre

PUNTOS DÉBILES: Baja autoestima (para un héroe); su fuerza es tan solo la de un hombre normal; puede ser aplastado

ALIADOS: Vengadores, 4 Fantásticos

ENEMIGOS: Supervisor, Amos del Mal

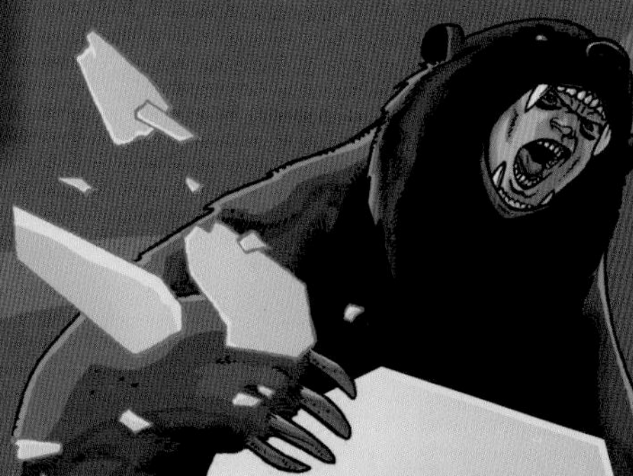

La verdad es que siempre he sido un pésimo *SUPERHÉROE.*

REINICIO

Scott aprovechó su **pasado delictivo** para poner en marcha una empresa de seguridad privada: **Soluciones de Seguridad Ant-Man.** Cuenta con la ayuda de un **equipo de hormigas** y un antiguo enemigo con exoesqueleto de oso: **¡Grizzly!**

TOP 5

Frases sarcásticas de Clint

1 «Capi, ¿has hecho algún *CURSILLO* de *CURSILERÍA*, o es un *TALENTO NATURAL*?»

2 «Me gusta hacer el *TONTO*. Me hace *SENTIR LISTO*... *A VECES*.»

3 «Supusimos que no habías tenido una de estas en mucho tiempo... Me refiero a *UNA FIESTA*... Cumpleaños, seguro... Debes de tener al menos *OCHENTA AÑOS* o así.»

4 «¿¿*HOMBRE-PLANO*?? ¡Increíble! ¿Tienes una compañera llamada "*CINTA*"?»

5 «*PRIMER SIGNO* de locura: *HABLAR* solo. *PESCAR* es el *SEGUNDO*.»

Bueno, *Ojo de Halcón,* ¡ya nos has metido en otro buen lío!

JUEGO DE EQUIPO

A Clint **no le gusta** recibir órdenes, lo que produce **disputas frecuentes** con el Capitán América. A pesar de ello, el Capi reconoce su **potencial para el liderazgo** y le propone para encabezar un grupo de **Vengadores Secretos** que incluye al Capitán Britania, Veneno, Valkiria y la Antorcha Humana original.

FLECHA DE CUPIDO

Clint ha salido con muchas de sus colegas heroicas, incluidas Avispa, Bruja Escarlata, Spiderwoman y Viuda Negra, que lo arrastró al oscuro mundo del espionaje antes de que ambos se reformaran y se convirtieran en Vengadores.

CRISIS DE *IDENTIDAD*

Harto de carecer de superpoderes, Clint tomó una dosis de partículas Pym, creció hasta proporciones gigantes y se convirtió en Goliat. Pero pronto comprendió que no hacen falta superpoderes para ser un héroe.

¡DIANA!

Ojo de Halcón es un **pilar de los Vengadores,** pero tiene clavada una espina más grande que Hulk: **¡no tiene superpoderes!** Aun así, los héroes más poderosos de la Tierra no serían los mismos sin la chispa y las **habilidades de tiro** del arquero de la capucha púrpura.

ÚLTIMAS PALABRAS FAMOSAS

«¡VAMOS, VENGADORES! ¡¡Acabémoslo a NUESTRO modo!!»

OJO DE HALCÓN JUSTO ANTES DE VOLAR HACIA EL MOTOR DE UNA NAVE DE GUERRA KREE PARA SALVAR AL GRUPO.

LA CENA DEL PERRO

Cuando Clint se trasladó a Brooklyn, rescató de una banda de criminales a un perro llamado Flecha. Clint lo rebautizó como Fortu, pero la afición del chucho por las pizzas le ganó el apodo de perro pizzero.

LAZOS FAMILIARES

Barney, hermano de Clint, se contentaba con ser un **buscavidas insignificante** hasta que el Barón Zemo lo manipuló para convertirlo en el villano **Flecha Trucada.** Se unió a los Vengadores Oscuros, pero la villanía no se le dio muy bien: acabó ante la puerta de Clint pidiendo perdón... **¡y unas monedas!**

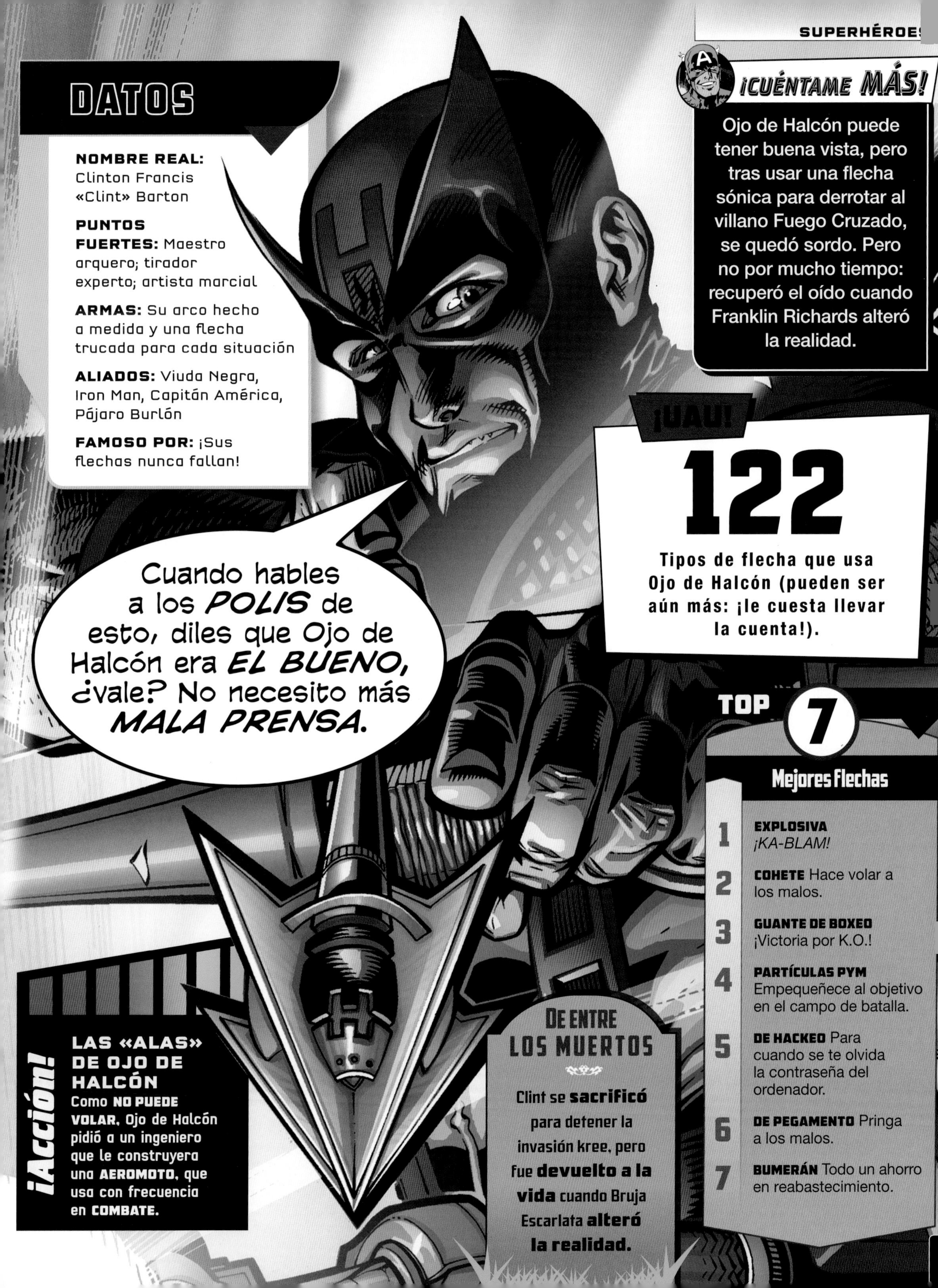

Cuando hables a los *POLIS* de esto, diles que Ojo de Halcón era *EL BUENO*, ¿vale? No necesito más *MALA PRENSA*.

DATOS

NOMBRE REAL: Clinton Francis «Clint» Barton

PUNTOS FUERTES: Maestro arquero; tirador experto; artista marcial

ARMAS: Su arco hecho a medida y una flecha trucada para cada situación

ALIADOS: Viuda Negra, Iron Man, Capitán América, Pájaro Burlón

FAMOSO POR: ¡Sus flechas nunca fallan!

¡CUÉNTAME MÁS!

Ojo de Halcón puede tener buena vista, pero tras usar una flecha sónica para derrotar al villano Fuego Cruzado, se quedó sordo. Pero no por mucho tiempo: recuperó el oído cuando Franklin Richards alteró la realidad.

¡UAU!

122

Tipos de flecha que usa Ojo de Halcón (pueden ser aún más: ¡le cuesta llevar la cuenta!).

TOP 7
Mejores Flechas

1. **EXPLOSIVA** *¡KA-BLAM!*
2. **COHETE** Hace volar a los malos.
3. **GUANTE DE BOXEO** ¡Victoria por K.O.!
4. **PARTÍCULAS PYM** Empequeñece al objetivo en el campo de batalla.
5. **DE HACKEO** Para cuando se te olvida la contraseña del ordenador.
6. **DE PEGAMENTO** Pringa a los malos.
7. **BUMERÁN** Todo un ahorro en reabastecimiento.

¡Acción!

LAS «ALAS» DE OJO DE HALCÓN

Como **NO PUEDE VOLAR**, Ojo de Halcón pidió a un ingeniero que le construyera una **AEROMOTO**, que usa con frecuencia en **COMBATE**.

DE ENTRE LOS MUERTOS

Clint se **sacrificó** para detener la invasión kree, pero fue **devuelto a la vida** cuando Bruja Escarlata **alteró la realidad**.

¡UAU!

290

Peso de Thor en kg. Mide tan solo 2 m, pero los músculos y huesos asgardianos son increíblemente densos.

¡EL DIOS DEL TRUENO!

¡Tus vacías amenazas no me afectan, pues yo soy el dios del Trueno!

¡La *leyenda* se ha hecho realidad!
¡Vivo por la *voluntad* de los *DIOSES!*
¡Soy invencible! ¡Soy... **THOR!**

¡UAU!

1 000 000

Peso en toneladas de una bóveda destruida por Thor.

¡CATAPUM!

En combate, Thor puede aumentar **diez veces** su fuerza entrando en un estado conocido como **Locura del Guerrero.**

Los asgardianos no son **inmortales.** Thor comió una manzana dorada de **Idunn,** lo que le otorgó una **gran longevidad.**

¿DE VERDAD?

El **carro de Thor** es tirado por dos machos cabríos voladores, **Rechinante** y **Triturador.**

DATOS

NOMBRE REAL: Thor Odinson

PUNTOS FUERTES: Hábil guerrero, inmensamente fuerte

PUNTOS DÉBILES: Necesita su martillo Mjolnir para volar, manipular el clima o lanzar descargas de energía

ALIADOS: Capitán América, los Tres Guerreros (Fandral el Fogoso, Hogun el Torvo y Volstagg el Valeroso)

ENEMIGOS: Loki, Malekith, Encantadora

¡Oh, hermano! Thor no se lleva bien con su hermano adoptivo **Loki, dios de la Mentira.** Solo el vínculo fraterno ha impedido que se maten mutuamente... **¡de momento!**

Juego de nombres El apodo de Spiderman para Thor es **¡Ricitos de Oro!**

DE ENTRE LOS MUERTOS

Creyendo que Thor había muerto, Tony Stark creó un **clon** a partir de uno de sus cabellos. Esta violenta versión se llamó **Ragnarok.**

P: ¿Quién es más fuerte, Thor o Hulk?

R: Cuando Thor se enfrentó al **increíble Hulk,** el gigante verde quedó cubierto por **toneladas de roca.** No está claro quién ganó. Digamos que quedó **en tablas.**

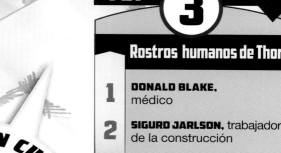

UNIVERSO ALTERNATIVO

Los malignos científicos de IMA reclutaron desde otra dimensión a una versión malvada de Thor llamada Thorr. El Mjolnir de Thorr solo puede ser alzado por alguien indigno.

MANEJAR CON CUIDADO

Thor debe gran parte de su poder a su martillo mágico **Mjolnir.** Hay que ser **«digno»** para blandirlo, y a veces Thor **no es lo bastante digno...**

TOP 3 Rostros humanos de Thor

1. **DONALD BLAKE,** médico
2. **SIGURD JARLSON,** trabajador de la construcción
3. **JAKE OLSON,** ladrón y paramédico fallecido

VENGADOR DE ASGARD

Thor no es solo el **dios nórdico del Trueno:** también es el protector de los dominios de su mundo natal, **Asgard.** Con su martillo **Mjolnir** descarga truenos y rayos sobre sus enemigos. Es uno de los superhéroes **más poderosos.**

ENTRE... ...VIÑETAS

Buscando un nuevo personaje para Marvel, Stan Lee recurrió a la mitología nórdica. En agosto de 1962, Thor, el dios del Trueno, renacía como superhéroe de cómic.

ANTES...

DESPUÉS...

Thor, diosa del Trueno

Cuando Mjolnir juzgó a Thor **indigno,** el martillo místico eligió a Jane Foster, **ex novia** de Thor, como portadora de su poder. Thor le cedió su manto, y Jane se convirtió así en la **nueva poderosa Thor.**

ALTOS VUELOS

El **trabajo duro,** su **fiera independencia** y una **fuerza de voluntad fenomenal** ayudaron a Carol Danvers a convertirse en **Capitana Marvel,** una de las mayores heroínas de la Tierra. Ya sea surcando el espacio o combatiendo a enemigos, su prioridad es **proteger el planeta.**

JUEGO DE EQUIPO

Cuando no está con los **Guardianes de la Galaxia,** la Capitana Marvel reparte su tiempo entre el equipo de Vengadoras **Fuerza-A** y la poderosa escuadra **Ultimates.**

¿DE VERDAD?

La gata de la Capitana Marvel, **Chewie,** es de hecho un **flerken:** un **peligroso alien ovíparo** que solo se parece a los felinos terrestres en el aspecto. Por suerte, Chewie es tan **mimosa** como el típico gatito.

¡CUÉNTAME MÁS!

Carol Danvers fue alcanzada por la explosión de un dispositivo alienígena, el psicomagnetrón, y su estructura genética se fusionó con la del alienígena kree Mar-Vell, dotándola de poderes superhumanos.

¡ACTUALIZADA!

Gracias a una intervención genética alienígena, Carol pudo conectarse con un agujero blanco... ¡y con la energía de una estrella! Así nació la heroína cósmica Binaria.

¡¡SÍÍÍ!!

Carol fue **CAPITANA** de la **FUERZA AÉREA.** Con su **EXPERIENCIA MILITAR,** era la candidata ideal para liderar un nuevo programa de **DEFENSA ESPACIAL** antialienígena con el equipo **ALPHA FLIGHT.**

Incluso de espaldas contra la pared... *¡NO ME DOY POR VENCIDA!*

DATOS

NOMBRE REAL: Carol Danvers

ALIAS: Ms. Marvel, Binaria, Pájaro de Guerra

ALIADOS: Mar-Vell, Ms. Marvel (Kamala Khan), Pícara, Spiderwoman

ENEMIGOS: Ave de Muerte, Yon-Rogg, Piedra Lunar

PODERES: Vuelo; fuerza, resistencia y agilidad superhumanas; lanza por las manos descargas de energía

ARCHIENEMIGOS

La Capitana Marvel lucha a menudo contra shi'ar **Ave de Muerte.** Esta no solo se jacta de sus afiladas **jabalinas telescópicas,** sino que conoce y explota la **mayor debilidad** de Carol: anteponer el bienestar de otros a **su propia seguridad.**

¡UAU!

117

Número de huevos que Chewie puso en la nave espacial de la Capitana Marvel, ¡de los que salieron gatitos!

NUEVA GENERACIÓN

Cuando las dotes inhumanas metamorfas de la adolescente **Kamala Khan** surten efecto, se inspira en su idolatrada Carol Danvers para ser la **nueva Ms. Marvel** y **combatir el crimen** en Jersey City.

ENTRE...

El trabajo de la guionista Kelly Sue DeConnick en *Captain Marvel* fue tan popular que los fans empezaron a llamarse a sí mismos «Carol Corps».

...VIÑETAS

¡¡NOOOOO!!

En un esperado reencuentro, la Capitana Marvel venció a YON-ROGG, su némesis kree. Pero la victoria tuvo su precio: ella PERDIÓ casi todos sus RECUERDOS.

UNIVERSO ALTERNATIVO

En el mangaverso Marvel, una Carol Danvers casi invulnerable lleva el traje, el escudo y el apodo de ¡Capitana América!

Una chica que idolatraba a Carol la apodó **Princesa Puños Brillantes.** Pero parece poco probable que la Capitana Marvel adopte ese nombre...

ANTES...

Cuando Carol asumió el rol de Capitana Marvel, **cambió** su malla del relámpago por un **elegante uniforme nuevo** que reflejaba mejor su **pasado militar** y sus **años de experiencia heroica.**

DESPUÉS...

¿DE VERDAD?

El hombre que crio a Natasha, **Ivan Petrovich,** se convirtió en un **cíborg loco**, y ella se vio obligada a **destruirlo.**

Mi nombre es Madame Natasha... pero tú puedes llamarme *¡LA VIUDA NEGRA!*

Si el mundo averigua que soy la *VIUDA NEGRA,* ¡será el *FIN* de mi vida privada!

Debí *PENSARLO* cuando diseñé este *NUEVO TRAJE SIN MÁSCARA.*

CUANDO LOS MALOS SON BUENOS

ENEAMIGOS
Viuda Negra fue enviada por la KGB a espiar a Industrias Stark. Fingió un romance con Tony Stark, pero él no tardó en notarlo. Natasha cambió de bando y devino una de las aliadas más fiables de Iron Man.

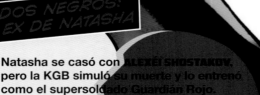

CIFRAS...

1928
Año aproximado de nacimiento de Viuda Negra, que no envejece

1,70 m
Estatura de Viuda Negra

59 kg
Peso de Viuda Negra

Más de 6 m
Alcance de su picadura

1,8 kg
de dinamita: equivalente en explosivos plásticos portado por Viuda Negra

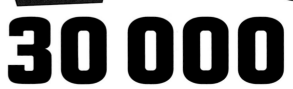

SHIELD DESCLASIFICADO

LAS VIUDAS NEGRAS
La Sala Roja es un programa de la KGB que entrena a espías conocidas como «Viudas Negras». Les implantan recuerdos falsos y les administran una versión del suero del supersoldado que aumenta sus capacidades físicas y ralentiza su envejecimiento.

VIUDOS NEGROS: LOS EX DE NATASHA

1 Natasha se casó con **ALEXÉI SHOSTAKOV**, pero la KGB simuló su muerte y lo entrenó como el supersoldado Guardián Rojo.

2 Natasha y **MATT MURDOCK** (Daredevil) llegaron a convivir, pero ella lo dejó y fundó el grupo de superhéroes Campeones de Los Ángeles.

3 En principio, Natasha fue una mala influencia para **OJO DE HALCÓN**. Tuvieron un romance breve pero intenso, y él llegó

¡UAU!

30 000

Carga máxima en voltios de una «picadura de viuda».

¡¡AAARRGH!! Natasha cree que tuvo una **GRAN CARRERA** como bailarina, ¡pero eso es un **FALSO RECUERDO** implantado por la **KGB**!

P: ¿Quién es Yelena Belova?

R: Belova es una recién graduada de la **Sala Roja** de la KGB, con mejor nota que Natasha. Trabajó para el grupo terrorista **Hydra**, que la transformó en un poderoso **androide superadaptoide...** y luego provocó su **autodestrucción.**

¡CATAPUM!

Viuda Negra usa pistolas y cuchillos, pero es famosa por su **picadura de viuda** (descargas eléctricas que neutralizan al enemigo) y su **red de viuda** (un cable que usa para balancearse y escalar).

SUPERESPÍA

Viuda Negra fue entrenada por la KGB y enviada a EE UU como un **letal agente durmiente.** Pero su carrera de espía soviética fue efímera: dejó esas **intrigas** y usó sus asombrosas habilidades de espionaje como una **heroica Vengadora.**

DATOS

NOMBRE REAL: Natalia Alianovna Romanova (alias Natasha Romanoff)

PUNTOS FUERTES: Maestra en artes marciales y acróbata; una versión del suero del supersoldado la mantiene en perfecta forma física

PUNTOS DÉBILES: Su oscuro e incierto pasado

ENEMIGOS: Hydra, Corporación Gynacon, Barón Von Strucker, Yelena Belova

TOP 4 Influencias sobre Viuda Negra

1. **OJO DE HALCÓN** Convence a Natasha para pasarse a SHIELD.
2. **CAPITÁN AMÉRICA** Salva a Natasha cuando ella es una niña. Más tarde la recluta para los Vengadores.
3. **IRON MAN** Natasha se pone del lado de Stark durante la Guerra Civil superhumana.
4. **BUCKY BARNES** Entrena a Natasha como Viuda Negra.

DE ENTRE LOS MUERTOS

Natasha fue envenenada y asesinada por los ninjas de **La Mano** en una misión. Piedra, un aliado de Daredevil, le **devolvió la vida** mediante magia.

Es por algo que me llaman ¡la *PANTERA NEGRA!*
¡¡AAAARRGH!!

¡CUÉNTAME MÁS!

El título de Pantera Negra es hereditario, pero debe ganarse mediante unas pruebas. Cuando T'Challa fue considerado indigno por el dios Pantera, su hermana menor, Shuri, dirigió el país como nueva Pantera Negra.

MANEJAR CON CUIDADO

Pantera Negra obtiene muchos poderes del jugo de la **hierba en forma de corazón.** Se dice que esa hierba **mata** a cualquiera que **no la merezca.**

ULYSSES KLAW deseaba el **VIBRANIUM** de Wakanda y mató a T'Chaka, el padre de T'Challa. T'Challa destrozó la mano derecha de Klaw y le **EXPULSÓ** del país.

GARRAS DE LA JUNGLA

Monarca. Diplomático. Guerrero. Vengador. Todo eso es **Pantera Negra,** que protege a la gran nación africana de **Wakanda** y usa su intelecto y su poder para **combatir la injusticia** por todo el mundo.

¡Acción!

CORAZÓN Y ALMA
T'Challa está vinculado al misterioso **DIOS PANTERA.** Esto agudiza sus sentidos y le proporciona una **CONEXIÓN INSTINTIVA** con su tierra natal, **WAKANDA.**

UN BUEN DÍA

En su primer encuentro con los **4 Fantásticos**, Pantera Negra exhibió su poder **derrotando** a cada uno de ellos.

¡VENGANZA!

Durante una incursión **destructora de universos,** T'Challa **se vengó de Namor** por la destrucción de Wakanda abandonando al **héroe acuático** en un **planeta moribundo.**

ENTRE... ...VIÑETAS

Pantera Negra debutó en *Fantastic Four* #52 (Julio 1966), y fue uno de los primeros superhéroes negros del cómic. Creado por Stan Lee y Jack Kirby, el personaje obtuvo su propio título en 1973.

AMADA... Y PERDIDA

Tras un **largo romance,** T'Challa y Tormenta **al fin se casaron** en vísperas de la **guerra civil,** pero se separaron cuando la Fuerza Fénix **poseyó** a cinco **X-Men,** con el resultado de la **destrucción de Wakanda.**

UNIVERSO ALTERNATIVO

En el desolado mundo de **Tierra X,** T'Challa fue mutado por las **nieblas terrígenas** en una auténtica pantera humanoide.

TOP 5 Enemigos de Pantera Negra

1. **ULYSSES KLAW** Asesina al padre de T'Challa e intenta robar la veta de vibranium de Wakanda.
2. **NAMOR** Destruye Wakanda con un inmenso maremoto.
3. **HOMBRE MONO** Se come al sagrado Gorila Blanco y obtiene sus poderes.
4. **KILLMONGER** Pretende destronar a T'Challa y reinar en Wakanda.
5. **LOBO BLANCO** Adoptado por el padre de T'Challa, fue líder de la brutal policía secreta de Wakanda.

SHIELD DESCLASIFICADO

EL VIBRANIUM DE WAKANDA
T'Challa es el rey de Wakanda, una aislada y avanzada nación africana conocida por su innovadora tecnología y sus vastas reservas del raro y casi indestructible mineral vibranium. Este refuerza el uniforme de Pantera Negra y permite a sus garras cortar casi cualquier material.

DATOS

NOMBRE REAL: T'Challa

PAÍS DE ORIGEN: Wakanda

PUNTOS FUERTES: Inteligencia de genio; sentidos agudizados; fuerza y reflejos de atleta olímpico; rastreador experto; traje de vibranium

PUNTOS DÉBILES: Las luces y los ruidos intensos pueden saturar sus sentidos

PARIENTES: Tormenta (ex esposa), Shuri (hermana menor y sucesora), T'Chaka (padre y predecesor)

SHIELD DESCLASIFICADO

ATRACCIÓN ELÉCTRICA
Matt Murdock y Elektra Natchios eran novios en la universidad... hasta que el padre de ella fue asesinado. Entonces Elektra se convirtió en asesina de alquiler. Volvió a la vida de Matt cuando la organización ninja La Mano intentó matarlo.

CRISIS DE *IDENTIDAD*

«A veces creo que nací para ser Daredevil... ¡y que Matt Murdock es la identidad que no es real!»

El nombre es *DAREDEVIL*... ¡recuérdalo!

NINJA NOCTURNO

De día, el **ciego Matt Murdock** trabaja como **abogado.** De noche, es **Daredevil,** protector de los **inocentes** frente a criminales y villanos. Para quien respeta la ley es un **ángel guardián,** pero para los criminales del hampa es el **terror.**

¡UAU!

15

Distancia en metros a la que Daredevil puede rastrear el olor de una persona entre la multitud.

¡CUÉNTAME *MÁS!*

SUPERSENSITIVO
Un accidente con sustancias radiactivas dejó a Matt ciego en su niñez, pero agudizó el resto de sus sentidos de forma asombrosa: puede percibir los cambios en el ritmo cardiaco que revelan si alguien miente. También desarrolló un «sentido radar» que percibe el espacio en 3D y detecta el movimiento a su alrededor.

DATOS

NOMBRE REAL: Matthew (Matt) Michael Murdock

PUNTOS FUERTES: Extraordinario artista marcial; sentidos superhumanos; habilidades atléticas

PUNTOS DÉBILES: Es ciego

OFICIO: Abogado penalista

TERRITORIO: Cocina del Infierno (Nueva York)

ALIADOS: Spiderman, Viuda Negra, Puño de Hierro, Foggy Nelson, Karen Page

ENEMIGOS: Kingpin, Bullseye, Zancudo, Electro, Hombre Imposible

¿DE VERDAD?

El sentido del tacto de Daredevil es tan **fino** que puede leer **papel impreso** tan solo con **tocarlo.**

ENTRE...

Cuando creó a Daredevil, Stan Lee buscaba una nueva fórmula de superhéroe, y concibió uno con una gran debilidad que había desarrollado poderes asombrosos para compensarla.

...VIÑETAS

CIFRAS...

20 mg
Cantidad de cualquier sustancia que puede detectar Daredevil en una comida

12 años
Edad a la que Murdock perdió la vista

6 m
Distancia máxima a la que Daredevil puede oír el latido de un corazón

3 manzanas
Distancia máxima a la que Daredevil puede oler pólvora

1 decibelio
Sonido más bajo que puede oír Daredevil (el umbral normal es 20 dB)

¡CATAPUM!

El padre de Matt, un **boxeador,** quería que su hijo se centrara en los estudios. Pero, desobedeciéndole, él se hizo en secreto **artista marcial,** entrenado en ninjitsu, **kung-fu** y **karate** por el misterioso mentor Stick.

CONOCIDO POR

PERSEGUIR AL JEFE DEL HAMPA KINGPIN

GUÍA DE TRAJES DE DAREDEVIL

Llamativo
Una malla amarilla con la distintiva insignia de la «D» (que luego será doble).

Confortable
El confort es clave para los superhéroes. Este traje carmesí es una elección práctica.

Reforzado
Este traje biomimético con armadura blanca integrada ofrece una buena protección.

Imponente
Este uniforme negro y rojo atemoriza a los enemigos.

TOP 3

Sustitutos de Daredevil

1. **PUÑO DE HIERRO** Se hace pasar por Daredevil mientras Matt está en prisión y durante la Guerra Civil.
2. **PETER PARKER** Se viste como Daredevil para proteger la identidad de Matt en el juzgado, hasta que aparece otro falso Daredevil, el actor Terrence Hillman.
3. **FOGGY NELSON** Pretende ser Daredevil para conquistar a la intermitente novia de Matt, Karen Page.

P: ¿Es Daredevil un lobo solitario?

R: No. A veces ha formado equipo con **Spiderman,** que **patrulla** algunas zonas coincidentes. Rechazó varias invitaciones de los **Vengadores,** pero acabó uniéndose a ellos empujado por **Luke Cage.**

MANEJAR CON CUIDADO

El **bastón** de Matt aloja **un cable con un garfio** para encaramarse a los tejados. Además se convierte en un **bastón de combate,** que puede **arrojar** con increíble precisión.

¡CUÉNTAME MÁS!

Con su mundo al borde de la destrucción, los korbinitas transformaron a su guerrero más fuerte, Bill Rayo Beta, en un superente cibernético. Este viajó por la galaxia en busca de ayuda y la halló en Asgard, donde Odín le dio el martillo uru Destructor de Tormentas y poderes similares a los de su hijo Thor.

¡UAU!

183

... y subiendo. Número de razas alienígenas conocidas en el universo Marvel.

P: ¿Qué pasa si un planeta cobra vida?

R: ¡Que tienes a **Ego, el Planeta Viviente!** Utilizando a poderosos humanoides creados a partir de **sí mismo,** Ego ataca a otros mundos y los **absorbe** en su interior.

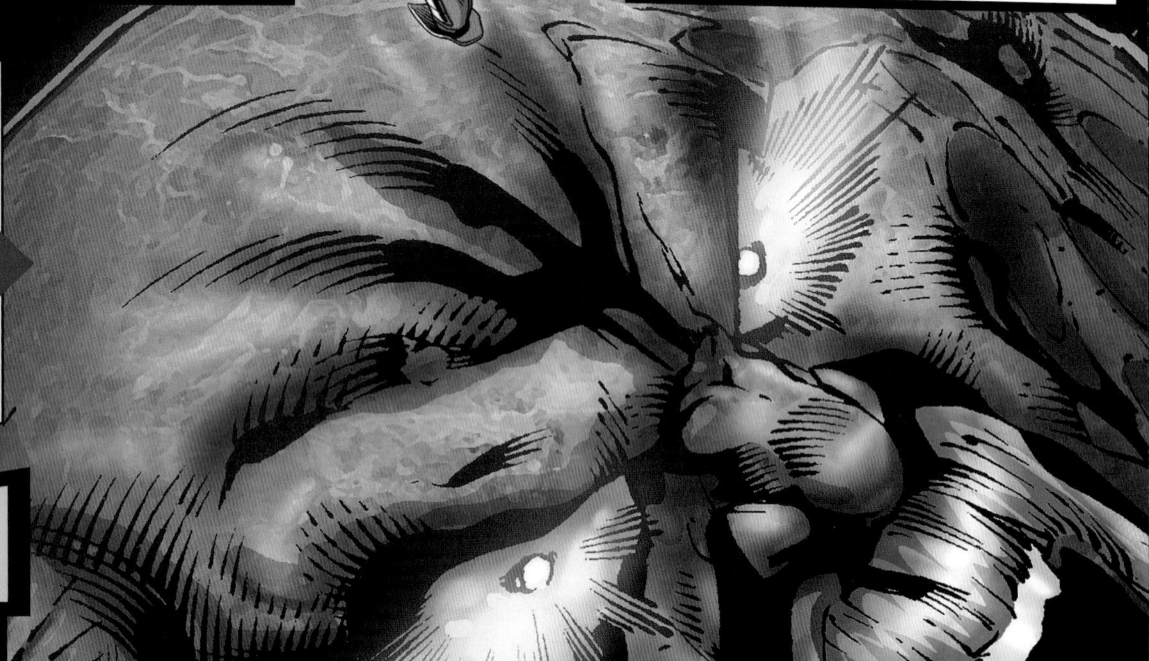

NOVA PRIME

MANEJAR CON CUIDADO

Si estás buscando los objetos **más poderosos** del universo, acude a Taneleer Tivan, el **Coleccionista.** Este **Primigenio del Universo,** uno de los seres más viejos conocidos en el cosmos, se pasa la vida coleccionando **objetos de poder ilimitado.**

¡DESPEGUE!

¡Hay un universo de **maravillas cósmicas** ahí fuera! Héroes alienígenas, **seres divinos** con poderes supremos, criaturas del **tamaño de planetas...** ¡En el espacio hay mucho más que **cohetes y astronautas!**

GUARDIÁN DEL UNIVERSO

El **Uni-Poder** es una manifestación del universo mismo. Cuando la **realidad está en peligro,** se funde con un anfitrión para convertirse en **Capitán Universo:** un héroe con la misión de proteger **todo lo existente.**

UNIVERSO ALTERNATIVO

El Uni-Poder no discrimina a la hora de asociarse. En Tierra-91110 se unió a un perro llamado Casey para convertirse en ¡Capitán Uni-Chucho!

¡CUÉNTAME MÁS!

Eón es una entidad cósmica nativa de su propia dimensión, el eonverso. Él creó las poderosas bandas cuánticas y designa a los Protectores del Universo que las portan.

«¡[redacted]O TE GUSTARÍA VE[redacted]ME ENFADADO!»
«¡Ja! Cuando Hulk *MACHACA* algo, ¡se queda *MACHACADO!*»
«¡AHORA HULK ESTÁ *EXTRA* LOCO!»
«Sí, Hulk fue Vengador... *¡Y NO LE GUSTÓ!*»
«¡HULK ES EL MÁS FUERTE AQUÍ!»

«HULK no LAMENTA. Hulk es HULK.»
¡HULK MACHACA!
«¿En qué pesadilla sin nombre me habré despertado?»

DATOS

NOMBRE REAL: Robert Bruce Banner

PUNTOS FUERTES: Casi invulnerable; superfuerte; poder de curación rápida; resiste el control mental; gran potencia de salto

PUNTO DÉBIL: ¡Su furia!

ALIADOS: Power Man, Spiderman, Puño de Hierro

ENEMIGOS: Líder, Abominación, Rhino

LOS PAPELES DE RICK

Banner fue alcanzado por la **bomba gamma** y se convirtió en Hulk, pero salvó al **adolescente Rick Jones** de seguir la misma suerte. Desde entonces Rick ha sido:

- **amigo de Hulk**
- **jefe de Hulk**
- **un Rick Jones-Hulk megafuerte**
- **un monstruo azul llamado Bomba-A**
- **¡un autor de best sellers!**

UN MAL DÍA

Ingenuo y solo, Hulk intentó **«buscar amigos en las estrellas».** Saltó a la órbita terrestre, se desvaneció por la **falta de oxígeno**... ¡y **cayó sobre la Tierra** con un enorme impacto!

¡SU MAJESTAD HULK!

Después de estrellarse en el planeta Sakaar, Hulk fue obligado por su infame monarca, el Rey Rojo, a luchar como gladiador. Hulk lideró una rebelión contra él, ¡y fue coronado rey!

¡GRAN PROBLEMA!

Una dosis masiva de **rayos gamma** de una bomba experimental alteró el **ADN** del **Dr. Bruce Banner.** Ahora, cada vez que se ve abrumado por la **furia** o el **miedo,** el científico se transforma en un **violento gigante de piel verde:** ¡el **increíble Hulk!**

¡UAU!

150 000 000 000

Peso en toneladas de la montaña que el Hombre Molécula derrumbó sobre Hulk. Hulk la sostuvo... ¡demostrando que es un fenómeno inconcebible!

ENTRE... ...VIÑETAS

En su primera aparición en *Incredible Hulk* #1 (Mayo 1962), Hulk era gris. Pero ese color era difícil de imprimir bien... así que en el número siguiente se volvió verde.

¡EL YETI!
La nación tibetana de Lhasa está bajo la amenaza del ejército del general Fang. Hulk se pone un traje de pieles para combatir el frío y pone en fuga a las fuerzas de Fang. ¡Creen que es el yeti!

HULKÓMETRO

Aquí están las medidas de diversas encarnaciones de Hulk.

TOP 5 Encarnaciones de Hulk

¡Ha habido un montón de Hulks! He aquí algunos:

1. **HULK SALVAJE** Grande, verde e inocente… a menos que se asuste o se enfurezca.
2. **JOE ARREGLATODO** Gris, perverso y astuto: ¡un gánster de Las Vegas!

3. **DESTRUCTOR DE MUNDOS** ¡Cuando se pone realmente furioso!
4. **DOC VERDE** Banner usa nanobots Extremis para reparar su cerebro. Hulk entonces se vuelve tan grande como brillante.
5. **BANNER SALVAJE** La mente de Hulk salvaje en el cuerpo de Banner. No muy temible, para ser sinceros…

JUEGO DE EQUIPO

El psiquiatra Doc Samson **separó** a Bruce Banner de Hulk. Entonces Banner creó un equipo de **Hulkbusters** para **abatir** a Hulk.

¿DE VERDAD?

Cuando Loki engañó a Hulk para que atacara un tren, el desorientado coloso se **disfrazó** de **robot** y trabajó en un circo **haciendo malabares con animales.**

¡CATAPUM!

Con una **palmada,** Hulk puede causar un **estallido sónico** y **derribar** a sus enemigos.

¡NI UN RASGUÑO!
Hulk es superduro. En una batalla recibió disparos de:

- **un lanzamisiles de napalm**
- **un rifle para elefantes**
- **un lanzagranadas de ántrax**
- **un arma de electrochoque de 40 000 000 de voltios**

¡Y él ni pestañeó!

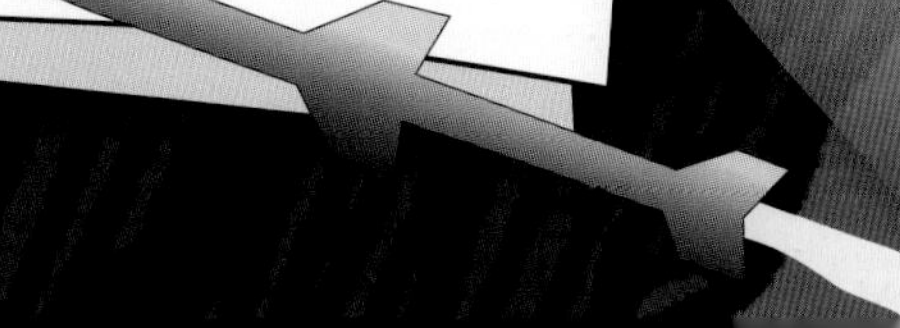

HULK MAESTRO
En el futuro, dentro de **100 años,** la Tierra es devastada por una guerra nuclear. Hulk **enloquece** por la radiación y se convierte en **Maestro,** un **maligno y barbudo tirano.**

AMOR REAL

Jarella, **princesa** del reino subatómico de K'ai, amó tanto a **Banner** como a **Hulk.** Ella podría haber sido su **auténtico amor,** pero murió trágicamente…

¿QUIÉN ES EL PADRE?

Durante largo tiempo, los gemelos **Wanda** y **Pietro** creyeron que su padre era **Magneto.** Luego descubrieron que sus verdaderos padres eran romanís que viajaban por Transia. Sus poderes mutantes son el resultado de experimentos genéticos del científico **Alto Evolucionador** y de su poder casi divino.

¡CUÉNTAME MÁS!

Wanda tuvo siempre potencial para ser una mutante manipuladora de energía. Pero el demoniaco dios antiguo Chthon le infundió además capacidades mágicas.

¡Acción!

UNA BRUJA EN CIERNES

La bruja **AGATHA HARKNESS** instruyó a Wanda en el arte de la hechicería para ayudarla a controlar sus poderes. La magia, combinada con su capacidad mutante, aumentó el poder de Wanda, pero aun así las cosas **SALIERON MAL...**

HECHICERA

Dado su **inmenso poder, Bruja Escarlata** puede **alterar la realidad.** Cabría pensar que eso la hace feliz, pero Wanda es un **alma compleja:** insegura sobre la **identidad de sus padres,** atormentada por sus **hijos perdidos** y vulnerable ante los **villanos manipuladores.**

DATOS

NOMBRE REAL: Wanda Maximoff

PUNTOS FUERTES: Poder de hechicería mutante que altera la realidad; control de los poderes mágicos

PUNTOS DÉBILES: La influencia de villanos como Dr. Muerte puede inducirle impulsos destructivos; el entrenamiento en brujería solo es eficaz en un 80%

ALIADOS: Visión, Mercurio, Vengadores, Hombre Maravilla, Agatha Harkness

ENEMIGOS: Dr. Muerte, Chthon, Mefisto, Master Pandemonium

TRIÁNGULO AMOROSO

Bruja Escarlata se casó con el androide **Visión,** que estaba programado con las ondas mentales del difunto héroe **Hombre Maravilla.** Cuando la programación de Visión fue borrada y Hombre Maravilla **regresó de la tumba,** Wanda inició una relación con este.

¡¡Sííí!!

Bruja Escarlata devino una **hechicera tan poderosa** que logró derrotar incluso al temible demonio **Dormammu.**

LEALTADES DIVIDIDAS

Magneto libró a la joven Wanda y a su hermano **Pietro** (Mercurio) de una turba. Ellos se unieron a la **Hermandad de Mutantes Diabólicos,** combatiendo a la Patrulla-X. Sin embargo, no convencidos, al final se unieron a los Vengadores del Capitán América.

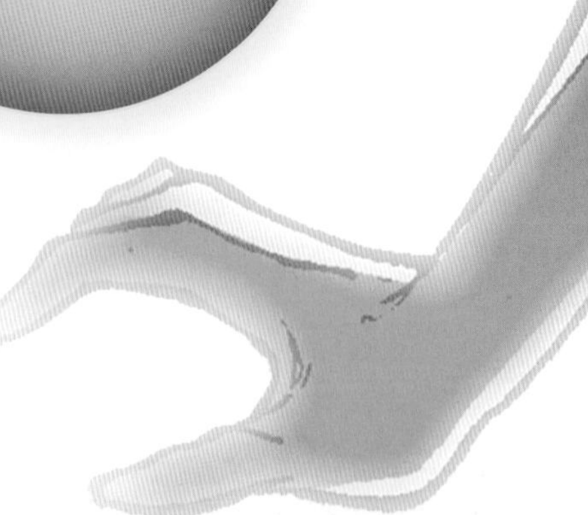

Muñeca diabólica

El demonio **Chthon** intentó usar a Bruja Escarlata como receptáculo para sus **actos demoniacos.** Los Vengadores atraparon la **esencia** de Chthon en una **muñeca,** y Wanda la enterró bajo una **avalancha.** Pero no se puede controlar a un demonio como Chthon por **mucho tiempo...**

JUEGO DE EQUIPO

Bruja Escarlata devino líder del grupo de superhéroes Fuerza de Choque. Su ordenador central hex predecía dónde era más probable que hubiera problemas.

¡No hay defensa contra el *HECHIZO* de la Bruja Escarlata!

¿DE VERDAD?

Wanda perdió sus poderes y su memoria, ¡y **casi se casó con el Dr. Muerte!** Iron Lad y los Jóvenes Vengadores la rescataron y viajaron con ella atrás en el tiempo. Recuperó sus poderes e intentó **deshacer** el daño causado y devolver el poder a los mutantes. Entonces el Dr. Muerte **le robó sus poderes.**

TOP 3

Desmanes de Wanda

1 **WANDA** tuvo gemelos con su marido Visión. Cuando estos desaparecieron, ella enloqueció, culpó a los Vengadores, destruyó su Mansión y mató a varios compañeros, entre ellos Visión y Hombre Hormiga (Scott Lang).

2 **WANDA** rehízo la realidad para que gobernaran los mutantes, con Magneto al frente.

3 **WANDA** alteró la realidad de nuevo para que casi todos los mutantes perdieran sus poderes.

P.D.: ¡LA CULPA FUE DEL DR. MUERTE!

¡¡AAARRGH!!

Bruja Escarlata no conoce los límites de su poder. **¡ALTERÓ** la realidad, **CREÓ** vida, **QUITÓ EL PODER** a héroes y **REVIVIÓ** a amigos! ¡Quién sabe lo que hará después!

SALVAR EL MUNDO

La cósmica Fuerza Fénix poseyó a algunos X-Men para que gobernaran el mundo. Entonces Bruja Escarlata reunió a los Vengadores con el fin de expulsar a la destructiva Fuerza Fénix de la Tierra.

¿UN FINAL FELIZ?

Wanda es un «ser nexo»: un punto focal viviente para las energías místicas de la Tierra. Su poder, combinado con el del Dr. Muerte, capturó la Fuerza Vital y le devolvió a sus hijos, Wiccan y Veloz.

SUPERVELOCES

Parpadea y ***perderás*** a estos velocistas ***rápidos como el rayo.*** Ya sea huyendo de la ley o ***dando caza a criminales,*** estos superpoderosos esprínteres saben cómo ***llegar los primeros. ¡Atrápalos si puedes!***

ENTR

El superveloz amnésico llamado «Alien Enterrado» (Buried Alien) es un guiño al Flash (Barry Allen) de DC Comics. ¿Sería Flash tan veloz como para haberse transportado al universo Marvel?

...VIÑETAS

¿DE VERDAD?

El héroe de la II Guerra Mundial **Zumbador** obtuvo su increíble velocidad por una transfusión de **sangre de mangosta.**

TOP 4

Proezas superrápidas

1 **MERCURIO** Esprinta del Tíbet a Indonesia en solo unos segundos.

2 **TENSIÓN** Corre de Nueva York a Colorado en una tarde.

3 **MAKKARI** Crea ciclones corriendo en círculo.

4 **DEMONIO VELOZ** Corre por muros verticales y sobre el agua.

¡¡Soy el maldito MERCURIO!! ¡¡Y tú puedes tragarte mi maldito POLVO!!
Veloz
Mercurio
Demonio Veloz
Mapache Cohete

UNIVERSO ALTERNATIVO

En el universo Marvel Zombies (Tierra-2149), la velocidad de Mercurio extendió el virus zombi por todo el planeta como la pólvora.

Velocidad natural

El Nuevo Guerrero **Bola Veloz** es superrápido, ¡pero no tiene supervelocidad! Usa **campos de fuerza cinética** para viajar a velocidades extremas **rebotando** sobre objetos sólidos.

¡Acción!

SALTOS EN EL TIEMPO

Mercurio perdió sus poderes, se expuso él mismo a los cristales de niebla terrígena de los Inhumanos, y por un breve tiempo obtuvo la capacidad de saltar en el tiempo.

¡¡SÍÍÍ!!

Mercurio es tan veloz que puede atacar a su oponente desde distintos ángulos en décimas de segundo, y esquivar cualquier objeto que se le arroje. ¡Supera incluso a los rayos de Thor!

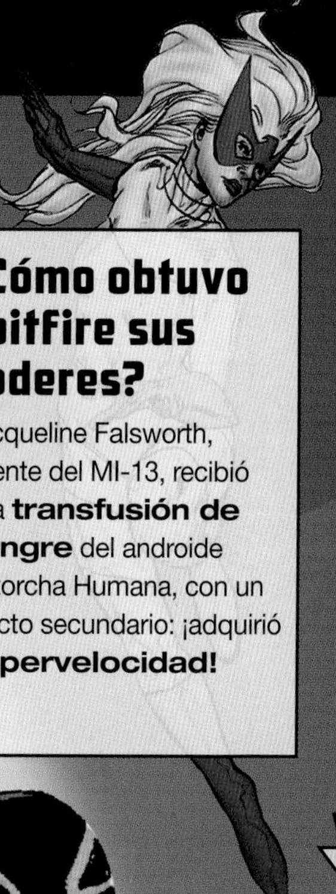

¡UAU!

12 250

Velocidad máxima de Mercurio en km/h.

P: ¿Cómo obtuvo Spitfire sus poderes?

R: Jacqueline Falsworth, agente del MI-13, recibió una **transfusión de sangre** del androide Antorcha Humana, con un efecto secundario: ¡adquirió **supervelocidad!**

CARRERA ESPACIAL

El Primigenio del Universo **Corredor** invitó a **Mercurio, Makkari, Culebra Negra, Capitana Marvel, Demonio Veloz, Súper Sable y Zumbador** a disputar una carrera para ver quién era el más veloz. Makkari tomó la delantera, pero el misterioso **«Alien Enterrado»** surgió de la nada y ganó.

Makkari

¡¡NOOOO!!

El canalla hiperveloz **SPEEDFREEK** peleaba contra los **NUEVOS GUERREROS** cuando su socio **NITRO** destruyó una escuela, desencadenando así la Guerra Civil superhumana.

¿QUIÉN ES MÁS VELOZ?

EN SUS MARCAS...

MAPACHE COHETE: Puede tener un cerebro poderoso, ¡pero tiene patitas de mapache!

DEMONIO VELOZ: Este felón de pies ligeros hará lo que sea por llegar el primero.

VELOZ: No importa lo que él diga, ¡este chaval no supera a Mercurio!

MERCURIO: Una vez Pietro Maximoff está en cabeza, ¡nadie alcanza al supervelocista absoluto!

MAKKARI: ¡Se requiere algo especial para sobrepasar a este bólido Eterno!

UN GRAN PODER...

¡UAU!

10 000

Número aproximado de vidas salvadas por Spidey.

CONLLEVA UNA GRAN
RESPONSABILIDAD

LANZARREDES

Es tu **amistoso vecino Spiderman,** el **lanzarredes,** el **trepamuros,** el **cabeza de red.** Todos ellos son nombres para la identidad secreta de Peter Parker, un tímido estudiante **transformado** en un superhéroe por la **picadura de una araña.**

ENTRE...

Presentado en 1962, Spiderman era un nuevo tipo de héroe: un adolescente con el que los fans podían identificarse. Como dijo Stan Lee en *The Amazing Spider-Man* #9, Spidey es «el superhéroe que podrías ser... tú».

...VIÑETAS

¡¡NOOOOO!!

Spidey perdió sus poderes ¡por una **GRIPE!** Fue desenmascarado por Doc Ock, pero nadie creyó que el **ENCLENQUE PETER** pudiera ser realmente Spiderman.

P: ¿Cómo crea Spiderman sus telarañas?

R: Peter Parker puede **trepar** como una araña, pero durante mucho tiempo no podía lanzar **seda de araña** de forma natural. Inventó unos **lanzatelarañas** que lleva en las muñecas y alimenta con **fluido de red.**

¡HOLA, MARY JANE!

«Admítelo, tigre, ¡te ha tocado la lotería!»: Mary Jane conoció a Peter en una cita a ciegas organizada por tía May. Y así comenzó el largo e intermitente romance entre Peter y MJ, que llegaron a casarse.

SHIELD DESCLASIFICADO

EL ALBA DEL HOMBRE ARAÑA

Cuando sus padres murieron en un accidente de avión, Peter fue criado por su tía May y su tío Ben. La picadura de una araña radiactiva le dio poderes increíbles, y se convirtió en estrella de la TV. ¡Todo cambió cuando un criminal mató a tío Ben! Peter se culpó de ello, y desde entonces juró usar su poder para proteger al inocente.

UNIVERSO ALTERNATIVO

Spidermono (Peter Parker) era un «lanzarredes» de Tierra-8101. El amistoso primate se unió al ejército araña de Spiderman... ¡que era Otto Octavius!

Mi *SENTIDO ARÁCNIDO* está zumbando.

¡ACTO INFAME!

Camaleón y Duende Verde intentaron volver loco a Spidey usando **androides** para suplantar a Mary y Richard Parker, los **padres** de Peter.

¡CUÉNTAME MÁS!

El sentido arácnido de Peter le produce una sensación de hormigueo en la base del cráneo cuando hay un peligro cerca. También le ayuda a columpiarse por las alturas de Nueva York sin necesidad siquiera de prestar atención.

¿DE VERDAD?

Cuando Spiderman perdió su traje, **Johnny Storm** le prestó uno de los 4 Fantásticos y, como máscara, una **bolsa de papel** con el letrero **«Kick me»** (Patéame) detrás.

TOP 3

Spidermen

1 **SPIDERMAN ARAÑA** La Reina Araña (Adriana Soria) besa a Peter y lo transforma en una verdadera araña mediante sus enzimas mutágenas.

2 **SPIDER-HULK** Spidey es alcanzado con un rayo de energía biocinética mientras lucha contra Hulk; absorbe la energía de Hulk y se vuelve grande y verde.

3 **SPIDERMAN DE SEIS BRAZOS** Peter experimenta con una fórmula para recuperar la normalidad (sin poderes arácnidos) ¡y le crecen cuatro brazos extra!

UN PACTO CON EL DIABLO

Peter hizo un **trato** con el **demonio Mefisto** para salvar a **tía May** de la muerte. El demonio **reordenó la historia,** salvando la vida de May, pero la boda de Peter con Mary Jane también quedó **borrada de la realidad...**

ENTRE...

Stan Lee ha bromeado con que J. Jonah Jameson, el volcánico editor del *Daily Bugle*, alcalde de Nueva York y principal dolor de muelas de Spiderman, ¡está basado en él mismo!

...VIÑETAS

DATOS

NOMBRE REAL: Peter Benjamin Parker

BASE: Nueva York

PUNTOS FUERTES: Gran inteligencia; extraordinarios reflejos; sentido y poderes arácnidos; produce redes

PUNTOS DÉBILES: Sus enemigos explotan su amor por los suyos; vulnerable a la pérdida de poder

ALIADOS: 4 Fantásticos, Vengadores, Patrulla-X, Gata Negra, Daredevil, Estrella de Fuego

ENEMIGOS: Norman Osborn (Duende Verde), Dr. Octopus, Buitre, Electro, Chacal, Kingpin

DATOS

NOMBRE REAL: Jessica Miriam Drew

PUNTOS FUERTES: Poderes arácnidos; descargas de energía; feromonas alteradoras del ánimo; vuelo; resistencia a los venenos

PUNTOS DÉBILES: Propensa a perder sus poderes; odia las ratas

ENEMIGOS: Hydra, Morgana Le Fay, Charlotte Witter

TRABAJO RÁPIDO

En Londres, Jessica evitó ser capturada por un agente de Scotland Yard arrancando una farola y **arrojándosela.** Para evitar que lo matara, se adelantó a su proyectil y apartó al agente de la **trayectoria.**

P: ¿Qué une a Spiderwoman con Spiderman?

R: ¡Solo la red de la vida! Los orígenes de Jessica Drew no tienen nada que ver con la picadura radiactiva de Peter Parker.

CUANDO LOS BUENOS SON MALOS

... Y OTRA VEZ BUENOS

Cuando Spiderwoman perdió sus poderes, un agente de Hydra le prometió que se los restauraría si se unía a SHIELD como agente doble. El maestro de espías Nick Furia la animó a aceptar el trato... ¡para acabar con Hydra desde dentro!

¡CATAPUM!

El cuerpo de Jessica produce de forma natural **energía bioeléctrica** que ella canaliza en **«ráfagas de veneno».**

ID PARADE

Ha habido más de una Spiderwoman...

Superheroína, agente especial y Vengadora.

Ex agente del gobierno, y ahora la poderosa psíquica Madame Web.

Híbrido araña-humano, controlada por el Dr. Octopus para atacar a otras Spiderwomen, hacerse con su poderes y matar a Spiderman.

Adolescente que derrotó a Charlotte Witter.

SHIELD DESCLASIFICADO

AGENTE ESPECIAL ARAÑA

Spiderwoman es una curtida agente secreta que ha trabajado encubierta para SHIELD, ha rastreado amenazas alienígenas para SWORD y ha servido con los Vengadores Secretos junto a su ex novio Ojo de Halcón, la experta espía Viuda Negra y el científico loco MODOK.

¿DE VERDAD?

Spiderwoman se unió a los Nuevos Vengadores durante una fuga de prisión de supervillanos. Pero no era ella: **¡era la reina skrull Veranke!** La metamorfa planeaba una **invasión secreta de la Tierra.**

PODER ARÁCNIDO

¡Spiderman no es el **único** trepamuros de la ciudad! Jessica Drew no ha tenido una vida fácil, y eligió proteger a la gente corriente como la superheroína **Spiderwoman.**

¡¡AAARRGH!!

Las habilidades de combate de Jessica proceden de su época con la **ORGANIZACIÓN TERRORISTA HYDRA.** Le costó años sacudirse los **FALSOS RECUERDOS** usados por Hydra para controlarla.

Jaleo mágico

Spiderwoman ha hecho de la legendaria hechicera **Morgana Le Fay** una enemiga habitual, llegando a retroceder en el tiempo para enfrentarse con la perversa maga.

UNIVERSO ALTERNATIVO

La Jessica Drew del universo Ultimate es en realidad un **clon alterado** de Peter Parker, alias Spiderman.

ENTRE...

Una Jessica embarazada protagoniza la portada de *Spider-Woman* #1 (Noviembre 2015). El equipo de Marvel quería explorar su éxito combinando los roles de detective superheroica y futura madre.

...VIÑETAS

¡CUÉNTAME MÁS!

Los científicos Jonathan y Miriam Drew, padres de Jessica, buscaban «mejorar» el ADN humano con capacidades arácnidas. Al caer Jessica enferma, Jonathan le administró inyecciones de suero de araña para salvarle la vida, y ella obtuvo poderes superarácnidos.

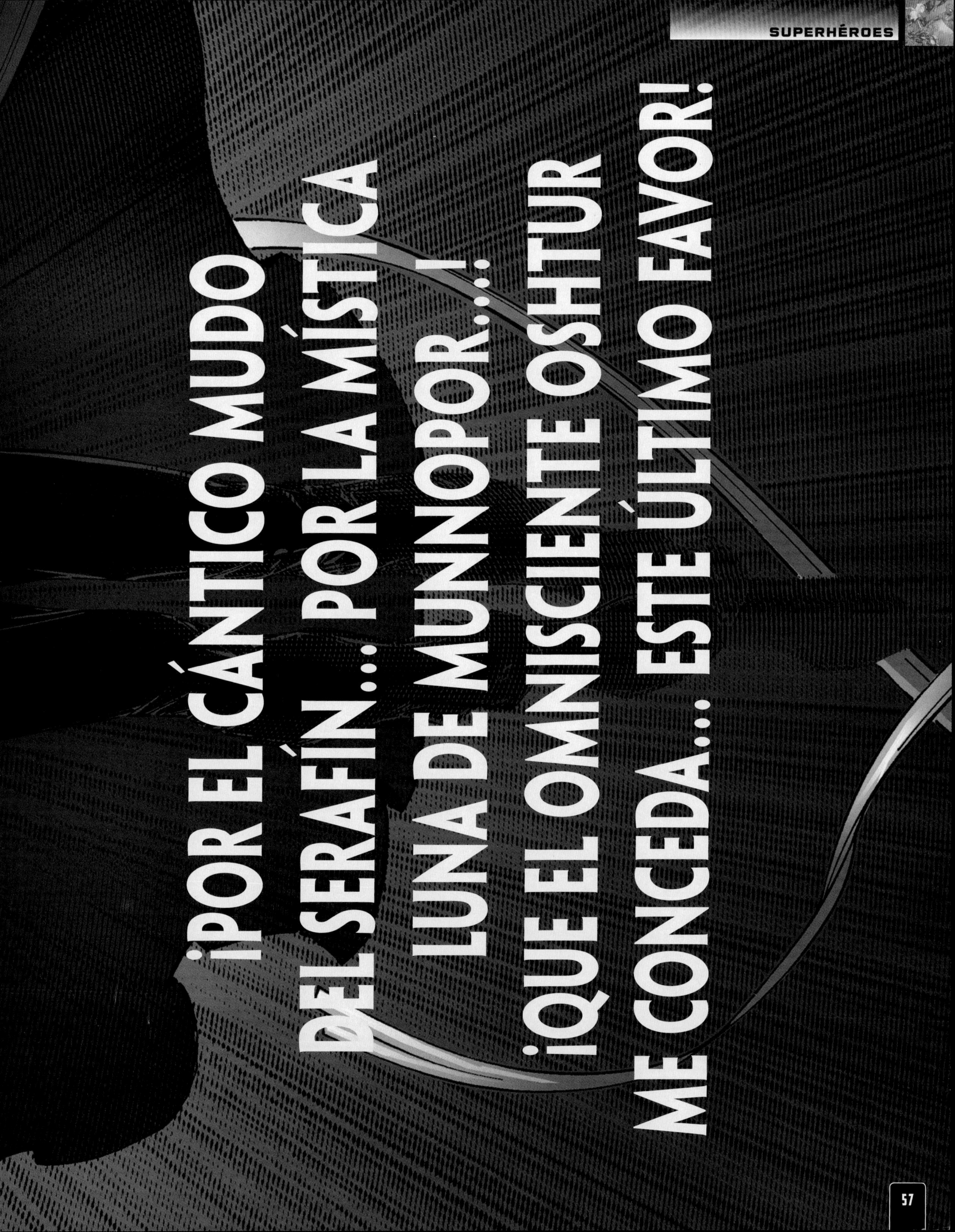
¡POR EL CÁNTICO MUDO DEL SERAFÍN... POR LA MÍSTICA LUNA DE MUNNOPOR...!
¡QUE EL OMNISCIENTE OSHTUR ME CONCEDA... ESTE ÚLTIMO FAVOR!

MAGIA EXTRAÑA

El Dr. Extraño es el **Hechicero Supremo,** el mago más poderoso de la Tierra. Otros héroes combaten a supervillanos e invasores alienígenas: Extraño **protege** el planeta de **demonios, hechiceros** y **entidades espectrales** de **dimensiones místicas.**

JUEGO DE EQUIPO

El Dr. Extraño formó los Defensores, equipo heroico sin plantilla oficial, para proteger la Tierra de amenazas intergalácticas y sobrenaturales.

P: ¿Cómo aprendió magia el Dr. Extraño?

R: Stephen Extraño era un cirujano brillante pero arrogante… hasta que se **lesionó las manos.** Desesperado por encontrar una cura, viajó al Himalaya en busca de un místico legendario, el **Anciano.** Este era el **Hechicero Supremo** de la Tierra, y eligió a Extraño como su aprendiz.

DATOS

NOMBRE REAL: Stephen Vincent Extraño

ALIAS: Hechicero Supremo, Maestro de las Artes Místicas

PUNTOS FUERTES: Mago inmensamente poderoso, con toda una biblioteca de hechizos y una colección de artefactos mágicos

PUNTOS DÉBILES: Capacidad de combate y fuerza limitadas (humanas)

ALIADOS: Vengadores, Defensores, Clea

ENEMIGOS: Barón Mordo, Dormammu, Shuma-Gorath, Pesadilla

CAPA DE LEVITACIÓN

¿Quieres volar? ¡Esta capa es lo que necesitas! Obedece las órdenes del Dr. Extraño incluso cuando no la lleva puesta.

CUANDO LOS BUENOS SON MALOS

LLEGA EL RAJÁ ROJO

Un rubí mágico conocido como Estrella de Capistán tomó el control del Dr. Extraño, que se convirtió en el Rajá Rojo e intentó lavar mágicamente el cerebro a todo Manhattan.

¿DE VERDAD?

El Dr. Extraño combate **amenazas ocultas,** pero también salvó la Tierra de una **flota invasora skrull.** Usando el encantamiento de las **Imágenes de Ikonn,** creó una enorme ilusión de **Galactus** que mandó a paseo a los aliens.

CUESTIÓN DE ESTILO

El Dr. Extraño es conocido por su **aspecto de mago de variedades,** pero cuando el demonio **Asmodeus** tomó su aspecto, él **renovó su estilo** con un traje ceñido, capucha al estilo superhéroe y un símbolo en el pecho.

Donde la humanidad se vea *AMENAZADA* por la magia... ¡Ahí debe ir a *COMBATIRLA* el Dr. Extraño!

SHIELD DESCLASIFICADO

EL SANCTA SANCTORUM
El hogar del Dr. Extraño –su Sancta Sanctorum– alberga su colección de objetos y libros mágicos, y está protegido por hechizos. Se halla en un enclave de poder místico en el Greenwich Village de Nueva York.

Viaje astral
Una de las **artes místicas** que domina Extraño es el **viaje astral:** su espíritu puede dejar su cuerpo y **viajar invisible** por el mundo.

Punto débil
Su forma astral puede ser **vista por los espíritus** (¡y por Hulk!), y su cuerpo queda **indefenso** mientras su espíritu está fuera de él.

ENTRE...

¿Cómo obtuvo su nombre el Dr. Extraño? Sus aventuras se iniciaron en *Strange Tales* #110 (Julio 1963), y su creador, Steve Ditko, le dio el nombre del cómic.

...VIÑETAS

¡CUÉNTAME MÁS!

El Dr. Extraño recibió encantamientos, objetos mágicos y ayuda de tres antiguos seres divinos, los Vishanti: Oshtur el Omnipotente, Agamotto el Que Todo lo Ve, y Hoggoth el Viejo.

TOP 5
Hechizos de Extraño

1. **IMÁGENES DE IKONN** Poderoso hechizo ilusorio que aterrorizó incluso al poderoso Galactus. UTILIDAD: 10/10
2. **BANDAS CARMESÍES DE CYTTORAK** Cintas flotantes que pueden atar incluso a Hulk. UTILIDAD: 9/10
3. **SIETE ANILLOS DE RAGGADOR** Anillos de energía azul que protegen de daños al Dr. Extraño. UTILIDAD: 7/10
4. **VIENTOS DE WATOOMB** Este remolino puede trasladar a Extraño por el mundo... ¡o barrer a sus enemigos! UTILIDAD: 7/10
5. **LLAMAS DE LOS FALTINE** Ardientes rayos verdes que infunden el miedo en el enemigo. UTILIDAD: 6/10

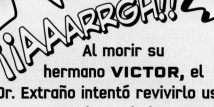

¡¡AAARRGH!!
Al morir su hermano **VICTOR**, el Dr. Extraño intentó revivirlo usando un encantamiento de los **VERSOS VAMPÍRICOS.** Entonces Vic regresó como el héroe vampiro **BARÓN SANGRE.**

P: ¿Quién es Wong?

R: Es el **criado** del Dr. Extraño, tan hábil en las artes marciales como en la magia y la **cocina.** Ha sido el fiel sirviente de Extraño durante años, a pesar de haber sido herido, secuestrado y hasta **¡convertido en vampiro!**

SOBRENATURALES

Soy el espíritu de la *VENGANZA*. *NADA* me detendrá…

Estos **escalofriantes** tipos merecen realmente el calificativo de **«sobrenatural».** Proceden de **dimensiones místicas,** sus poderes van **más allá de la comprensión humana,** y si te descuidas, **¡vendrán a por ti!**

DATOS

SALVADORES SOBRENATURALES:
Motorista Fantasma, Blade, Conservador, Hombre Lobo

ENEMIGOS TEMIBLES:
Drácula, Pesadilla, Corazón Negro, Master Pandemonium, Satannish

A MEDIO CAMINO:
Daimon Hellstrom

HÉROE VAMPIRO

La madre de **BLADE** fue mordida cuando daba a luz, y esto **INMUNIZÓ** a su hijo contra el vampirismo. Se convirtió en un Caminante Diurno –un vampiro inmune a la luz del sol– y lucha contra villanos vampiros como Drácula.

¿BUSCAS AYUDA?

¿Necesitas un héroe para combatir una amenaza sobrenatural? Si el **Dr. Extraño** está ocupado, prueba con el **Dr. Vudú;** también ostenta el título de **Hechicero Supremo.**

¡FIESTA ANIMAL!

Jack Russell era un adolescente normal… hasta que se convirtió en **Hombre Lobo.** ¡Una lástima que esto sucediera en mitad de su **fiesta de 18 cumpleaños!**

MASTER PANDEMONIUM

Sus brazos han sido reemplazados por una horda de **demonios** que le dan control sobre fuerzas oscuras. También controla a los **rakasha,** unos demonios que viven dentro de su cuerpo.

NOCHE DE MIEDO

Pesadilla es un demonio, señor del Reino de los Sueños. Persigue las mentes dormidas de los humanos perversos sobre su caballo **Cazador de Sueños.** Si no lo detienen, ¡toda la humanidad caerá en un sueño eterno de terror!

Los Motoristas Fantasmas tienen la capacidad de invocar **cadenas de fuego infernal,** provistas a menudo de afilados **ganchos** y **guadañas.**

La mayor arma de un Motorista Fantasma es su **mirada de penitencia,** una mirada **incapacitadora** que hace experimentar a su enemigo cada **dolor** que haya infligido a personas **inocentes.**

P: Daimon Hellstrom: ¿héroe o villano?

R: ¡Un poco de ambos! El **Hijo de Satán** desprecia a los mortales. Cuando le conviene, se alía con **héroes** como los **Defensores.** Y cuando se pone perverso, se codea con el Barón Zemo como un **Señor del Mal.**

¡¿QUÉ?!

No todos los Motoristas Fantasmas **usaban moto.** Sus medios de transporte incluyen un **bólido,** un **oso,** un **caballo** ¡y hasta un **tiburón!**

¡¡AAARRGH!!

DRÁCULA, Señor de los Vampiros, hizo un trato con el **DR. MUERTE** e intentó convertir Reino Unido en un **PAÍS VAMPIRO.**

¡PUAJ!

Satannish es un ser demoniaco muy poderoso que suele mostrarse a los humanos como un monstruo cornudo de piel verde con una segunda cara de afilados dientes en el vientre.

RARO Y MARAVILLOSO

Cuando el **mundo** se llena de **nieblas mutágenas** y portales a **realidades bizarras,** las cosas se ponen un poquito... extrañas. Desde **dioses del trueno anfibios** a un **pato alienígena** superhéroe, ¡he aquí los moradores más estrafalarios del universo!

Me he convertido en algo más grande que una *ARAÑA* o un *CERDO*... Me he convertido en *¡SPIDER-HAM!*

¿DE VERDAD?

Spider-Ham era una **apacible araña** que fue mordida por una **cerda radiactiva.** ¡Y así se convirtió en un **cerdo antropomorfo!**

TOP 5

Enemigos de Spider-Ham

1. **RANA TORO** (Bullfrog) Rana ladrona.
2. **RATONERO** (Buzzard) Zarigüeya estafadora.
3. **REY CERDO** (Kingpig) Jefe mafioso porcino.
4. **RAVEN EL CAZADOR** Cuervo cazador de grandes presas.
5. **HOGZILLA** ¡Cerdo reptiliano gigante!

La heroica **caricatura viviente** Slapstick es **Nuevo Guerrero** honorario. Si insultas a sus colegas, ¡te **machacará** con su **mazo!**

¡ZZZUMBADO!

El intento del científico Fritz von Meyer de controlar una **colonia de abejas mutadas** fracasó cuando los insectos lo **devoraron...** pero su conciencia **pervivió** a través del **Enjambre:** una **masa sintiente** de abejas.

¡¡AAAARRGH!!

La primera vez que Enjambre **CHOCÓ** con Spiderman, el lanzarredes roció su traje con **REPELENTE DE INSECTOS** y le hizo salir zumbando.

La mejor amiga de Chica Ardilla, **Tippy Toe,** es mucho más lista que un roedor cualquiera. No solo ayudó a derrotar al supervillano **MODOK,** sino que sabe usar la **batidora** de los Vengadores de los Grandes Lagos para hacerse **batidos de bellota...**

FAUNA BIZARRA

HOWARD EL PATO
Nacido en el planeta Duckworld, donde la vida inteligente evolucionó a partir de aves acuáticas.

MASCOTAS VENGADORAS
Un equipo de peludos, plumosos y colmilludos superhéroes animales.

CHICA ARDILLA
En parte humana, en parte ardilla mutante, alias Dorothy Green.

CÓMO HACER UNA ENTRADA ESPECTACULAR POR HOWARD EL PATO

Ser sustraído de tu planeta natal por el perverso Thog el Opresor.
⬇
Caer a la Tierra.
⬇
Encontrarse con la monstruosa bestia del pantano, el Hombre Cosa.
⬇
Ser atacado por Bessie, la vaca vampiro.

¡¡SÍÍÍ!!

Chica Ardilla no solo habla con las ardillas: venció al **Dr. Muerte,** a **Fin Fang Foom,** a **Bi-Bestia,** ¡e incluso **convenció** a Galactus de que no **devorase la Tierra!**

P: ¿Tiene superpoderes Howard el Pato?

R: Además de tener cierto talento para la magia, Howard es un maestro en el **arte marcial** del **quack-fu.**

JUEGO DE EQUIPO

Howard se unió a la bella modelo **Beverly Switzler** para luchar contra enemigos como **Hombre Nabo,** el **Conde Macho** y **Hombre de Jengibre.**

UNIVERSO ALTERNATIVO

Chico Luna es un **pequeño humanoide peludo** con un amigo inusual: un **T-Rex rojo** llamado Dinosaurio Diabólico. Chico Luna lo rescató siendo un **bebé** en su primitivo planeta natal, **Mundo Dinosaurio.**

¡No toques eso!
El cuerpo **semilíquido** del Hombre Cosa está hecho de **raíces** y **cieno.** Es casi **indestructible,** por lo que los enemigos que intenten dañarlo con mazas, picos o pistolas láser quedarán **decepcionados.**

SUPERVILLANOS

LAZOS FAMILIARES

¡Thanos tiene **problemas familiares!** Su hermano **Starfox** ayudó a los Vengadores a derrotarlo; sus hijas adoptivas **Dragón Lunar** y **Gamora** lo rechazaron; su nieta **Nébula** le robó el Guantelete del Infinito, ¡y él intentó matar a **Thane,** su hijo! Su **madre** intentó también matarlo a él, así que Thanos **le devolvió el favor.**

MAMÁ

«...Interesante.»
Fue la última palabra de Thanos al ver que el puño de Drax había atravesado su pecho y le había arrancado el corazón.

TITÁN DEL TERROR

Thanos es una amenaza para **todo ser vivo** en el universo. El Titán Loco está obsesionado con **conquistar mundos** para sembrar **muerte y destrucción** por doquier.

DIETA ENERGÉTICA

Thanos no necesita comer ni beber: le basta con la energía cósmica ambiental.

TOP 5

Artefactos de Thanos

1. **GENERADOR DE CAMPOS DE FUERZA** Para protegerse contra proyectiles.
2. **DRONES ROBOT** Siervos para hacer cualquier trabajo.
3. **SONDA TEMPORAL** Máquina del tiempo.
4. **TRONO ESPACIAL** Para la teleportación y los viajes interdimensionales.
5. **SANTUARIO** Estación espacial móvil.

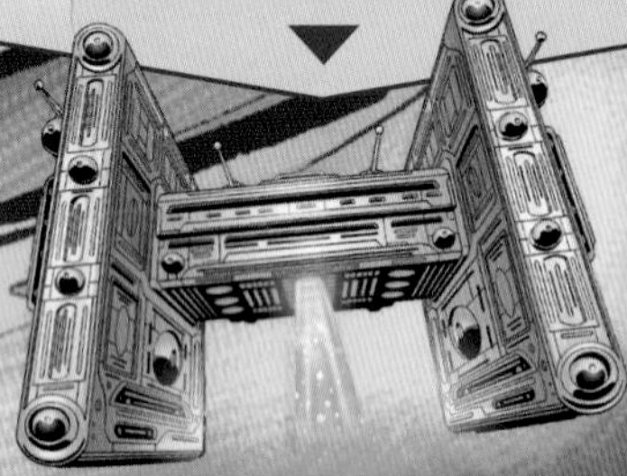

DE ENTRE LOS MUERTOS

Thanos ha sido convertido en piedra, suspendido en ámbar, y **Drax** le arrancó el corazón. Luego **Muerte** lo resucitó... ¡y él se volvió **casi invencible!**

SHIELD DESCLASIFICADO

EL GUANTELETE DEL INFINITO
El Guantelete otorga poder sobre el tiempo, el espacio y la realidad misma. La inmensa fuerza y los poderes psíquicos de Thanos, junto con este artefacto cósmico, le hacen casi imparable.

JUEGO DE EQUIPO

En su búsqueda de las **Gemas del Infinito,** Thanos formó la **Orden Negra,** un grupo de letales alienígenas, para que le ayudara a **conquistar y destruir** mundos.

MANEJAR CON CUIDADO

Thanos absorbió el poder del **Cubo Cósmico,** y luego lo desechó. ¡Gran error! El Cubo aún conservaba cierto poder... y el **Capitán Marvel** lo usó para derrotarlo.

AJUSTE DE CUENTAS

Pocos pueden hacer frente a **Titán Loco** y vencer; uno de ellos fue **Drax el Destructor,** un ser creado mediante ingeniería genética con un solo fin: **¡destruir a Thanos!**

ANTES...

DESPUÉS.

En su juventud, Thanos estuvo **muy enamorado** de una mujer que conoció en Titán, y destruyó **incontables mundos** para impresionarla. La misteriosa mujer reveló ser la **Muerte** disfrazada, pero Thanos **sigue amándola**.

¡Que el universo tiemble de *MIEDO!*

Tal para cual

Thanos se enamoró de la Muerte, pero ella no sentía lo mismo por él. Thanos buscó las Gemas del Infinito para causar tanta destrucción como fuera posible... ¡y por fin la hizo feliz!

¡UAU!

100 000 000

Número estimado de personas que ha matado Thanos, ¡pero podría ser aún mayor!

DATOS

RAZA: Eterno mutado (raza de humanos alterados genéticamente)

MUNDO DE ORIGEN: Titán, luna de Saturno

PUNTOS FUERTES: Telepatía; proyecciones de energía; superfuerza; inteligencia... ¡es casi todopoderoso!

PUNTOS DÉBILES: Es tan malvado que todo el universo quiere acabar con él

ALIADO: Muerte

ENEMIGOS: Guardianes de la Galaxia, Drax el Destructor, Vengadores, Adam Warlock

Poderoso dios de la Men

¡¡AAARRGH!!

Cuando **ODÍN** creó la armadura **DESTRUCTOR** para salvar a la humanidad de algún enemigo futuro, no esperaba que Loki robara su **PODER** ¡y lo usara contra **THOR**!

UN BUEN DÍA

Loki convirtió un **árbol** en **tigre** para atacar a Jane Foster, la novia de Thor; creó un **campo de fuerza** en torno a **Mjolnir** para que Thor no pudiera usarlo; hizo **desaparecer gente**; convirtió Nueva York en un **helado** y detuvo una **bomba atómica**... **¡todo en un día!**

EMBUSTERO

Loki es el metamorfo **dios de la Mentira:** uno de los **mayores hechiceros** de Asgard. Con este **embaucador,** tan solo puedes estar seguro de una cosa: ¡ambiciona ser **el número uno!**

ENTRE...

Loki empezó a causar problemas en agosto de 1949 como villano de *Venus* #6, un cómic de fantasía romántica sobre las aventuras terrenales de la diosa del amor.

...VIÑETAS

ANTES...

Loki es un maestro de la magia y la ilusión, y ha adoptado muchas formas, incluidas varias versiones de sí mismo, como Loki niño, joven Loki... ¡e incluso Lady Loki!

Loki niño

Joven Loki

Lady Loki

DESPUÉS...

¡CUÉNTAME MÁS!

Las profecías vinculan a Loki con el Ragnarok: el fin del mundo nórdico. Aparte de intentar destronar a Odín, su padre adoptivo, y de atormentar a su hermano Thor, ha estado a punto de destruir Asgard varias veces.

¿DE VERDAD?

¡Loki se engaña incluso a **sí mismo**! Loki niño atrapó a su yo mayor y más malvado en una **urraca** llamada **Ikol**.

DATOS

NOMBRE REAL: Loki Laufeyson

PUNTOS FUERTES: Astucia, brujería, proyección astral, cambio de forma, viaje interdimensional

PUNTOS DÉBILES: Ansia de poder; se pasa de astuto, ¡y a nadie le agradan los listillos!

ENEMIGOS: Cualquiera que se cruce con él, a menudo Thor y los Vengadores

SUEÑO: Ser el señor supremo de Asgard

P: ¿Por qué odia Loki a su padre adoptivo Odín?

R: No le perdona haber matado **a su padre, el gigante de hielo Laufey...** ¡aunque Laufey **abandonó a Loki cuando era un bebé!**

La era de Odín y sus hijos acaba... Vienen el fuego y el caos. ¡Y YO SOY EL SEÑOR DEL CAOS!
Forajido del Viejo Oeste
Embaucador adolescente
Digno del martillo de Thor

CONOCIDO POR

ATORMENTAR A SU HERMANO THOR E INTENTAR DESTRUIR ASGARD

¡¡Síííí!!

LOKI usó una ilusión para contener al **DEMONIO DEL FUEGO SURTUR** hasta que su hermano **THOR** y su padre **ODÍN** se le pudieron unir para **SALVAR ASGARD.**

¡UAU!

50

Peso en toneladas que puede levantar Loki.

CUANDO LOS MALOS SON BUENOS

LOKI EL DIGNO

Para detener a Cráneo Rojo, Bruja Escarlata y Dr. Extraño lanzaron un hechizo de inversión, que convirtió a los malos en buenos. Loki se volvió tan bueno que fue digno de empuñar el martillo de Thor.

DATOS

NOMBRE REAL:
Nathaniel Richards

PUNTOS FUERTES:
Gran inteligencia; hábil con la tecnología; pericia en combate; armadura futurista; manipulación política; envejecimiento ralentizado

ARMAS: La armadura lanza descargas de energía, proporciona superfuerza y resistencia aumentada; puede convocar a cualquier arma del flujo temporal con solo chasquear los dedos

ENEMIGOS: 4 Fantásticos, Vengadores

TOP 7 - TROFEOS DE KANG

¿DE VERDAD?

Kang **cambió su propia línea temporal** para evitar ser acosado de niño. Nathaniel, viendo en Kang su **destino de villano,** se unió a los Jóvenes Vengadores como **Iron Lad.** No obstante, después de morir su amiga **Cassandra Lang,** ¡se convirtió en el maligno **Kid Immortus!**

CRISIS DE IDENTIDAD

¡Hay demasiados Kangs en el flujo temporal! El viaje en el tiempo ha creado montones de Kangs alternativos, así que el Kang original se alió con otros dos Kangs para eliminar al resto.

SHIELD DESCLASIFICADO

CONDUCTOR ASTUTO
Cuando Kang llega a un tiempo nuevo, asume una nueva personalidad y se mezcla con la sociedad y la cultura de esa era. Luego maniobra con astucia o ataca agresivamente con un solo objetivo: ¡la conquista!

Toda la *HISTORIA* es mi arma... Lucho con el mismo *TIEMPO*. Vosotros sois sus *JUGUETES*. Yo, su *CONQUISTADOR*.

¡UAU!

7000

Número de años cubierto por Kang, desde el antiguo Egipto hasta el 4000 de nuestra era. ¡Y aún puede viajar más allá!

VIAJERO TEMPORAL

Nacido en una **Tierra alternativa** en el año 3000, el supervillano **Kang** reconstruyó la **máquina del tiempo** del Dr. Muerte con un fin: ¡conquistar **el espacio y el tiempo!**

TOP 4

Personajes de Kang

1. **FARAÓN RAMA-TUT** Usó tecnología futura para conquistar el antiguo Egipto e intentó convertir a Mujer Invisible en su reina.
2. **VICTOR TIMELY** Alcalde de Timely en el Illinois del siglo xx, intentó destruir a los Vengadores con un Spiderman robótico.
3. **CENTURIÓN ESCARLATA** Engañó a los Vengadores para que cazaran superhéroes y villanos.
4. **IMMORTUS** Una posible versión futura de Kang que pretende dominar la totalidad del tiempo.

CONOCIDO POR

VIAJAR EN EL TIEMPO Y CONQUISTAR; Y POR SU CARA AZUL

Kang deseaba casarse con la **princesa Ravonna Renslayer,** cuyo reino añadiría a su imperio; pero ella lo rechazó. Kang **se negó a ejecutar a la princesa,** y su ejército, furioso, **la secuestró.** Entonces Kang se alió con los Vengadores para rescatar a su amada.

PRÍNCIPE AZUL

¡¡AAAARRGH!!

Kang secuestró a los **GEMELOS APOCALIPSIS** y los crio para que resucitaran a los **CUATRO JINETES DEL APOCALIPSIS** y provocar así **EL FIN DE TODAS LAS COSAS.**

P: ¿Por qué es azul la cara de Kang?

R: La armadura de batalla de tecnología avanzada hace que su cara *parezca* azul. En realidad, es un ser humano normal del futuro.

LAZOS FAMILIARES

Se rumorea que Kang es descendiente lejano de **Reed Richards** (Mr. Fantástico) y, posiblemente, del científico y hechicero **Dr. Muerte.**

¡UAU!

4

Número de veces que ha sido destruido el cuerpo de Cráneo, ¡para regresar!

¡PUAJ!

Cráneo Rojo robó el cadáver del **Profesor X** e injertó parte del **cerebro del líder de la Patrulla-X** en el suyo para obtener algunos de sus **poderes psíquicos.**

LAZOS FAMILIARES

Cráneo educó a su hija, **Sinthia (Pecado),** para ser una **máquina de matar.** A modo de prueba, le hizo combatir contra el **Barón Zemo,** pensando elegir al vencedor como **heredero.** Aunque Pecado **mató** aparentemente al Barón, Cráneo **la rechazó...** ¡pero ella no tardó en **reclamar** su manto!

¡CUÉNTAME MÁS!

Adolf Hitler gestionó personalmente el entrenamiento de Johann Schmidt para convertirlo en el «nazi perfecto». Le dio una horrenda máscara roja y, como Cráneo Rojo, Schmidt se convirtió en el número dos secreto del III Reich, para ejecutar las misiones más viles de Hitler.

¡ACTO INFAME!

Calavera y **Pecado** ayudaron a Cráneo Rojo a asesinar al Capitán América tras la Guerra Civil superhumana. **Soldado de Invierno** atrapó a Calavera, pero **Pecado escapó...** ¡y acuchilló a **Sharon Carter,** la amada del Capi!

DATOS

NOMBRE REAL: Johann Schmidt

PAÍS DE ORIGEN: Alemania

PUNTOS FUERTES: Brillante estratega militar; maestro del disfraz; hábil combatiente con y sin armas

PUNTOS DÉBILES: ¡Es demasiado malvado! Muchos supervillanos rechazan aliarse con él por ser nazi

ALIADOS: Adolf Hitler, Arnim Zola, Calavera, Dr. Faustus, Hydra, Pecado

ENEMIGOS: Capitán América, Vengadores, Soldado de Invierno

SHIELD DESCLASIFICADO

CRÁNEO Y CALAVERA

El joven neonazi Brock Rumlow soñaba con servir a Cráneo Rojo, su héroe, y el sueño se hizo realidad cuando, como Calavera, fue reclutado como guardaespaldas de Cráneo. Calavera es un experto artista marcial y tirador; durante breve tiempo adquirió el poder de lanzar ráfagas de fuego.

CONOCIDO POR

SU ESPANTOSO Y BURLÓN ROSTRO CARMESÍ

LA CARA DEL MAL

Cráneo Rojo es uno de los **hombres más malvados de la historia.** Ha cambiado **su aspecto** y su identidad. Ha sido derrotado e **incluso asesinado**. Pero siempre regresa con otro **plan infame.**

Y ahora un brindis... ¡por la CONQUISTA SIN FIN!

MALO HASTA LA MÉDULA

Cráneo Rojo es tan perverso que hasta Hitler lo temía.

RETORNO EXPLOSIVO
Tras **décadas en hibernación,** Cráneo Rojo fue revivido por **IMA.** Él les robó el **Cubo Cósmico,** que le dio el poder de **cambiar la realidad.** Por suerte, no lo conservó mucho tiempo.

DOS MENTES
Aleksander Lukin, general de la KGB, disparó a Cráneo para quitarle el **Cubo Cósmico.** El cuerpo de Cráneo murió, pero él usó el Cubo para atrapar las mentes de ambos **en el cuerpo de Lukin.**

TOP 3

Subordinados de Cráneo

1. **ARNIM ZOLA** Médico personal de Hitler, es el responsable de los frecuentes cambios de aspecto de Cráneo.
2. **CALAVERA (BROCK RUMLOW)** Guardaespaldas principal de Cráneo.
3. **PECADO (SINTHIA SCHMIDT)** Maligna hija y heredera de Cráneo.

ANTES...

POLVO DE LA MUERTE
El arma química de Cráneo Rojo mata por contacto con la piel... pero no antes de que la cabeza de la víctima se marchite hasta formar ¡una calavera roja!

DESPUÉS...

¡CUÉNTAME MÁS!

El profesor Mendel Stromm, socio de Osborn, descubrió una fórmula para aumentar la fuerza. Osborn le tendió una trampa para robársela y hacerse con el control de la empresa y de lo que luego sería la Fórmula Duende.

UN BUEN DÍA

Cuando Osborn disparó a la reina skrull Veranke ante las cámaras de TV, fue aclamado como héroe por acabar con la invasión secreta skrull. Y aún más: el presidente de EE UU le nombró jefe de SHIELD.

CUANDO LOS MALOS SON PEORES

Osborn se convirtió en jefe de seguridad de EE UU y renombró SHIELD como HAMMER. Se enfundó una de las armaduras de Tony Stark, se autoproclamó Iron Patriot y lideró un nuevo grupo de Vengadores Oscuros. Aspiraba a presentarse ante el mundo como una combinación de Iron Man y Capitán América, ¡pero su lado maligno no tardó en reaparecer!

MATONES DEL DUENDE

La Nación Duende son seguidores de Duende Verde que visten ropas inspiradas en él y usan la tecnología Duende de Osborn.

TOP 5

Fórmula Duende: efectos

1. **FUERZA SUPERHUMANA** Además de velocidad, reflejos y resistencia aumentados.
2. **REGENERACIÓN** Curación rápida. ¡Osborn puede recuperar miembros y órganos perdidos!
3. **INTELIGENCIA SUPERIOR** Osborn ya era listo, pero la fórmula lo convirtió en un genio.
4. **LOCURA** Osborn lleva unos parches químicos en la piel para mantenerse cuerdo, pero no siempre parecen funcionar bien…
5. **ASPECTO ALTERADO** Puede que Osborn no haya cambiado en este universo (como Duende lleva una máscara), ¡pero otros no han tenido tanta suerte!

¡ESTÁ LOCO Y LE ENCANTA!

Norman Osborn es el increíblemente rico jefe de la empresa tecnológica **OsCorp.** Ha sido **jefe de seguridad de EE UU,** pero lo que le motiva es la **codicia** y una insaciable **sed de poder.** ¡Ah, y también el **odio** a Spiderman!

DATOS

NOMBRE REAL: Norman Virgil Osborn

ALIAS: Duende Verde, Iron Patriot, Rey Duende

PUNTOS FUERTES: Empresario implacable; astuto estratega; experto en química, electrónica, ingeniería y genética

PUNTOS DÉBILES: La Fórmula Duende tiene efectos secundarios que socavan sus planes

ALIADOS: Ha establecido breves alianzas con otros villanos, pero solo mira por sí mismo

ENEMIGOS: Spiderman, Iron Man, Capitán América, Vengadores

¡UAU!

1 millón $

Recompensa del *Daily Bugle* por la captura de Spiderman, a cuenta de Norman Osborn.

Y ahora... entre tú y yo... te voy a confiar un pequeño *SECRETO*. A esto se *RESUME* todo...
... Los malos *SIEMPRE* ganan.

SHIELD DESCLASIFICADO

LA CAÍDA DE OSBORN
Como jefe de seguridad nacional, Osborn organizó un ataque ilegal sobre Asgard, que flotaba en el cielo sobre Broxton (Oklahoma). Aunque no uno, sino dos Capitanes América —y muchos otros héroes— intentaron frustrar el plan, Asgard fue destruida. Pero quedó claro que Osborn estaba loco de poder, y fue despedido con deshonor.

CONOCIDO POR
SU SED DE PODER Y SU ODIO A SPIDEY

LAZOS FAMILIARES

¡Una familia complicada y revuelta!

NORMAN OSBORN
Patriarca, loco criminal.

HAROLD «HARRY» OSBORN
Hijo de Norman y Emily, la cual murió tras su nacimiento. Siguió las huellas de Norman como Duende Verde y se unió a su grupo de Vengadores Oscuros como Hijo de América.

GWEN STACY
Madre de Gabriel y Sarah, fruto de una relación secreta con Norman e infectados por la Fórmula Duende. Deseaba mantener a Norman alejado de sus hijos. Él la mató como Duende Verde y culpó a Peter Parker.

GABRIEL STACY
Se unió a los Vengadores Oscuros de Norman como el segundo Hijo de América. La Fórmula Duende acabó enloqueciéndole.

SARAH STACY
Intentó usar sus capacidades para el bien.

¡PUAJ!

Tras perder el control de HAMMER y sufrir diversas derrotas, Osborn se convirtió en el Rey Duende, y el alcantarillado de Nueva York devino su «reino».

¡Veneno quiere JUGAR!

¡¡AAARRGH!!

El simbionte Veneno sacó a Eddie Brock de la cárcel y dejó atrás un **VÁSTAGO.** Este se unió al compañero de celda de Brock, el violento **CLETUS KASADAY,** que se convirtió en el **RABIOSO VILLANO MATANZA.**

P: ¿Qué es un simbionte?

R: Es un **parásito alienígena** de una especie llamada **klyntar.** En principio **es bueno,** pero si se une con un anfitrión imperfecto, se vuelve **cruel y violento.**

CUANDO LOS BUENOS SON MALOS

Eddie Brock era un periodista respetado hasta que escribió un artículo culpando a un inocente por un crimen que luego resolvió Spiderman. Brock culpó a Spidey de su ruina, y se convirtió en el anfitrión ideal para el vil simbionte Veneno.

CONOCIDO POR

POSEER LOS PODERES DE SPIDERMAN... JUNTO CON UNOS AFILADOS DIENTES Y UNA LENGUA TERRIBLE

P: ¿Cómo se deshizo Spidey del simbionte?

R: Con la ayuda de **Reed Richards,** Spiderman descubrió que el simbionte no soporta los ruidos intensos, como **el tañido de las campanas.**

UNIVERSO ALTERNATIVO

Una versión **porcina** de Veneno llamada **Muela de Cerdo** se enfrentó a Peter Porker, **¡el espectacular Spider-Ham!**

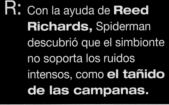

Siniestros simbiontes

VENENO
Se unió a Eddie Brock para formar uno de los enemigos más mortíferos de Spiderman.

MATANZA
El criminal Cletus Kasaday es el anfitrión del simbionte en esta asociación demencial y letal.

TOXINA
El ex policía Pat Mulligan sucedió a Eddie Brock y se convirtió en aliado de los Vengadores.

ANTI-VENENO
Esta criatura salvaje surgió de los restos del simbionte Veneno en la sangre de Eddie Brock.

¡Acción!

CAMBIO
Expuesta al toque inversor del jefe del crimen Míster Negativo, la piel de Eddie Brock transformó parte del simbionte Veneno en Anti-Veneno, capaz de «curar» a Spiderman de sus poderes... ¡y mucho más!

SHIELD DESCLASIFICADO

AGENTE VENENO
El cabo Eugene «Flash» Thompson, héroe de guerra que perdió las piernas en Irak, fue elegido por el gobierno para ser Agente Veneno: un superagente que aprovechaba el poder de un simbionte Veneno sometido. Por si perdía el control, fue equipado con un «interruptor asesino».

UN MAL DÍA
Atrapado en **Mundo de Batalla** con un traje andrajoso, Spiderman recibió lo que él consideró un **traje de tejido alienígena;** pero pronto descubrió que **el traje estaba vivo.**

TRAJE NOSTÁLGICO
Tras unirse a los Guardianes de la Galaxia, el control de Flash sobre su traje simbionte se volvió cada vez más errático. El simbionte llegó a secuestrar la nave de los Guardianes y la llevó a su planeta natal.

¡VENOMIZADO!

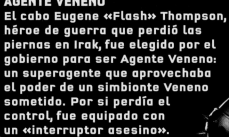

Spiderman creía que su **traje negro** era tan solo un **traje alienígena...** ¡hasta que empezó a **controlarle!** Aunque se libró del **simbionte,** este siguió adelante, y creó al **villano Veneno...** y otros **incluso peores.**

RENTABLE
El **autoabastecimiento** de redes es una de las **mayores ventajas** del simbionte Veneno; no hay riesgo de que se **agoten a mitad de vuelo** entre dos rascacielos.

¡PUAJ!

Cuando a Doc Ock empezó a fallarle la vista, se conectó las gafas protésicas directamente al cerebro. Pero las gafas, mal encajadas, se le cayeron de la cabeza.

SHIELD DESCLASIFICADO

AMENAZA MECÁNICA
El Dr. Octopus se doctoró en física nuclear y bioquímica. Inventó su arnés con brazos mecánicos para realizar experimentos peligrosos a una distancia segura. Un accidente de laboratorio lo bombardeó con radiación, y el arnés quedó soldado a su cuerpo.

TENTÁCULOS

Otto Octavius era hijo de un brutal obrero de la construcción. Llegó a ser un científico genial, pero su **ambición de poder** le llevó a convertirse en el villano **Dr. Octopus, enemigo acérrimo** de **Spiderman.**

MANEJAR CON CUIDADO

Los cuatro tentáculos mecánicos de **titanium** de Otto pueden hacer tareas distintas de forma simultánea.

¡¡AAARRGH!!

KAINE, un clon loco de Peter Parker, surgió de la nada y **ASESINÓ** a Doc Ock. El pobre doctor acababa de **SALVAR** la vida de Peter.

CIFRAS...

360°
Ángulo rotatorio de las pinzas de los tentáculos

111 kg
Peso de Otto

80 km/h
Velocidad de Otto cuando se desplaza sobre los tentáculos

13 cm
Diámetro de los tentáculos de Otto

1,8–7,6 m
Distancia de los tentáculos extendidos

98 km/h
Velocidad de golpeo de los tentáculos

¡¿QUÉ?!

Los médicos de la prisión quitaron los tentáculos a Doc Ock. ¡Quién iba a decir que podía **controlarlos con la mente!** Los recuperó con una simple **orden mental**: «¡Volved a vuestro amo!».

CUANDO LOS MALOS SON BUENOS

SPIDEY SUPERIOR
La salud de Doc Ock fallaba. Antes de morir, intercambió su mente con la de Peter Parker; así, este moriría en el cuerpo de Doc Ock, y él tomaría el control del cuerpo de Spiderman. Ock se convirtió en «Spiderman Superior», aspirando a ser un héroe aún mejor que el que encarnó Peter.

¡UAU!

1448

Distancia en km a la que Otto puede controlar telepáticamente sus tentáculos.

¿DE VERDAD?

Doc Ock alquiló una habitación en casa de la tía de Peter Parker. Cuando supo que la mujer iba a heredar un reactor nuclear, ¡intentó **casarse con ella!**

UN BUEN DÍA

¡A veces **Doc Ock gana** de verdad! En su primer encuentro con Spiderman, en el Hospital Bliss, venció de tal manera que Spidey **pensó en retirarse.** Cuando los 4 Fantásticos rehusaron luchar contra él, parecía que Doc Ock había **ganado...**

DATOS

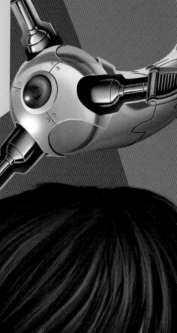

NOMBRE REAL: Otto Octavius

ALIAS: Dr. Octopus, Doc Ock, Programador Maestro

PUNTOS FUERTES: Intelecto dotado para las ciencias y la ingeniería; cuatro tentáculos metálicos

PUNTOS DÉBILES: Vista defectuosa, salud débil

ALIADOS: Seis Siniestros, Amos del Mal, Charlotte Witter

ENEMIGOS: Spiderman

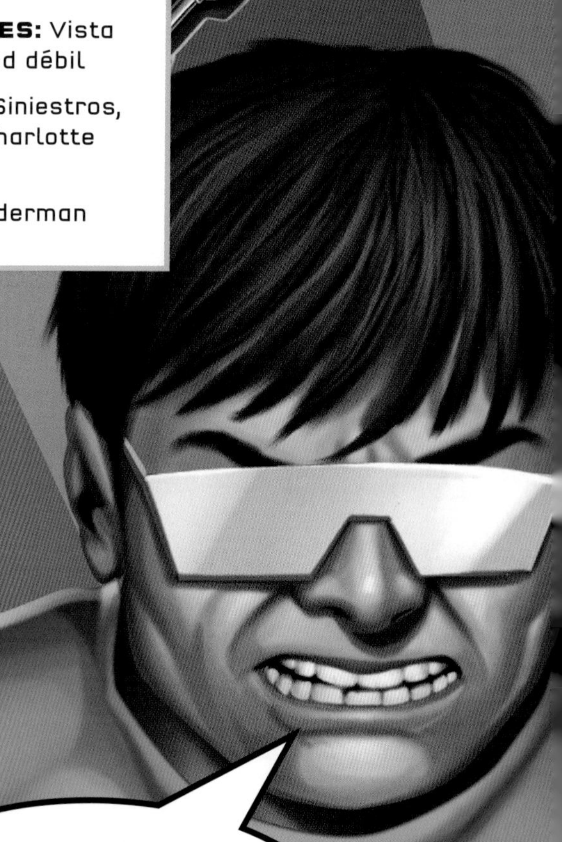

¡Con este poder y mi mente brillante, soy el ser *SUPREMO* en la Tierra!

¡ACTUALIZADO!

Doc Ock aumentó sus tentáculos de cuatro a ocho, y luego intentó controlar toda la electrónica de Nueva York.

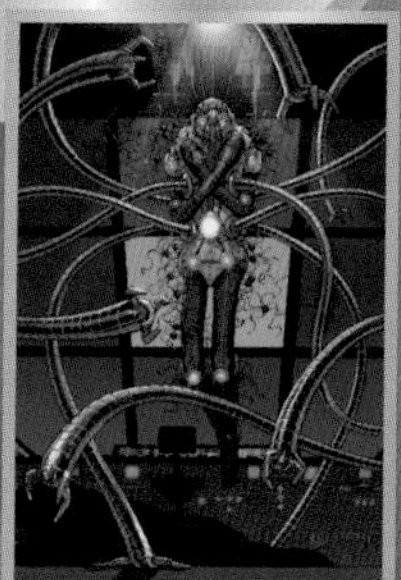

¡CUÉNTAME MÁS!

Doc Ock no ha combatido siempre a solas contra Spidey… Formó los Seis Siniestros –él mismo más Buitre, Electro, Kraven, Lagarto y Mysterio– para intentar destruir al trepamuros.

ANTES...

El «científico loco» Doc Ock tiene un raro sentido de la moda que cambia con el tiempo sin conseguir nunca la elegancia.

Otto comenzó su carrera de villano con un mono verde y el pelo cortado «a tazón».

Luego quiso ir elegante, con un traje blanco y gafas de sol, ¡pero con el mismo corte de pelo!

Más recientemente ha usado una gabardina suelta y un raro peinado hacia atrás.

DESPUÉS...

P: ¿Quiénes son los Sin Mente?

R: Estas **bestias de un ojo** habitan los límites de la **Dimensión Oscura** y destruyen todo lo que pueden con sus puños y sus rayos oculares. Dormammu levantó **barreras mágicas** para impedir que **destruyeran** toda la Dimensión Oscura.

DOBLE PROBLEMA

DORMAMMU Y LOKI

Este retorcido dúo tramó un plan para que Vengadores y Defensores lucharan entre sí por el místico **Ojo del Mal de Avalon.** Cuando Loki traicionó a Dormammu, el Terrible lo **retuvo con magia...** pero luego Bruja Escarlata **atrapó a Dormammu** en el Ojo del Mal.

¿DE VERDAD?

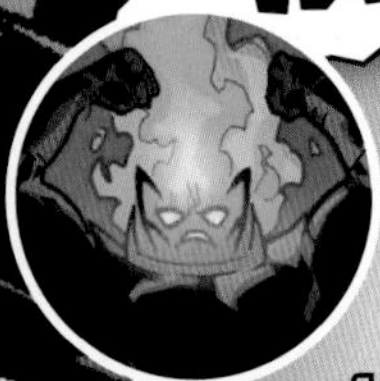

Cuando los héroes renegados de **Nextwave** visitaron Shotcreek, vieron que estaba siendo atacada por **Rorkannu** y su **ejército de Sin Mente.** Rorkannu podría ser el largo tiempo **perdido hermano gemelo** de Dormammu...

LAZOS FAMILIARES

Clea

Dr. Extraño

Umar

Umar, hermana de Dormammu, es a veces su aliada y a veces su rival. Umar tiene una **hija, Clea.** A diferencia de su madre y su tío, Clea rechaza el mal. ¡Y se enamoró del **guaperas Dr. Extraño** cuando este visitó la Dimensión Oscura!

Umar ama a Hulk

A Umar le gustan los hombres altos, verdes y furiosos. Cuando Hulk estuvo a punto de destruir la Tierra, ella se lo llevó a la Dimensión Oscura como su nuevo esposo. Umar obtuvo un «apuesto» rey, ¡y Hulk diversión machacando a Sin Mente!

DATOS

NOMBRE REAL: Dormammu

ALIAS: El Terrible; Señor de la Dimensión Oscura

ESPECIES: Faltine (entidad mágica de otra realidad)

PUNTOS FUERTES: Dominio total de la magia; puede absorber el poder de sus adoradores y las energías mágicas de la propia Dimensión Oscura

PUNTOS DÉBILES: ¡Reinar sobre una dimensión no le basta!

ENEMIGOS: Dr. Extraño, el Anciano, Clea, los Celestiales, Eternidad

DE ENTRE LOS MUERTOS

Dormammu y su hermana Umar tienen una relación de **amor-odio.** Dormammu mató a Umar... pero ella regresó por el poder de un **pozo de los deseos.**

¡¡AAARRGH!!

El Dr. Extraño impidió que **LOS SIN MENTE** invadieran los dominios de Dormammu y le hizo prometer a este que dejaría en paz la Tierra. Dormammu **JURÓ VENGARSE.**

¡Ningún simple mortal puede derrotar a DORMAMMU!

TOP 5

Derrotas de Dormammu

1 **DORMAMMU** desafió al Dr. Extraño a un combate frente a los demás Señores del Infierno, pero fue superado por el Hechicero Supremo.

2 **DORMAMMU** atacó al ser cósmico Eternidad y, tras una batalla que casi destruyó el universo, ¡fue machacado entre dos planetas!

3 **DR. EXTRAÑO** engañó a Dormammu para que pasara a la Tierra a través de un portal, rompiendo así el juramento místico de dejarla en paz. Esta violación le dejó sin poder.

4 **DORMAMMU** atrapó a Gea, espíritu de la Tierra, e intentó conquistarla, pero Umar ayudó al Dr. Extraño a expulsarlo de nuestro mundo.

5 **DR. EXTRAÑO Y CLEA** lideraron una rebelión contra Dormammu, ¡y Clea le arrebató el trono de la Dimensión Oscura!

ENTRE...

Stan Lee inventó el nombre de Dormammu como una palabra curiosa para los conjuros del Dr. Extraño. Los fans quisieron saber más, y el Terrible debutó en *Strange Tales* #126 (Noviembre 1964).

...VIÑETAS

¡CUÉNTAME MÁS!

Plokta, entidad demoniaca de la Dimensión Oscura, creó a los Sin Mente a partir de las almas de la gente atrapada en un edificio de Birmingham (Reino Unido).

¡Acción!

ABSORBER AL ENEMIGO

Cuando **UMAR Y EL BARÓN MORDO** tomaron la Dimensión Oscura, un misterioso faltine ayudó a **CLEA** a combatirlos. En realidad era **DORMAMMU** disfrazado. Absorbió a Mordo y Umar y se hizo **AÚN MÁS PODEROSO.**

EL TERRIBLE

Este **señor místico** de cabeza llameante de la infernal **Dimensión Oscura** es puro mal. **Dormammu** está obsesionado con **conquistar la Tierra** y destruir a su Hechicero Supremo, el **Dr. Extraño.**

BARONES DEL MAL

DATOS

NOMBRE REAL: Heinrich Zemo

NACIMIENTO: Castillo Zemo (Alemania)

PUNTOS FUERTES: Genio científico; envejecimiento ralentizado; experto tirador y espadachín

PUNTOS DÉBILES: Odio obsesivo al Capitán América; loco por el poder

ALIADOS: Amos del Mal, Barón Von Strucker, Cráneo Rojo

ENEMIGOS: Capitán América, Nick Furia y sus Comandos Aulladores, 4 Fantásticos, Invasores

¡¡AAARRGH!!
Heinrich quedó **DESLUMBRADO** por la luz reflejada en el escudo del Capitán América y falló el tiro... provocando una **MORTÍFERA AVALANCHA DE ROCAS** que cayó sobre él mismo.
BARÓN HEINRICH ZEMO

UN BUEN DÍA

Heinrich **capturó al Capi** y lo ató a un **avión** que explotó sobre el **Ártico.** Creyó que por fin había **matado** a su archienemigo, pero el Capi sobrevivió tras quedar **congelado en el hielo** durante décadas...

P: ¿Por qué la máscara?

R: Durante la **II Guerra Mundial,** Zemo era el **científico** principal de Hitler. Cuando su **rayo de la muerte** mató a cientos de alemanes, se hizo tan **odiado** en su propio país que empezó a llevar una **capucha morada** para ocultar su identidad.

P: ¿Por qué envejece tan lentamente?

R: Por el **Compuesto X.** Zemo lo inventó para conservar su **juventud** y mantenerse en una condición física **óptima.** ¡Su hijo Helmut **se bañó** en él!

Te lo advierto... Es *PELIGROSO* fisgonear en los secretos de Zemo.

MANEJAR CON CUIDADO

Heinrich diseñó el indestructible **Adhesivo X** para inmovilizar a las tropas aliadas. Cuando el Capitán América rompió con su escudo un tanque del adhesivo, este se **derramó** sobre la cabeza de Heinrich y le **pegó** la capucha a la cara de **forma permanente.**

Hay más de un **Barón Zemo,** y **ambos** son enemigos del **Capitán América. Heinrich** Zemo es un **genio maligno** y un **criminal de guerra,** y su hijo **Helmut** es un **oportunista sin ley** entregado a la misión de **vengar a su padre.**

DATOS

NOMBRE REAL: Helmut Zemo

NACIMIENTO: Leipzig (Alemania)

PUNTOS FUERTES: Envejecimiento ralentizado; combatiente experto; más astuto que su padre

PUNTOS DÉBILES: Exceso de confianza: ¡apoderarse del mundo nunca fue fácil!

ALIADOS: Pájaro Cantor, Piedra Lunar, Atlas, Amos del Mal, Thunderbolts, Hydra

ENEMIGOS: Capitán América, Bucky Barnes, Norman Osborn, Dr. Muerte, Vengadores

BARÓN HELMUT ZEMO

Negocio familiar
Cuando el Barón Heinrich Zemo halló su pegajoso final, Helmut **heredó su título.** Más tarde, el nuevo barón también tomó el **legado** del equipo de supervillanos creado por su padre, los **Amos del Mal.** Puso en marcha además **dos nuevos equipos** con el fin de **vengar a su padre.**

¡PUAJ!

Helmut intentó hervir al Capi en un tanque de Adhesivo X. El pegamento salpicó la cara del Barón y esta quedó horriblemente deformada, como la cera fundida.

MANEJAR CON CUIDADO

Helmut consiguió unas **gemas gemelas** llamadas «piedras lunares», en realidad **piedras de vida kree.** Estas le permitían viajar a través **del espacio y el tiempo** y entre **dimensiones;** pero cuando fueron quebradas, arrojaron a Helmut por un **vórtice temporal.**

LAZOS FAMILIARES

Hieke, la esposa de Helmut, es una villana conocida como **Baronesa**. En el pasado afirmó ser la **reencarnación** de Heinrich Zemo en un **cuerpo de mujer...** ¡y podría ser cierto! La feliz pareja adoptó **25 niños,** los **Kinder,** a los que **programaron** para **odiar** al Capitán América.

UN MAL DÍA

Helmut y sus **Amos del Mal** fueron los primeros en destruir la **Mansión Vengadores**. Pero su triunfo fue efímero: Helmut fue abatido en combate y **murió** aparentemente al caer desde el **tejado...**

GUÍA mi mano, padre... ¡mientras vengo tu *MUERTE!*

Ahora el hampa estará dirigida como una *EMPRESA*... ¡y el *DIRECTOR DE JUNTA* será el *KINGPIN!*

MANEJAR CON CUIDADO

El **bastón enjoyado** de Kingpin contiene una desagradable sorpresa: ¡su **rayo desintegrador** puede **vaporizar** a su oponente!

¡CUÉNTAME MÁS!

Wilson Fisk, Kingpin, puede parecer gordo y torpe, pero sus 191 kg son puro músculo. Además es maestro en artes marciales: apalea regularmente a una panda de matones como parte de su programa de entrenamiento físico. ¡Mejor que no te metas con él!

TOP 5

Secuaces de Kingpin

1 **ELEKTRA**
PROS: Ninja muy entrenada.
CONTRAS: Está colada por Daredevil, némesis de Kingpin.

2 **BULLSEYE**
PROS: Asesino increíblemente eficaz.
CONTRAS: Es mejor matando que obedeciendo órdenes.

3 **NUKE**
PROS: Supersoldado al estilo del Capitán América.
CONTRAS: Perdió el control y arrasó Manhattan.

4 **MARÍA TIFOIDEA**
PROS: Mutante con increíbles poderes psíquicos.
CONTRAS: Peligrosamente loca y altamente impredecible.

5 **HOMBRE DE ARENA**
PROS: Su capacidad de convertirse en arena es un arma poderosa.
CONTRAS: Siempre es superado por Spiderman.

¡¡NOOOO!!

Cuando **PETER PARKER** reveló que era **SPIDERMAN**, **KINGPIN** envió un francotirador para matarle. ¡Pero la bala alcanzó a **TÍA MAY!**

TOP - JEFES DEL HAMPA

KINGPIN

Genio criminal inmensamente poderoso, ambicioso y cruel.

LA ROSA

Richard Fisk, hijo de Kingpin, intentó apoderarse del negocio de su padre.

CABEZA DE MARTILLO

Violento gánster de estilo retro con una placa de acero en la cabeza.

SILVIO «CABELLO DE PLATA» MANFREDI

Anciano jefe de Maggia que se convirtió en cíborg para burlar a la muerte.

CONDE NEFARIA

Se apropió los poderes de Torbellino, Láser Viviente y Hombre Poder.

MADAME MÁSCARA

Hija del Conde Nefaria, su máscara de oro oculta una cara desfigurada.

LÁPIDA

Lonnie Lincoln se limó los dientes en punta, por si no era bastante espantoso...

JUSTIN HAMMER

Genio criminal especializado en trapicheos financieros.

ENCAPUCHADO

Parker Robins obtuvo superpoderes del demonio Dormammu.

MR. NEGATIVO

Controla la Fuerza Oscura para cambiar de forma y lavar los cerebros.

¡METALERO!
El **gánster** Cabeza de Martillo **ataca** a sus enemigos con su **cráneo** reforzado con **acero.**

P: ¿Qué es Maggia?

R: **Maggia** surgió en el sur de Europa y hoy es una gran potencia en el hampa de EE UU. Sus miembros juran bajo **pena de muerte** mantener el **secreto** sobre las actividades del grupo. Hay tres «familias» rivales en Maggia, cada una liderada por un gánster notable: las familias Cabello de Plata, Nefaria y Cabeza de Martillo.

¿QUIÉN ES EL JEFE?

Estos **señores del crimen** son astutos y crueles y dirigen bandas de esbirros: son **enemigos peligrosos.** Algunos de ellos han logrado **aumentar su poder** convirtiéndose en **supervillanos,** capaces de combatir **cara a cara** a los campeones de la justicia.

AMENAZAS MÁGICAS

El universo se halla bajo la **amenaza constante** de villanos mágicos, desde **demonios** y **semidioses** hasta **magos malignos.** Tan solo se interpone un puñado de valientes **héroes místicos** armados con una colección de **imponentes conjuros.**

¿DE VERDAD?

La hechicera **Morgana Le Fay** conoció al **Dr. Muerte** y a **Iron Man** en tiempos del **rey Arturo,** y confundió a los viajeros temporales con **caballeros armados.** Morgana y «Lord Muerte» **unieron fuerzas,** pero fueron derrotados por **«Sir Iron Man».**

ENTRE...

El demonio Thog, el Hijo de la Nada, ¡fue derrotado por el guionista de Marvel Steve Gerber! Steve escribió *Man-Thing* #22 (Octubre 1975), donde él y el Hombre Cosa salvaban al universo de Thog.

...VIÑETAS

UN MAL DÍA

El mago Barón Mordo era discípulo del sabio Anciano pero, **ávido de poder,** planeó **matar a su maestro.** El Dr. Extraño **lo evitó...** ¡y se convirtió en el enemigo mortal de Mordo!

¡Acción!

MAGIA NEGRA

Los villanos Barón Mordo y Dormammu **ODIAN** al Dr. Extraño, así que hicieron un trato: Dormammu dio a Mordo un poder mágico ilimitado para que pudiera **DESTRUIR** al Hechicero Supremo.

¡¡AAARRGH!!

El hechicero **BELASCO** planeaba sacrificar a **SHANNA LA DIABLESA** para traer a los **DIOSES ANTIGUOS** a la Tierra. **KA-ZAR,** el novio de Shanna, la salvó... y los Antiguos lo aprisionaron en el Limbo.

¡Acción!

DEMONIO CAZAHULK
El Dr. Extraño intentó usar al demonio **ZOM** para detener al rabioso Hulk, pero **¡LIBERÓ A ZOM!** Este se hizo con la armadura Hulkbuster y parecía imbatible... hasta que su espíritu fue capturado por **WONG**, el fiel asistente de Extraño.

¡¡AAARRGH!!

CHONDU EL MÍSTICO ha tenido muchos cuerpos. Su mente ha estado en el héroe **HALCÓN NOCTURNO** y en un cervatillo, antes de acabar en un monstruoso **CUERPO CON TENTÁCULOS.**

TOP 5 ASPIRANTES A MERLÍN

¡Varios magos han afirmado ser el legendario Merlín!

MERLYN
Guardián omniversal y consejero del Capitán Britania.

MERLÍN LOCO
Villano que combatió a Thor pretendiendo ser Merlín, y luego a la Patrulla-X como «Warlock» y «Maha Yogi».

MERLÍN CÓSMICO
Personaje misterioso que ayudó al Capitán Britania.

MERLÍN ALIEN
Luchó contra los Vengadores, y resultó ser un maligno metamorfo Fantasma.

ALBIÓN
Miembro de los Caballeros de Pendragón que podría ser realmente una reencarnación del legendario mago.

Encantadora

¡QUÉ ENCANTO!

La hechicera asgardiana Encantadora usa su poder y su belleza para salirse con la suya. A menudo engaña al Ejecutor para que la ayude, pero su objetivo principal es Thor, que según ella debería regir Asgard... ¡con ella a su lado!

DOBLE PROBLEMA

CALYPSO Y KRAVEN
La hechicera vudú Calypso está obsesionada con ayudar a Kraven el Cazador a matar a Spiderman. Usó un tambor mágico y venenos alucinógenos para debilitar a Spidey, pero Kraven le dejó escapar cuando vio que Calypso usaba la magia: ¡Kraven quiere un combate justo!

JUEGO DE EQUIPO

Encantadora se hizo pasar por la heroína **Valkiria** y reclutó un grupo de **Vengadoras,** que se llamaron **Liberadoras** y se enfrentaron a los Vengadores para demostrar que eran **tan fuertes** como los Héroes Más Poderosos de la Tierra.

DATOS

MONSTRUOS: Carroña (Malcolm McBride), Lagarto (Dr. Curtis Connors)

MANIPULADORES DE LA MATERIA: Gravitón (Franklin Hall)

SERES DE ENERGÍA: Klaw (Ulysses Klaw), Láser Viviente (Arthur Parks)

SUPERCIENTÍFICOS: Gárgola Gris (Paul Duval), Hombre Ígneo (Mark Raxton)

MANEJAR CON CUIDADO

Klaw **asesinó a Pantera Negra** (T'Chaka), pero perdió contra su sucesor, T'Challa. Para ganar poder, sustituyó su mano por un **arma sónica** y entró en una máquina de conversión sónica, convirtiéndose en un ser de **sonido viviente.**

CIFRAS...

261 kg
Peso de Paul Duval como Gárgola Gris

249 kg
Peso de Lagarto y de Hombre Ígneo

260°C
Temperatura máxima que puede soportar Hombre Ígneo

113 km/h
Velocidad de azote de la cola de Lagarto

40 t
Peso máximo que puede levantar Hombre Ígneo

¡Acción!

JUGAR CON LÁSERES
Tony Stark creyó que **ARTHUR PARKS** había muerto en una explosión. Pero, de hecho, el traje de Iron Man de Tony había **CAPTURADO** de forma accidental las partículas dispersas de Arthur. Entonces este se reformó como **¡LÁSER VIVIENTE!**

TOP 6 SUPERPODERES CIENTÍFICOS

GÁRGOLA GRIS Con un toque de su mano derecha, convierte a sus víctimas en piedra durante una hora.

LAGARTO Regenera las extremidades que pierde y controla telepáticamente a otros reptiles.

HOMBRE ÍGNEO Emite calor y radiación nociva.

GRAVITÓN Domina la gravedad; puede volar y aplastar a sus oponentes contra el suelo.

KLAW Ser de sonido viviente, crea objetos hechos de puro sonido.

LÁSER VIVIENTE Formado enteramente por fotones, usa su propio cuerpo como arma.

VILLANÍA PÉTREA

El químico **Paul Duval** se vertió una poción en la mano y la convirtió en **piedra viviente.** Adquirió la capacidad de **transformar todo su cuerpo** en piedra, y de convertir a otros en **estatuas** con un simple **toque.** Bajo su forma pétrea, Duval adquiere una gran **fuerza** y **resistencia** como el indestructible criminal **Gárgola Gris.**

ANTES...

¡ABRAZO PELIGROSO!
Tras perder un brazo en el ejército, el Dr. Curtis Connors se obsesionó con los reptiles que podían regenerar sus patas, y utilizó su ADN para desarrollar un suero. Este hizo crecer su brazo, pero ¡lo convirtió en el gigante Lagarto!

DESPUÉS...

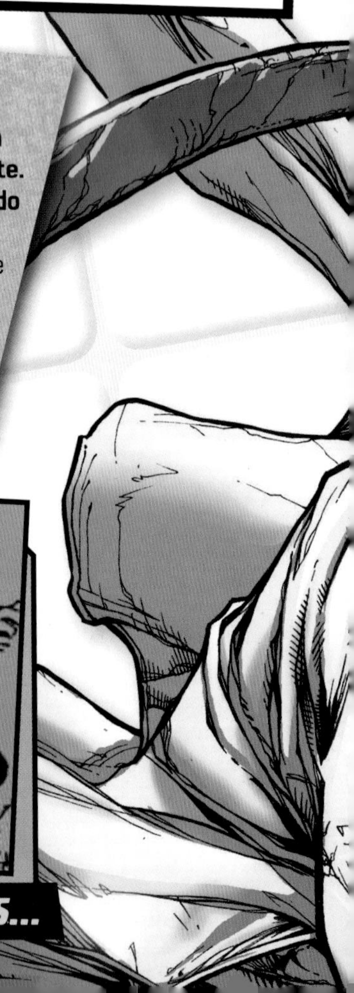

¡PUAJ!

El «cadáver viviente» original conocido como Carroña (un clon de Miles Warren, Chacal) creó una Spider-ameba tentaculada a partir de ADN de Peter Parker. Spiderman arrojó el monstruo a Carroña... ¡y se lo comió!

MALA CIENCIA

Virus, sustancias químicas, sueros, radiación, toxinas, metales alienígenas... Por **error científico** o **experimento de riesgo,** estas sustancias pueden convertir a personas normales en **inadaptados, monstruos y villanos superpoderosos.**

CUANDO LOS BUENOS SON MALOS

SI NO PUEDES VENCERLO, ¡ÚNETE A ÉL!

Al principio, el bondadoso Dr. Curtis Connors intentó resistir a su Lagarto interior, pero acabó usando a Lagarto como excusa para hacer el mal. ¡Incluso transformó a su hijo en un secuaz lagarto!

¡UAU!

299792

Velocidad en km/s a la que puede desplazarse Láser Viviente.

¡CUÉNTAME MÁS!

Mark Raxton creó una aleación metálica líquida a partir de un meteoro radiactivo; se lo vertió encima y se transformó en el Hombre Ígneo. Su hermanastra Liz (esposa de Harry Osborn) lo ayudó a reformarse, ¡pero él no perdió su volcánico carácter!

¡UAU!

340

Peso en kg del maligno supercomputador humanoide MODOK.

CONOCIDOS POR SER DEMASIADO LISTOS PARA SU PROPIO BIEN... Y EL DE TODO EL MUNDO

¡¡NOOOO!!

El **MAGO** capturó a Matanza e intentó convertirlo en su propio **AGENTE MALIGNO.** Trasfirió al simbionte al cuerpo del **DR. KARL MALUS,** pero el plan no tardó en torcerse.

¡ACTUALIZADO!

Cuando Alastair, hijo de Spencer Smythe, acabó en silla de ruedas, construyó un espantoso exoesqueleto biomecánico no solo para andar, sino también para destruir a Spiderman: ¡el Mata-Arañas perfecto!

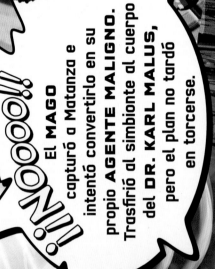

CRISIS DE IDENTIDAD

Chacal creó un virus que dio a todo Manhattan poderes arácnidos, robando a Spiderman su ventaja... ¡y su identidad única!

TOP 10 Científicos locos

1 **MODOK** Creó a Hulk Rojo y a Hulka Roja.

2 **CHAPUCERO** Creó la fustigadora y venenosa cola reforzada de Escorpión.

3 **PROF. SPENCER SMYTHE** Inventó varios robots Mata-Arañas para atacar a Spiderman.

4 **CHACAL** Creó clones para desafiar, confundir y amenazar a Spidey.

5 **DR. KARL MALUS** Inventó un collar de control para hacer que Hombre Lobo atacara a Spiderwoman.

6 **PENSADOR LOCO** Su Asombroso Androide imita las propiedades físicas de lo que toca.

7 **CABEZA DE HUEVO** Inventó una máquina para volver a las hormigas contra Hombre Hormiga.

8 **MAGO** Sus discos antigravedad enviaron a tres de los 4 Fantásticos a flotar como globos.

9 **MORBIUS** Creó un suero experimental que lo convirtió accidentalmente en un «vampiro viviente».

10 **CALVIN ZABO** Su «fórmula Hyde» aumenta la fuerza, pero provoca arranques de ira.

RATAS DE LABORATORIO

Toda **organización** de villanos decidida a destruir o **dominar el mundo** necesita su propio **genio** maligno para diseñar **máquinas apocalípticas,** construir superarmas o **esclavizar mentes...**

P: ¿Quiénes son los 11 de MODOK?

R: Cuando MODOK planeó robar una estrella viviente y vendérsela a IMA (entonces el ala científica de Hydra) por mil millones de dólares, reunió un equipo de villanos: Mandarín, Camaleón (Ultra-Adaptoide), Mancha, Láser Viviente, Puma, Mentallo, Monica Rappaccini, Armadillo, Corredor Cohete y Sombra Nocturna.

MANEJAR CON CUIDADO

El **Chapucero** es el inventor más solicitado del **mundo del hampa.** Entre sus clientes están Duende, Mysterio, Gran Rueda y Constrictor. También ha diseñado el arsenal de Trampero, la **guadaña** de Segador y los **diamantes arrojadizos** de Iguana.

¡¡AAARRGH!!

J. Jonah Jameson pagó al profesor Spencer Smythe para que creara un **ROBOT** con poderes arácnidos para poder capturar él mismo a **SPIDEY**.

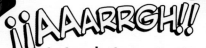

¡ACTO INFAME!

El persuasivo psiquiatra Dr. Faustus intentó volver loco al Capitán América, que pensó que volvía a luchar en los oscuros días de la II Guerra Mundial... hasta que pasó el efecto de los alucinógenos de Faustus.

DATOS

SON MALOS Y LES GUSTA: MODOK, Chacal, Dr. Faustus, Míster Hyde, Líder, Pensador Loco, Mago

CIENTÍFICOS QUE HACEN MALDADES: Chapucero, profesor Spencer Smythe, Cabeza de Huevo, Fantasma Rojo, Dr. Karl Malus

REPARAN SUS DAÑOS: Morbius, Máximus

¡SABIHONDO!

La exposición a rayos gamma cubrió a Samuel Stern de forúnculos, le hinchó la cabeza, le volvió de color verde y lo convirtió en un genio científico. Como Líder, soñaba con controlar a Hulk y conquistar el mundo.

ANTES...

El científico Calvin Zabo desarrolló una fórmula para transformarse en Míster Hyde. Ganó 91 kg de músculo y hueso en tan solo 30 segundos y se convirtió en un grotesco villano.

Calvin Zabo, inteligente investigador médico, físicamente normal.

Míster Hyde, villano tan formidable que el Barón Zemo lo reclutó para sus Amos del Mal.

DESPUÉS...

MIRADAS QUE MATAN

No siempre **se puede identificar** a un supervillano por su **aspecto,** pero sus bastos rasgos son una señal reveladora. Todos ellos tienen una **mirada** que podría **matar...** ¡a veces literalmente!

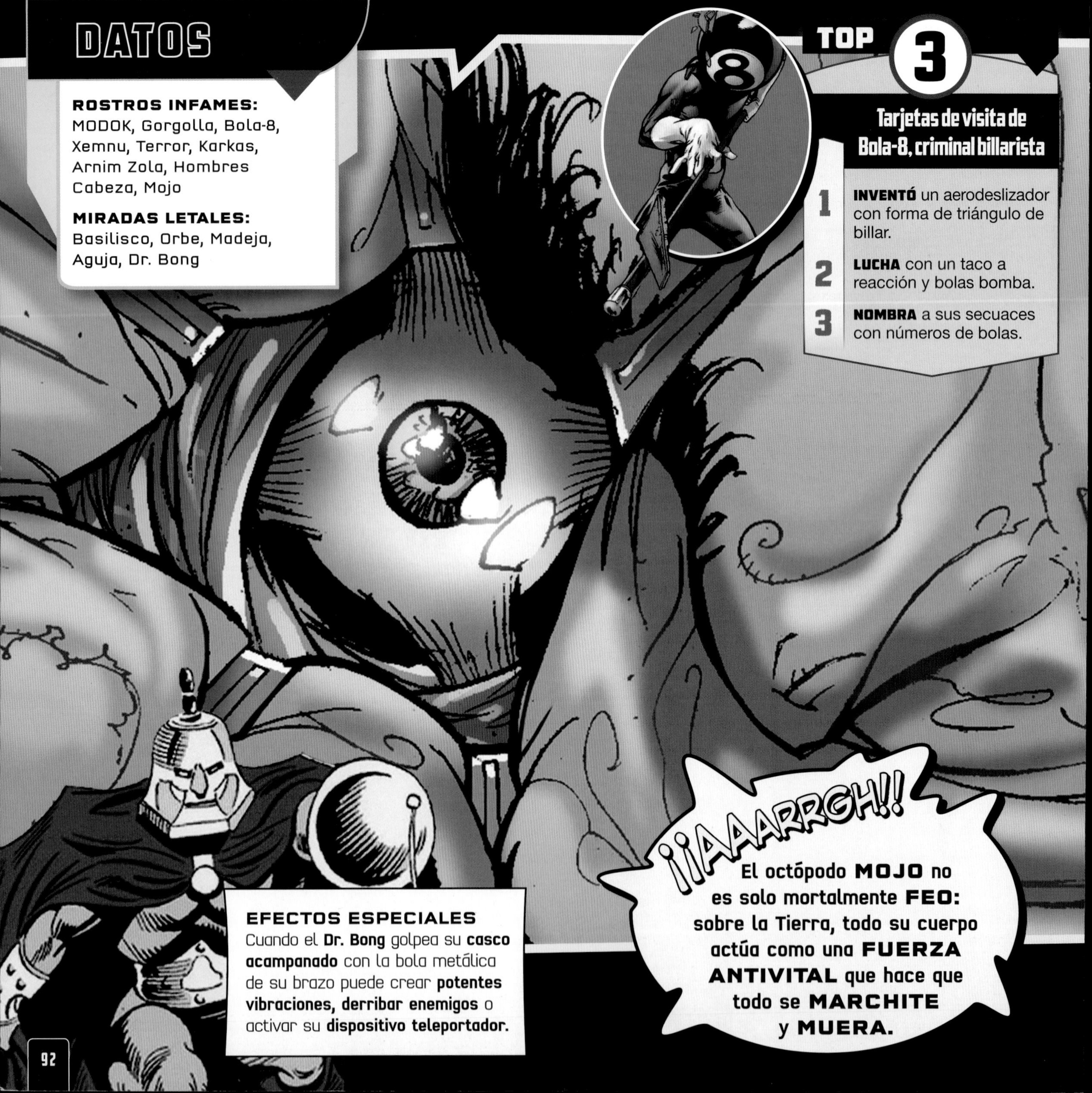

DATOS

ROSTROS INFAMES: MODOK, Gorgolla, Bola-8, Xemnu, Terror, Karkas, Arnim Zola, Hombres Cabeza, Mojo

MIRADAS LETALES: Basilisco, Orbe, Madeja, Aguja, Dr. Bong

TOP 3

Tarjetas de visita de Bola-8, criminal billarista

1. **INVENTÓ** un aerodeslizador con forma de triángulo de billar.
2. **LUCHA** con un taco a reacción y bolas bomba.
3. **NOMBRA** a sus secuaces con números de bolas.

EFECTOS ESPECIALES
Cuando el **Dr. Bong** golpea su **casco acampanado** con la bola metálica de su brazo puede crear **potentes vibraciones, derribar enemigos** o activar su **dispositivo teleportador.**

¡¡AAARRGH!!

El octópodo **MOJO** no es solo mortalmente **FEO:** sobre la Tierra, todo su cuerpo actúa como una **FUERZA ANTIVITAL** que hace que todo se **MARCHITE** y **MUERA.**

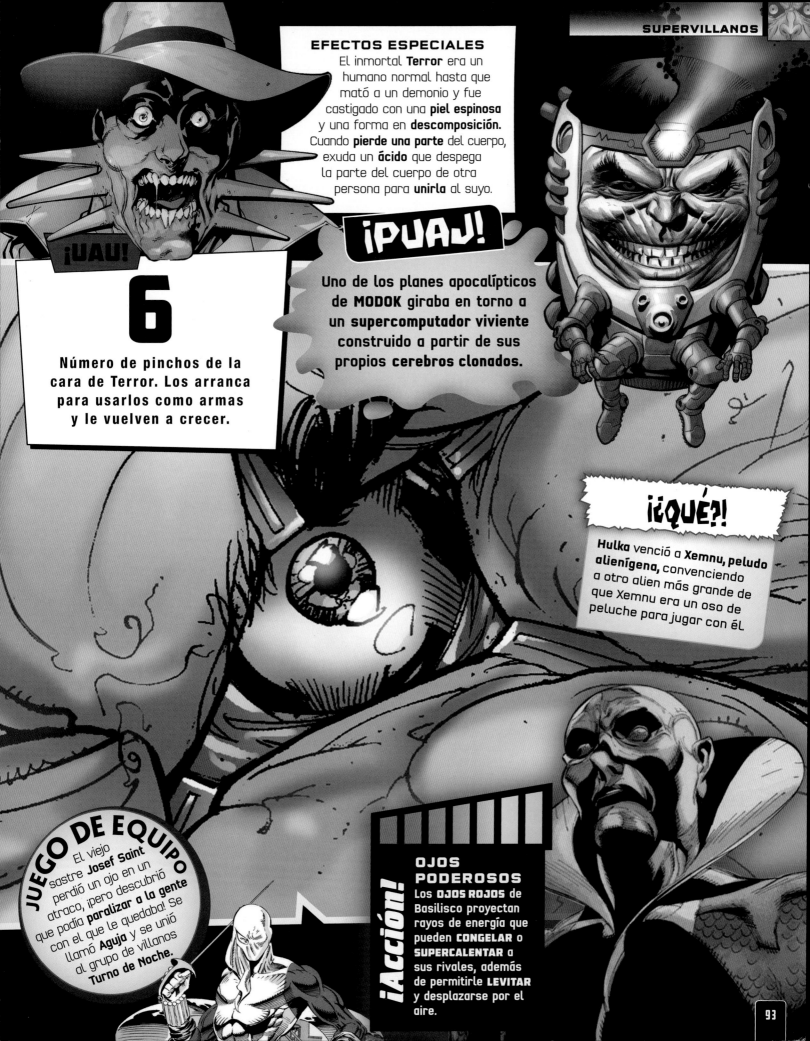

EFECTOS ESPECIALES

El inmortal **Terror** era un humano normal hasta que mató a un demonio y fue castigado con una **piel espinosa** y una forma en **descomposición.** Cuando **pierde una parte** del cuerpo, exuda un **ácido** que despega la parte del cuerpo de otra persona para **unirla** al suyo.

¡UAU!

6

Número de pinchos de la cara de Terror. Los arranca para usarlos como armas y le vuelven a crecer.

¡PUAJ!

Uno de los planes apocalípticos de MODOK giraba en torno a un supercomputador viviente construido a partir de sus propios cerebros clonados.

¡¿QUÉ?!

Hulka venció a **Xemnu, peludo alienígena,** convenciendo a otro alien más grande de que Xemnu era un oso de peluche para jugar con él.

JUEGO DE EQUIPO

El viejo sastre **Josef Saint** perdió un ojo en un atraco, ¡pero descubrió que podía **paralizar a la gente** con el que le quedaba! Se unió con el que le quedaba! Se llamó **Aguja** y se unió al grupo de villanos **Turno de Noche.**

¡Acción!

OJOS PODEROSOS

Los OJOS ROJOS de Basilisco proyectan rayos de energía que pueden CONGELAR o SUPERCALENTAR a sus rivales, además de permitirle LEVITAR y desplazarse por el aire.

MONSTRUOS DE PESADILLA

¡Detrás de ti! Desde **cangrejos asesinos** y **bestias saquea-ciudades** hasta un **monstruo** que parece salido de un **cuadro...** estas criaturas son la **materia de las pesadillas,** ¡hasta de los **más duros** superhéroes!

¿DE VERDAD?

Un piloto se estrelló en la **isla de Pascua,** en el Pacífico, y conoció un terrible secreto: las estatuas gigantes que dan fama a la isla son en realidad **alienígenas de piel pétrea** llamados **lithodia rexianos,** y planeaban **dominar la Tierra.** Lo peor es que, cuando el piloto advirtió a la gente, ¡le tomaron por **loco!**

Titano

Gomdulla

SHIELD DESCLASIFICADO

AISLAMIENTO INSULAR

Extrañas bestias de todo tipo pululan libres por isla Monstruo, frente a las costas de Japón. Los 4 Fantásticos usan esta gigante reserva natural para evitar que las criaturas que capturan causen más daños.

¡UAU!

18 000 000 000

Peso en toneladas de la Bestia del Apocalipsis, alienígena de 4,8 km de altura que es el terror de Tokio.

6 TÉCNICAS ANTI-MONSTRUOS

1 **MATAMOSCAS** Zogg, alien metamorfo, se convirtió en mosca y fue aplastado.

2 **TERMITAS** Una marabunta mordisqueó al alien de madera Groot y lo dejó para leña.

3 **APAGADO** Gomdulla puede ser desactivado presionando un botón en su pie derecho.

4 **GLACIAL** Titano quedó bloqueado al quedar atrapado en el hielo ártico.

5 **HORMIGAS** Grottu, Rey de los Insectos, fracasó cuando sus propias «seguidoras» se volvieron contra él.

6 **ARENAS MOVEDIZAS** El molesto Googam quedó anulado cuando se atascó en el barro.

TOP 5

Criaturas imponentes

1 **FIN FANG FOOM, AQUEL CUYOS MIEMBROS DESTROZAN MONTAÑAS Y CUYA ESPALDA BLOQUEA EL SOL** Dragón alienígena que lanza fuego.

2 **IT, EL COLOSO VIVIENTE** Estatua que cobró vida y destrozó Moscú y Los Ángeles.

3 **GOMDULLA, EL FARAÓN VIVIENTE** Inmensa momia con muy mal genio.

4 **ZZUTAK, LA COSA QUE NO DEBERÍA EXISTIR** Monstruo surgido de un cuadro pintado con pigmentos mágicos.

5 **TITANO, EL MONSTRUO OLVIDADO POR EL TIEMPO** Cangrejo gigante de las profundidades marinas.

¡NO TODOS SON MALOS!
El alien **Googam,** el robótico **Electro,** el primate **Gorgilla** y el dragón **Fin Fang Foom** fueron liberados de su cautiverio y dejaron el **mal camino.** Cuando no están ocupados en sus trabajos diarios, combaten amenazas como el **señor de la guerra extradimensional Tim Boo Ba** como los heroicos **¡Fin Fang 4!**

Eso es, terrícolas... ¡encogeos ante el todopoderoso Goom!
GOOGAM

¡ACTO INFAME!

Los mutantes humanos **desviantes** están obsesionados con crear **monstruos cada vez más horribles.** Sus **sacerdotes-científicos** disfrutan creando grotescos mutantes para usarlos como **armas vivientes.**

LAZOS FAMILIARES

Cuando el **dentudo** alien **Goom** fue arrestado por intentar conquistar la Tierra, dejó a su hijo **Googam** en una cueva. Este no tardó en salir e intentó **dominar el mundo,** pero demostró ser **tan inútil** como su padre.

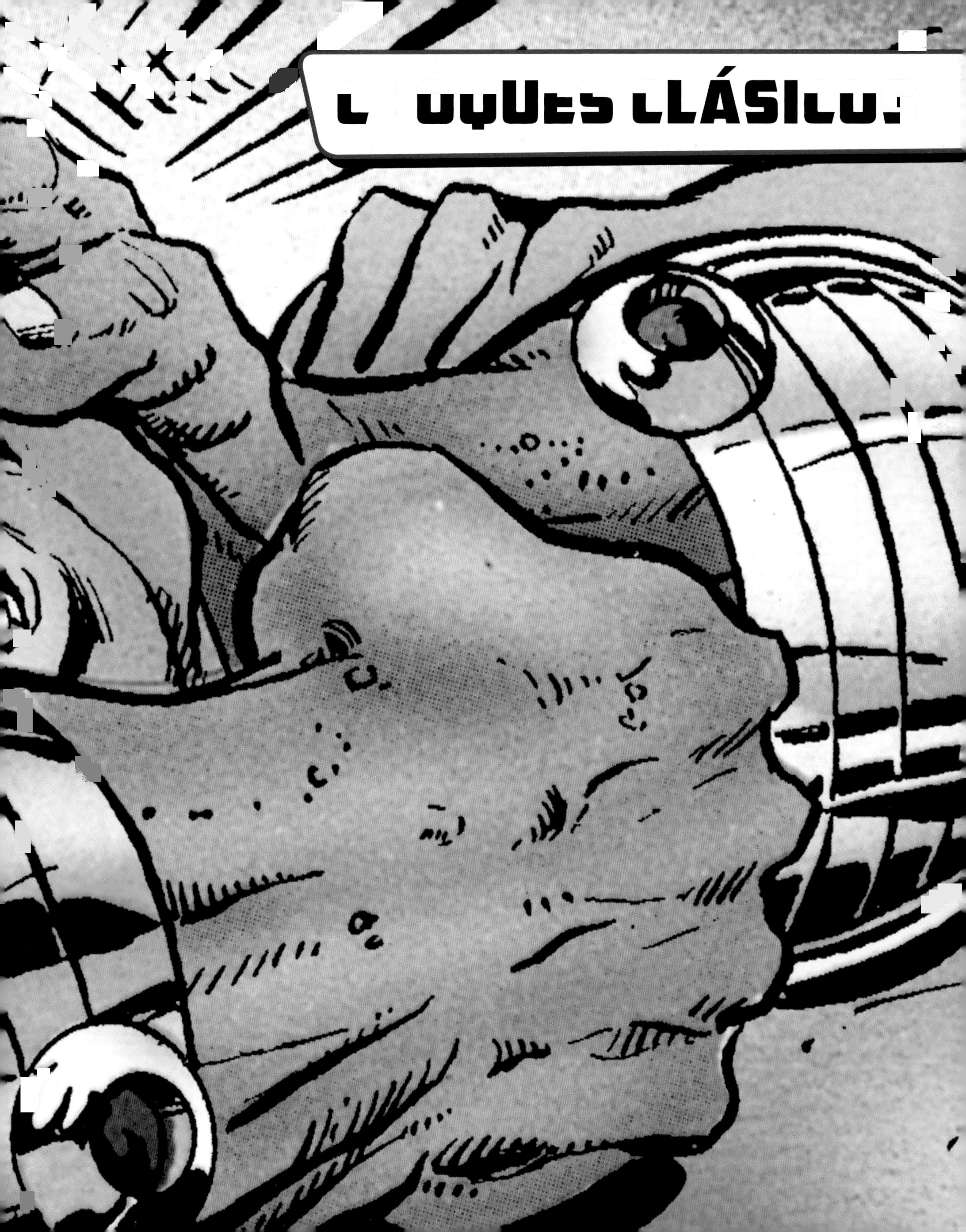

TOP 5

Grandes choques de Hulk

1 **HULK *VS* ABOMINACIÓN** Abominación atacó un laboratorio, pero el conserje Bruce Banner, convertido en Hulk Gris, arrojó a su enemigo residuos tóxicos que le fundieron la cara.

2 **HULK *VS* IRON MAN** Con su armadura reforzada Hulkbuster, el cabeza de lata intentó detener a un Hulk Destructor de Mundos en pie de guerra.

3 **HULK *VS* SKAAR Y HIRO-KALA** Violenta primera reunión familiar de Hulk y los guerreros hijos gemelos a los que abandonó.

4 **HULK *VS* HULK ROJO** Estos coléricos e igualados enemigos tuvieron una buena bronca en el exterior de la Casa Blanca.

5 **HULK *VS* LA COSA** Épica revancha en Nueva York que precisó la ayuda de todos los Vengadores para doblegar a Hulk.

HULK *VS* ABOMINACIÓN

HULK	ABOMINACIÓN
Alter ego de genio científico	Alter ego de espía ruso
Mutado por rayos gamma	Mutado por rayos gamma
Puede recuperar su forma humana	Transformación permanente
Como Hulk, pierde la inteligencia humana	Conserva su astucia humana
Va por libre	Usado a menudo como peón por otros
La furia aumenta su fuerza	Nivel de fuerza máxima fijo
PELEAS GANADAS: 13	**PELEAS GANADAS: 0**

¡GANA HULK!

¡PUAJ!

¿Quién es grande, malo y verde? No es quien piensas: Abominación tiene la cara arrugada, piel escamosa, orejas de vampiro, una cresta en la espalda, garras y pies hendidos. ¡Por algo se llama Abominación!

UN MAL DÍA

«¡ARGHHH! ¡ES COMO GOLPEAR UN MURO DE PIEDRA!»

Hulk después de golpear a la rocosa masa de músculo que es la Cosa.

¡Acción!

¡KLUH DESTRUYE!
Kluh es una encarnación de Hulk que surge cuando este se ve abrumado por la **TRISTEZA.** Esta monstruosa amenaza **DESTROZÓ** a los Vengadores y solo busca causar **MUERTE** y **DESTRUCCIÓN.**

¡PUAJ!

En un combate entre Hulk Ultimate y **Lobezno,** el gigante verde partió a su oponente **en dos** y arrojó la mitad inferior a **6 km de distancia.** ¡Lobito pasó meses arrastrándose hasta sus piernas!

¡Ouch!
¿Cómo **derrotarías** a un Hulk furioso? **¡Metiéndote en su oreja!** Uno de los miembros más pequeños de Vengadores, Avispa, se metió allí y le **picó** repetidamente con su **aguijón.**

¡CONTRÓLATE!

El salvaje Hulk ha luchado con **casi todo el mundo:** desde **monstruos malévolos** y **enemigos corrientes** hasta **cruzados cósmicos.** Pero el resultado es siempre el mismo... **¡No puedes mantener a Hulk bajo control!**

¡¡NOOOOO!!

Hulk declaró la guerra a los Illuminati y bajo su forma de **DESTRUCTOR DE MUNDOS** parecía imparable. Solo se detuvo cuando él mismo suplicó a Iron Man que usara un láser orbital sobre él antes de destruir el planeta.

CUANDO LOS BUENOS SON MALOS

¡BIENVENIDO AL EQUIPO!
El señor mutante Apocalipsis ofreció a Hulk sacarle un fragmento de **metralla** del cerebro si le servía. Hulk aceptó... y se convirtió en un **agente de destrucción** con armadura llamado Guerra, ¡uno de los infames Jinetes de Muerte de Apocalipsis!

TOP 4 BATALLAS DE HULK VS RHINO

Hulk ha tenido algunas de sus más locas peleas con el matón del cuerno en la cabeza.

Justin Hammer contrató a Rhino para **secuestrar** a Bruce Banner, pero este fue **NOQUEADO** por el gigante verde. **Ganador: ¡Hulk!**

El líder **poseyó la mente** de Rhino y lo usó para combatir a Hulk... **¡EN EL ESPACIO! Ganador: ¡Hulk!**

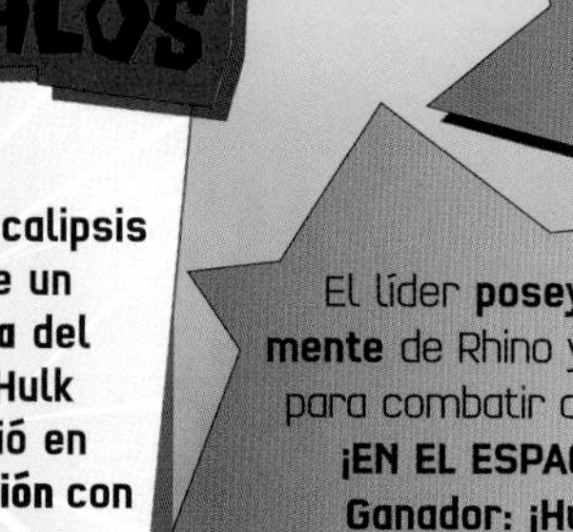

Rhino trabajaba como **Santa Claus** en un **centro comercial,** pero fue atacado por Hulk. **Ganador: ninguno, ¡una niña les dijo que DEJARAN DE LUCHAR!**

Hulk fichó por un **equipo de béisbol...** y Rhino jugaba con el **contrario,** y ambos acabaron enzarzados en una **GRAN PELEA. Ganador: ¡Hulk!**

UNIVERSO ALTERNATIVO

En un mundo alternativo donde la **Reina Araña** gobernaba Manhattan, la regente convirtió a Hulk en uno de sus **horribles sirvientes:** ¡el extraño **Spider-Hulk!**

¡SPIDER APLASTA!

PELEAS DE HERMANOS

Thor y Loki llevan la rivalidad fraterna a un **nivel totalmente nuevo**. Es una lucha de poder entre el heroico **dios del Trueno** y el villano **dios de la Mentira.** ¿Quién ganará? **¡Todo es posible!**

Si es una guerra lo que de verdad deseas, Thor... Loki se alegrará de dártela.
¡Pagarás por lo que has hecho! ¡NADA te salvará!

¡¡NOOOOO!! Loki **INTENTÓ MATAR** al hijo del héroe **THUNDERSTRIKE,** Kevin Masterson. Furioso, Thor vació a Loki de fuerza vital, quebrantando la ley asgardiana y obligando a Odín a **DESTERRAR** a su hijo favorito.

REDENCIÓN
Loki manipuló a Norman Osborn para atacar a Asgard. Con la ciudad destruida, Loki vio que había ido demasiado lejos. Entonces intentó ayudar a los Vengadores, tan solo para morir a manos del villano Vacío, alter ego del héroe Vigía.

¡SUPERADO!
Thor fue maldito por Hela, reina de Hel, a ser inmortal pero incapaz de curarse. Loki envía tras su hermano a cada villano que halla... ¡para reducirlo a un puré inmortal!

¡¡NOOOOO!! Loki fue **DESTERRADO,** pero quería combatir a su hermano. Para atraerlo, **ENGAÑÓ A HULK** para que hiciera descarrilar un tren. Thor persiguió al embaucador... ¡y se metió directo en la trampa!

UN MAL DÍA

Loki engañó a Odín para que desterrara a Thor de Asgard y le quitara la mitad de su poder. Luego envió al villano Hombre del Mañana a atacar al debilitado dios del Trueno.

¡ACTO INFAME!

Si no puedes con tu hermano mayor, ¡recluta a alguien con el Poder Cósmico! Estela Plateada estaba atrapado en la Tierra por toda la eternidad, así que Loki le ofreció liberarlo… ¡si destruía a Thor!

THOR VS LOKI

THOR	LOKI
2 m	1,9 m
290 kg	238 kg
Asgardiano	Gigante de hielo
Trueno y relámpago	Magia poderosa
Mjolnir y Cinturón de fuerza	Piedras norn
Habilidad militar	Astucia y artimañas
Combate cuerpo a cuerpo	Ilusiones

Thor gana… ¡siempre que consiga ponerle la mano encima al embaucador!

TOP 5 Modos de vencer a LOKI

1 **ATACARLO** con truenos y relámpagos.

2 **REUNIR** a los Vengadores.

3 **CONVENCERLO** para luchar sin magia.

4 **DECIRLE A ODÍN** que lo obligue a portarse bien.

5 **UNIRSE** a un mago más poderoso.

TOP 5 Modos de vencer a THOR

1 **ENGAÑARLO** con magia.

2 **DECIRLE A ODÍN** que está siendo un chico malo.

3 **ATACARLO** estando bajo una de sus formas humanas.

4 **UNIRSE** a un supervillano poderoso.

5 **SEPARARLE** de Mjolnir, su martillo mágico.

¡CUÉNTAME MÁS!

La culpa de la pelea fraterna es sobre todo de Loki, celoso de que Odín, su padre, y el resto de los asgardianos aprecien más a Thor. ¡Y es que él no ayuda llamándose a sí mismo dios de la Mentira!

¡CATAPUM!

Loki creó múltiples imágenes de sí mismo para engañar a Thor, pero este hizo girar a Mjolnir a la velocidad de una hélice y arrojó a los Lokis falsos por un precipicio.

¿DE VERDAD?

¡Loki convirtió a Thor **en rana!** Sin embargo, eso no impidió a Thor ir **saltando hasta Asgard** y poner a Loki en su sitio.

QUÉ PUEDES HACER CON LOS ANILLOS DEL MANDARÍN...

- Convertir a Iron Man en polvo de hierro con **RECREADOR**
- Aplastar enemigos contra el suelo con **DAIMÓNICO**
- Mantener a raya a héroes entrometidos con **INFLUENCIA**
- Elevar la temperatura con **INCANDESCENCIA**
- Atrapar al enemigo en un tornado con **GIRO**
- Golpear al oponente con **RELÁMPAGO**
- Convertir los obstáculos en escombros con **ESPECTRAL**
- Crear ilusiones con **MENTIROSO**
- Mantener a todos en la oscuridad con **NOCTURNO**
- Congelar enemigos con **CERO**

¡¿QUÉ?!

Mandarín buscaba máquinas que acogieran a los espíritus de sus anillos, y secuestró a Tony Stark para que las creara. Tony salvó al mundo convenciendo a los acólitos del Mandarín de que este había enloquecido de poder.

DRAGÓN ALIADO

Mandarín conquistó una importante porción de **China continental** con la ayuda del dragón makluano **Fin Fang Foom,** uno de los **peores enemigos** de los 4 Fantásticos.

¡CUÉNTAME MÁS!

Criado en la pobreza en China, Mandarín se internó en el prohibido Valle de los Espíritus, donde descubrió una nave espacial abandonada que guardaba diez anillos, forjados por los alienígenas draconianos de Maklu IV.

TONY ES UN GANADOR

A pesar de sus **TRETAS** y el **PODER DE SUS ANILLOS, MANDARÍN** nunca ha superado a **IRON MAN** por mucho tiempo. Tal vez este supervillano se **COMPLICA DEMASIADO...**

Cuando Mandarín perdió las manos, reintegró los anillos en su cuerpo incrustándoselos en la columna vertebral.

¡PUAJ!

LUCHA DE PODERES

Mandarín es el **enemigo más persistente** de Iron Man. Este genio no se enfrenta al **viejo cabeza de lata** con una armadura: sus **diez anillos** le proporcionan un vasto control sobre **energía y materia.**

¡¡Sííí!! Mandarín tiene un control total sobre su **CHI**, o fuerza vital. Cuando fue apresado por el gobierno chino, sobrevivió sin comida ni agua **DURANTE AÑOS.**

Te propongo un duelo, Iron Man. Tú contra mí, *UNO CONTRA UNO.*

ENTRE... ...VIÑETAS

Mandarín, uno de los enemigos más antiguos de Tony, debutó en *Tales of Suspense* #50 (Febrero 1964), un año después de hacerlo Iron Man en el mismo título.

TRAS LA MÁSCARA DE HIERRO

Mandarín intentó **destruir Industrias Stark** durante años antes de descubrir que Tony Stark es Iron Man. En una ocasión le **arrancó la placa del rostro** al héroe… ¡pero esta reveló **otra máscara de caucho!**

MEDIDAS EXTREMAS

Tony Stark se vio ante un **gran problema** cuando Mandarín captó a la científica **Maya Hansen**, ex novia de Tony, e intentó **eliminar** a gran parte de la población del mundo usando su **tecnología Extremis.**

UNIVERSO ALTERNATIVO

En la **animalesca realidad alternativa** de Spider-Ham, Mandarín es un **lémur de cola anillada** conocido como **Mandaríncola.**

AJUSTE DE CUENTAS

El **Duende Verde Norman Osborn** y su enloquecida dinastía son responsables de las **mayores tragedias de la vida de Peter Parker.** Spiderman ha vencido al Duende Verde **muchas veces,** ¡pero siempre hay un **nuevo Duende** en la ciudad!

UN MAL DÍA

Peter Parker fue expuesto a la **Fórmula Duende** por Norman Osborn. Es la única persona que ha resistido la **locura de la fórmula...** ¡por ahora!

¿DE VERDAD?

El Duende Verde no siempre ha querido **destruir** a Spiderman. Norman quiso **lavar el cerebro** de Peter ¡para convertirlo en **su hijo!**

PROBLEMAS CON HARRY

Harry, hijo de Norman Osborn, era amigo de Peter Parker en la universidad. Todo se torció cuando Harry culpó **injustamente** a Spiderman de la muerte de su padre y se convirtió en un **segundo Duende Verde** para vengarlo.

CUANDO LOS MALOS SON BUENOS

NUNCA ES TARDE

El atormentado Duende Harry Osborn derrotó a Spiderman y montó una bomba para volarse juntos. M. J. llegó con Normie, el hijito de Harry, y este se dio cuenta de lo que iba a hacer, ¡y salvó a M. J., Normie y Spidey justo antes de estallar la bomba!

¡CUÉNTAME MÁS!

El Duende Verde Norman Osborn secuestró a Gwen Stacy, la novia de Peter, y la arrojó desde un puente. Spidey juró vengarse y persiguió al Duende, que en la posterior pelea murió empalado accidentalmente por su propio deslizador.

¿Lo ves, Parker? Siempre he sabido que podría derrotarte *CUANDO* quisiera...
¡¡AAARRGH!!

A veces Spiderman **PIERDE** el combate. Cuando **BEN REILLY,** el anterior **ARAÑA ESCARLATA,** adoptó el papel de Spiderman, murió a manos del Duende Verde.

TOP 5 Gadgets Duende

- **BOMBAS CALABAZA** ¡Farolillos explosivos!
- **GAFAS DUENDE** ¡Confunden los sentidos de Spidey!
- **GUANTES DUENDE** ¡Lanzan descargas de chispas duende!
- **SAPOS SÓNICOS Y RANAS EXPLOSIVAS** ¡Un poco de ruido y unas bombas!
- **DESLIZADOR MURCIÉLAGO** ¡Derriba a la gente y dispara rayos láser!

P: ¿Ha sido siempre malo Norman Osborn?

R: No. Cuando en un combate con Spidey Duende Verde fue arrojado contra un **cable eléctrico,** el shock le produjo **amnesia.** Norman **olvidó** su pasado de villano y hasta se volvió **amable.**

ANTES

¡ACTUALIZADO!

El deslizador murciélago no es el primer medio de transporte del Duende. ¡Antes montaba una escoba a reacción!

DESPUÉS

¡UAU!

483

Velocidad máxima en km/h del deslizador de Duende.

TOP 8 Duendes

1. **DUENDE VERDE** Norman Osborn, el primer Duende Verde e inventor de la Fórmula Duende.
2. **SEGUNDO DUENDE VERDE** Harry Osborn, continuador del legado de su padre Norman.
3. **TERCER DUENDE VERDE** Bart Hamilton, psiquiatra de Harry Osborn.
4. **DUENDE** Roderick Kingsley siguió el diario de Norman Osborn para convertirse en el primero de muchos malignos Duendes.
5. **CUARTO DUENDE VERDE** y **SEXTO DUENDE** El ex periodista Phil Urich.
6. **AMENAZA** Lily Hollister, novia ocasional de Norman y de Harry Osborn.
7. **DUENDE GRIS** Gabriel Stacy necesitó inyecciones extra de Fórmula Duende para combatir su envejecimiento acelerado.
8. **CARLIE COOPER** Una de las novias de Peter Parker. ¡Descubrió una cura para la Fórmula Duende!

GUERRA SIN FIN

NUNCA DEMASIADO VIEJO

Cuando el **envejecimiento** de Cráneo Rojo **se aceleró,** usó un tóxico para hacer que el Capi envejeciera también... ¡para **llevárselo a la tumba con él!** Con solo unas horas de vida, el Capi **derrotó a Cráneo** en combate, y le dio tiempo a encontrar una cura mientras **Cráneo Rojo moría de viejo.**

MANEJAR CON CUIDADO

Cráneo Rojo recreó un **Cubo Cósmico** que alteraba el **tejido de la realidad...** y lo usó para **intercambiar su cuerpo con el Capi.**

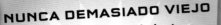

¡ACTUALIZADO!

Tras la II Guerra Mundial, Cráneo Rojo creó robots durmientes para los nazis. Planeaba unirlos en un solo robot gigante, viajar al Polo Norte y ¡hacer explotar el núcleo del planeta!

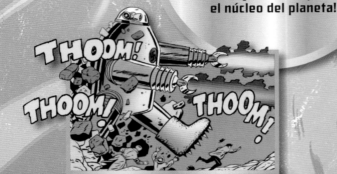

Libertad contra tiranía, heroísmo contra odio... El **Capitán América** y **el villano Cráneo Rojo** han librado una **batalla** entre **el bien y el mal** desde la **II Guerra Mundial...** ¡y no parece que vayan a **firmar la paz** en breve!

¡Yo te maldigo, Capitán América, por lo que eres! Siempre hemos sido OPUESTOS, tú y yo...

JUEGO DE EQUIPO

Cráneo Rojo formó la **Banda del Esqueleto** para derrotar al Capi y los Vengadores. Pero las **luchas internas** impidieron que el equipo **prosperara,** y la banda **acabó en la cárcel.**

¡NO ME HAS DERROTADO todavía, Cráneo!

UNIVERSO ALTERNATIVO

En el **Universo Ultimate (Tierra-1610)**, Cráneo **no es** un enemigo del Capi en la II Guerra Mundial, sino **¡su hijo!** Tras la muerte de su padre, fue **criado y entrenado** en una base militar para **suceder a Steve Rogers.** Pero, en lugar de eso, ¡se convirtió en el villano Cráneo Rojo!

CUANDO LOS BUENOS SON MALOS

PROBLEMA TELEVISIVO

Para salvar Nueva York de los diabólicos planes de Cráneo, el Capitán América juró servir al villano por un día. Su promesa fue televisada en secreto, y el Capi fue tildado de traidor.

MAESTRO DEL DISFRAZ

Cráneo Rojo devino **Secretario de Estado de EE UU** bajo el alias de **Dell Rusk** y tramó la liberación de un arma biológica, la **Plaga Zona Roja,** en el Monte Rushmore. Una vez más, el Capi corrió contra el tiempo para frustrar otro **plan infame.**

DE ENTRE LOS MUERTOS

Al final de la II Guerra Mundial, el Capi y Cráneo **lucharon en el búnker de Hitler,** y Cráneo **pareció morir** bajo el derrumbe. Un gas experimental lo mantuvo vivo durante décadas en **animación suspendida,** ¡y regresó **más malvado que nunca!**

¡¡SÍÍÍ!! Cuando el Capi fue **CAPTURADO** por **CRÁNEO ROJO,** su aliado el **FORJADOR DE MÁQUINAS,** maligno mago informático y experto en robótica, descargó los recuerdos del Capi... y los usó para **INCULPARLO POR TRAICIÓN.**

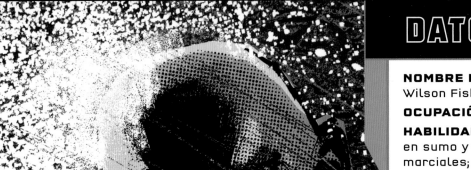

DATOS

NOMBRE REAL: Wilson Fisk, alias Kingpin

OCUPACIÓN: Jefe del hampa

HABILIDADES: Experto en sumo y otras artes marciales; con todo, suele emplear a esbirros para hacerle el trabajo sucio

Nos necesitamos, Daredevil... La ciudad es *NUESTRA*.

UN MAL DÍA

Fisk usó su conocimiento de la **identidad secreta** de Matt Murdock para exponer a Daredevil ante el FBI, pero su prueba **inventada** contra Murdock le **falló,** ¡y ambos acabaron en la cárcel!

ENTRE...

La Cocina del Infierno es un barrio real de Nueva York, marcado por un pasado de crimen y violencia. Apareció en el Universo Marvel en *Daredevil* #1 (Abril 1964).

...VIÑETAS

¿QUIÉN VENCE A QUIÉN?

DAREDEVIL

ESTATURA: 1,90 m

PESO: 91 kg

PUNTOS FUERTES: Sentidos superhumanos, artes marciales, lince legal

KINGPIN

ESTATURA: 2,10 m

PESO: 204 kg

PUNTOS FUERTES: Luchador de sumo, legiones de secuaces, contactos poderosos

A pesar de la considerable ventaja de Kingpin en tamaño y peso, vamos a tener que llamar a esto un empate.

DIABLOS EN LA COCINA

Las dos **influencias más poderosas** en la **Cocina del Infierno** de Nueva York son Daredevil –Matt Murdock– y el jefe mafioso Wilson Fisk, alias Kingpin. Ambos combaten por el **control del territorio,** uno para **protegerlo** y el otro para **dominarlo.**

¡¡AAARRGH!!

KAREN PAGE, novia intermitente de Daredevil, reveló su identidad a **KINGPIN,** quien usó esa información para convertir la vida del héroe en una **PESADILLA.**

DOBLE PROBLEMA

MURDOCK Y FISK

Matt Murdock y Wilson Fisk estaban templando sus ánimos en la prisión de Ryker Island cuando supieron que fuerzas ajenas estaban intentando enfrentarlos. Con la ayuda de Bullseye, Fisk se fugó con Murdock de la cárcel para combatir a los responsables.

¡TRAGEDIA!

Elektra, amor universitario de Matt Murdock, eligió el mal camino y trabajó como asesina para Kingpin. Cuando se negó a matar a **Foggy Nelson,** socio y amigo de Matt, fue asesinada por **Bullseye,** esbirro de Kingpin. Este incidente alimentó el **odio** de Matt hacia Kingpin durante años.

CONOCIDO POR

LUCHAR EN LOS TRIBUNALES Y EN LAS CALLES

ROMPECORAZONES

Si quieres **destruir a tu enemigo,** ¡empieza por su **corazón!** Kingpin contrató a la chalada psíquica **María Tifoidea** para enamorar a Matt Murdock y luego **dejarlo.**

¡¡AAARRGH!!

El monstruoso **ABOMINACIÓN** se mantuvo en pie frente a Hulk, ¡pero no fue rival para el brutal **HULK ROJO**! El gigante escarlata le disparó con un arma especial diseñada para **MATAR HULKS**.

¡Acción!

¡FOGOSO!
Cuando **HULK ROJO** se pone furioso no se vuelve más fuerte: ¡se **CALIENTA!** Si está lo bastante furioso, puede **FUNDIR LAS COSAS** a su alrededor y lanzar **RAYOS ÍGNEOS** por los ojos.

PODER ATÓMICO
Rick Jones fue un **leal compañero** de Hulk, Mar-Vell y Capitán América, pero cuando la **Inteligencia** lo transformó en un **monstruo similar a Abominación** llamado **Bomba-A**, ¡dejó de ser tan servicial!

¡¡Síííí!!

HULK ROJO se autoproclamó **SOBERANO DE EE UU**, así que **HULK** tuvo que bajarle los humos y lo derribó con una descomunal **PALMADA ATRONADORA**. ¡Los Hulks verdes son los **MEJORES**!

SHIELD DESCLASIFICADO

LAS TRANSFORMACIONES DE BETTY ROSS
Betty Ross, ex esposa de Bruce Banner, fue transformada dos veces por la radiación gamma. Primero fue convertida por MODOK en la alada y perversa Arpía. Luego, después de muerta, el Líder usó rayos gamma para revivirla como la furiosa Hulka Roja.

¿DE VERDAD?

El superreducido **Doc Samson,** como su homónimo bíblico, extrae su poder de su **cabello.** Cuanto más larga es su melena **verde-gamma,** más **fuerte** se vuelve.

UN NUEVO HULK
Amadeus Cho ya era un **supergenio** adolescente, pero cuando un **monstruo marino** interrumpió su día de playa, reveló su **nueva** forma gamma superpoderosa... y se convirtió en ¡el **alucinante Hulk!**

¡HULKS APLASTAN!

Hulk no es el único **monstruo musculoso** creado por la radiación gamma: hay **toda una familia** de vigorosos seres a los que realmente **no conviene enfadar...**

¡UAU!

384 400

Distancia en km que puede cubrir Hulk Rojo de un solo salto. Una vez saltó directamente de la Tierra a la Luna.

TOP 5 FAMILIA HULK

HULKA
Jen Walters, prima de Bruce Banner.

HULKA ROJA
Betty Ross, ex esposa de Bruce.

HULK ROJO
General Thaddeus «Trueno» Ross, padre de Betty y enemigo de Hulk.

SALVAJE HULKA
Lyra, hija de Hulk en un futuro alternativo.

SKAAR
Hijo de Hulk, largo tiempo perdido.

TORMENTA DE IDEAS
La radiación gamma convirtió a Samuel Sterns en Líder: un supergenio criminal con un cráneo enorme y cerebro gamma. Intentó aumentar aún más su inteligencia y el tamaño de su cerebro, ¡pero sus experimentos lo mutaron en un monstruo gigante!

ANTES...

DESPUÉS...

«SMASH BROTHERS»
El clan Hulk puede **tener sus diferencias,** pero cuando se enfrentaron a la amenaza del **dragón gamma Fin Fang Foom,** Hulk, Hulka Roja, Bomba-A y Hulka estuvieron de acuerdo en algo: ¡era la hora de **aplastar!**

LUCHA TITÁNICA

En la **esquina roja,** la audaz villana de **gran corazón** y **puños aún más grandes... ¡Titania!** En la **esquina verde,** la irascible y musculosa heroína con un **carácter de mil diablos... ¡Hulka! ¡Que empiece el combate!**

ENEMIGOS UNIDOS

Titania y **Hombre Absorbente** buscaron vengarse de **Hulka** infectándola con **nanos microscópicos de control mental.** Una vez bajo su control, Hulka se unió a sus enemigos para **arrasar Nueva York.**

GANADORA: TITANIA

SHIELD DESCLASIFICADO

TITANIA

Mary «Flacucha» MacPherran era una adolescente impopular que soñaba con ser una glamurosa superheroína. Arrastrada a Mundo de Batalla durante las Guerras Secretas, el Dr. Muerte le ofreció darle superpoderes, y ella se convirtió en la poderosa villana Titania, ¡obsesionada con demostrar que es más fuerte que Hulka!

AJUSTE DE CUENTAS

POR LOS PELOS

En su primera lucha en **Mundo de Batalla, Titania noqueó a Hulka,** y luego reunió a un montón de villanos para ayudarla a **acabar con la heroína** mientras estaba indefensa. Si los amigos de Shulkie no hubieran acudido a salvarla, **podría haber muerto.**

Ganadora: TITANIA *(¡Pero hizo trampas!)*

PAREJA PERFECTA

Estando en el Mundo de Batalla del Todopoderoso, Titania conoció al amor de su vida, el chico malo «Aplastador» Creel, alias Hombre Absorbente. Esta vil pareja se planteó en alguna ocasión abandonar el crimen... pero no por mucho tiempo.

¡Acción!

QUEBRANTA-HOMBRES

Para provocar el caos y la destrucción, el villano asgardiano **SERPIENTE** convocó en la Tierra los siete martillos de los dignos. Titania tomó uno de ellos y se convirtió en la poderosa **SKIRN, ¡LA QUEBRANTAHOMBRES!**

Lo que cuenta no es el primer golpe. Es el *ÚLTIMO*.

¡CITA DOBLE!

Titania y **Hombre Absorbente** intentaron robar en un **lujoso restaurante,** pero se tropezaron con Hulka en una cita con **Luke Cage.** Las parejas lucharon, y Hombre Absorbente **noqueó** accidentalmente a **Titania** con su bola demoledora.

Ganadora: ¡HULKA!

ENTRE... ...VIÑETAS

Hulka trabajaba en el bufete Goodman, Lieber, Kurtzberg y Holliway. Martin Goodman, Stan Lee (antes Lieber) y Jack Kirby (antes Kurtzberg) ¡son tres leyendas de Marvel!

UN GOLPE DE K.O.

El Campeón del Universo entregó a Titania la Gema del Infinito de Poder, que le permitiría batir a Hulka con facilidad. Shulkie escapó convirtiéndose en Jen Walters, le arrebató la Gema a Titania... ¡y la noqueó de un solo puñetazo!

GANADORA: ¡HULKA!

¡TRIBUNAL EN ACCIÓN!

Hulka estaba en el **Tribunal Supremo** argumentando en contra del **Acta de Registro Mutante,** y **Titania** continuaba **causando problemas** fuera. Así, Hulka se vio obligada a pegarle tres mamporros mientras intentaba seguir **pendiente del proceso...**

GANADORA: ¡HULKA!

¡Acción!

HULKEANDO

Cuando Jen se convierte en **HULKA**, su fuerza aumenta. Shulkie puede levantar 100 toneladas; tras un **ENTRENAMIENTO INTENSO**, fue lo bastante fuerte para ganar a **HÉRCULES** en un pulso.

¡CUÉNTAME MÁS!

La abogada Jennifer Walters recibió un disparo de un mafioso al que se estaba juzgando, y su primo Bruce Banner le salvó la vida con una transfusión de su sangre gamma irradiada. Jen no tardó en descubrir que ella también podía crecer; pero, a diferencia de Bruce, al convertirse en Hulka conservaba su inteligencia.

RESULTADO

HULKA: 3
TITANIA: 2

DUELO EN EL MAR

¡CUÉNTAME MÁS!

Atlantis, regida por Namor el Hombre Submarino, es una ciudad del tamaño de un pequeño continente sumergida en algún lugar del Atlántico. Es el hogar de los atlantes –parientes azulados de los humanos, que respiran bajo el agua–, pero es codiciada por lemurios y bárbaros, liderados por Attuma.

¿QUIÉN GANA A QUIÉN?

1

No dejes que **el físico imponente** de Attuma te confunda: cuanto más grandes son, más dura es su caída, ¡y **más rápido se hunden!** Aunque estén bastante igualados en habilidades de combate, **Namor** puede **luchar** durante más tiempo. Si unes eso a su capacidad de volar, ¡el Hombre Submarino es el **ganador más probable!**

Mientras Namor viva, Atlantis te será negada... ¡POR SIEMPRE!

TOP 6
Cómo gobernar Atlantis

1. **REUNIR** un ejército de brutales lemurios.
2. **ESCLAVIZAR** a los atlantes con luces hipnóticas.
3. **INFILTRARSE** en el gobierno atlante.
4. **OBLIGAR** a Namor a rendirse tomando al mundo de la superficie como rehén.
5. **ROBAR** un robot alienígena imparable.
6. **ENCONTRAR** un martillo encantado que dé superpoderes.

ENTRE... ...VIÑETAS

Namor y Attuma llevan batallando más de 50 años. El malévolo bárbaro apareció en *Fantastic Four* #33 (Diciembre 1964), cuando sus hordas invadieron Atlantis.

¡¡AAAARRGH!!

ATTUMA forjó una maligna alianza con **TIBURÓN TIGRE** y el **DR. DORCAS.** Namor se enfrentó a los tres, **PERDIÓ** y fue hecho prisionero.

¡MUERTE AL HOMBRE SUBMARINO! ¡Solo Attuma es digno del trono de Atlantis!

MANEJAR CON CUIDADO

Attuma encontró un **antiguo martillo mágico** y se convirtió en **Nerkkod, el Quebrantaocéanos.** Conquistó los mares, destruyó Atlantis y **derrotó a Namor.**

¡¡Sííí!! Usando la **SANGRE DE BRUCE BANNER,** Attuma se **IRRADIÓ CON GAMMA** y capturó Atlantis... hasta que Namor llevó a Hulk a **APLASTAR A ATTUMA** y devolverlo a la normalidad.

UN BUEN DÍA

Cuando **Attuma atacó Atlantis, Lady Dorma,** la novia de Namor, pidió ayuda a los **4 Fantásticos,** que rechazaron al **ejército bárbaro** mientras **Namor derrotaba a Attuma.** Pero mantuvieron su presencia **en secreto:** ¡el **gran ego** de Namor no podría tolerar que sus antiguos enemigos **le salvaran!**

Namor el Hombre Submarino y su **archienemigo Attuma** pugnan por el control de la ciudad sumergida de **Atlantis.** El **enorme bárbaro** hará **todo lo posible** para deponer al rey Namor y **gobernar los océanos.**

P: ¿Qué diferencia a los atlantes de los bárbaros?

R: Ambos son *Homo mermanus,* **respiran bajo el agua** y tienen la **piel azulada.** Los bárbaros son más parecidos a peces. La sociedad atlante es política, científica y mágicamente **más avanzada.**

Atlantes

Bárbaro

PESOS PESADOS

Si te alcanza uno de estos puñetazos, **¡ya no te levantas!** La mayoría de los héroes y villanos tienen **puños poderosos,** pero estos tipos son los **púgiles más grandes y atronadores** del lugar.

¡¡AAAARRGH!!

Hulk puede abatir a pesos pesados como la Cosa, Thor y Lobezno, pero hasta él ha sido **NOQUEADO.** Cuando Spiderman fue imbuido del **PODER CÓSMICO,** ¡le puso **EN ÓRBITA** de un puñetazo!

HULKBUSTER

Si quieres intentarlo con **Tony Stark,** asegúrate de que no lleve su **armadura Hulkbuster.** Con ella, el cabeza de lata es capaz de levantar **175 toneladas...** Después de todo, ¡está hecha para capturar Hulks!

EN APUROS

Hulk intentó rescatar a su amigo **Rick Jones** del **Destructor.** Pero un malentendido lo arrojó a una **colisión** con los **4 Fantásticos...** ¡y a una **confrontación épica** con la **Cosa!**

¡Acción!

¡ABRAN PASO!

Una gema del mágico **CYTTORAK** convirtió a Cain Marko en el casi indestructible **JUGGERNAUT.** Este ariete humano superfuerte puede **MACHACAR MONTAÑAS.**

¡CUÉNTAME MÁS!

Los pesos pesados Thor y Hércules son buenos amigos, pero también rivales. Aunque ambos llevan armas de gran poder, ¡Hércules apenas puede resistir la velocidad divina y las cargas de relámpago de Thor!

¡¡SÍ!!

La Serpiente de Midgard enrolló su cuerpo de tamaño planetario en torno a la Tierra, pero el poderoso Thor la retiró... ¡con una caña de pescar!

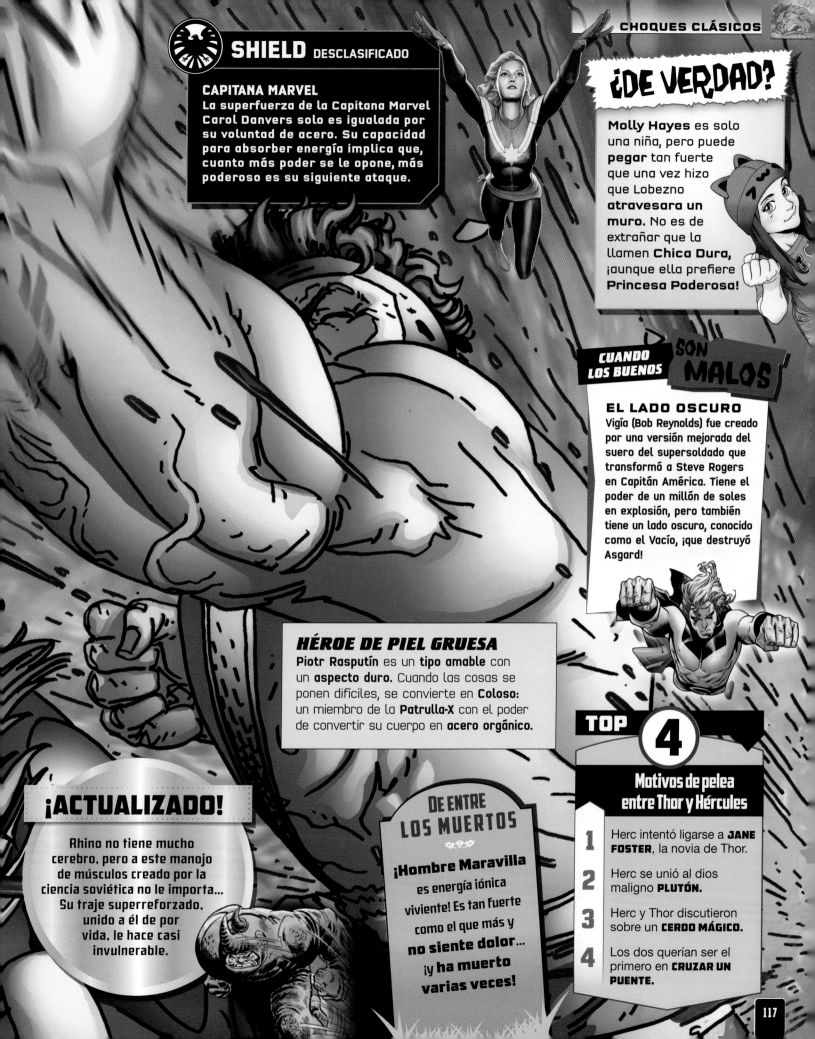

SHIELD DESCLASIFICADO

CAPITANA MARVEL
La superfuerza de la Capitana Marvel Carol Danvers solo es igualada por su voluntad de acero. Su capacidad para absorber energía implica que, cuanto más poder se le opone, más poderoso es su siguiente ataque.

¿DE VERDAD?

Molly Hayes es solo una niña, pero puede **pegar** tan fuerte que una vez hizo que Lobezno **atravesara un muro.** No es de extrañar que la llamen **Chica Dura,** ¡aunque ella prefiere **Princesa Poderosa!**

CUANDO LOS BUENOS SON MALOS

EL LADO OSCURO
Vigía (Bob Reynolds) fue creado por una versión mejorada del suero del supersoldado que transformó a Steve Rogers en Capitán América. Tiene el poder de un millón de soles en explosión, pero también tiene un lado oscuro, conocido como el Vacío, ¡que destruyó Asgard!

HÉROE DE PIEL GRUESA

Piotr Rasputín es un **tipo amable** con un **aspecto duro.** Cuando las cosas se ponen difíciles, se convierte en **Coloso:** un miembro de la **Patrulla-X** con el poder de convertir su cuerpo en **acero orgánico.**

TOP 4

Motivos de pelea entre Thor y Hércules

1. Herc intentó ligarse a **JANE FOSTER**, la novia de Thor.
2. Herc se unió al dios maligno **PLUTÓN.**
3. Herc y Thor discutieron sobre un **CERDO MÁGICO.**
4. Los dos querían ser el primero en **CRUZAR UN PUENTE.**

¡ACTUALIZADO!

Rhino no tiene mucho cerebro, pero a este manojo de músculos creado por la ciencia soviética no le importa... Su traje superreforzado, unido a él de por vida, le hace casi invulnerable.

DE ENTRE LOS MUERTOS

¡Hombre Maravilla es energía iónica viviente! Es tan fuerte como el que más y **no siente dolor...** ¡y **ha muerto varias veces!**

TOP 5 GUERREROS NINJA

1. SHANG-CHI Cuesta mucho romper su estado de calma zen; pero si lo haces, ¡cuidado!

2. ELEKTRA Dejó la vida de letal asesina de alquiler para combatir el crimen junto a Daredevil.

3. PUÑO DE HIERRO Maestro en artes marciales con el antiguo poder del puño de hierro.

4. KARNAK Monje guerrero entrenado hasta la perfección física inhumana.

5. DAREDEVIL Entrenado por el legendario Stick para combatir a los jefes del hampa de la Cocina del Infierno.

¡Acción!

UN GRAN PODER

DANIEL RAND (Puño de Hierro) obtuvo su gran poder en un **RITUAL ESPECIAL**. Mató al dragón SHUO-LAO EL **INMORTAL** y hundió las manos en su **CORAZÓN ARDIENTE...** imbuyéndose del poder místico del **PUÑO DE HIERRO**.

PUÑOS DE FURIA

Paciencia, trabajo duro y **dedicación** pueden transformar el cuerpo y la mente en la **máquina de combate definitiva.** No todos estos **maestros en artes marciales** tienen superpoderes, pero si te metes con ellos, **¡te tumbarán!**

¡ACTUALIZADO!

Karnak cultivó la **fuerza sobrehumana** con que nacen los **inhumanos** estudiando **artes marciales.** En lugar de adquirir más poderes a través de las **nieblas terrígenas,** él entrenó hasta ser capaz de destrozar objetos con **un solo golpe.**

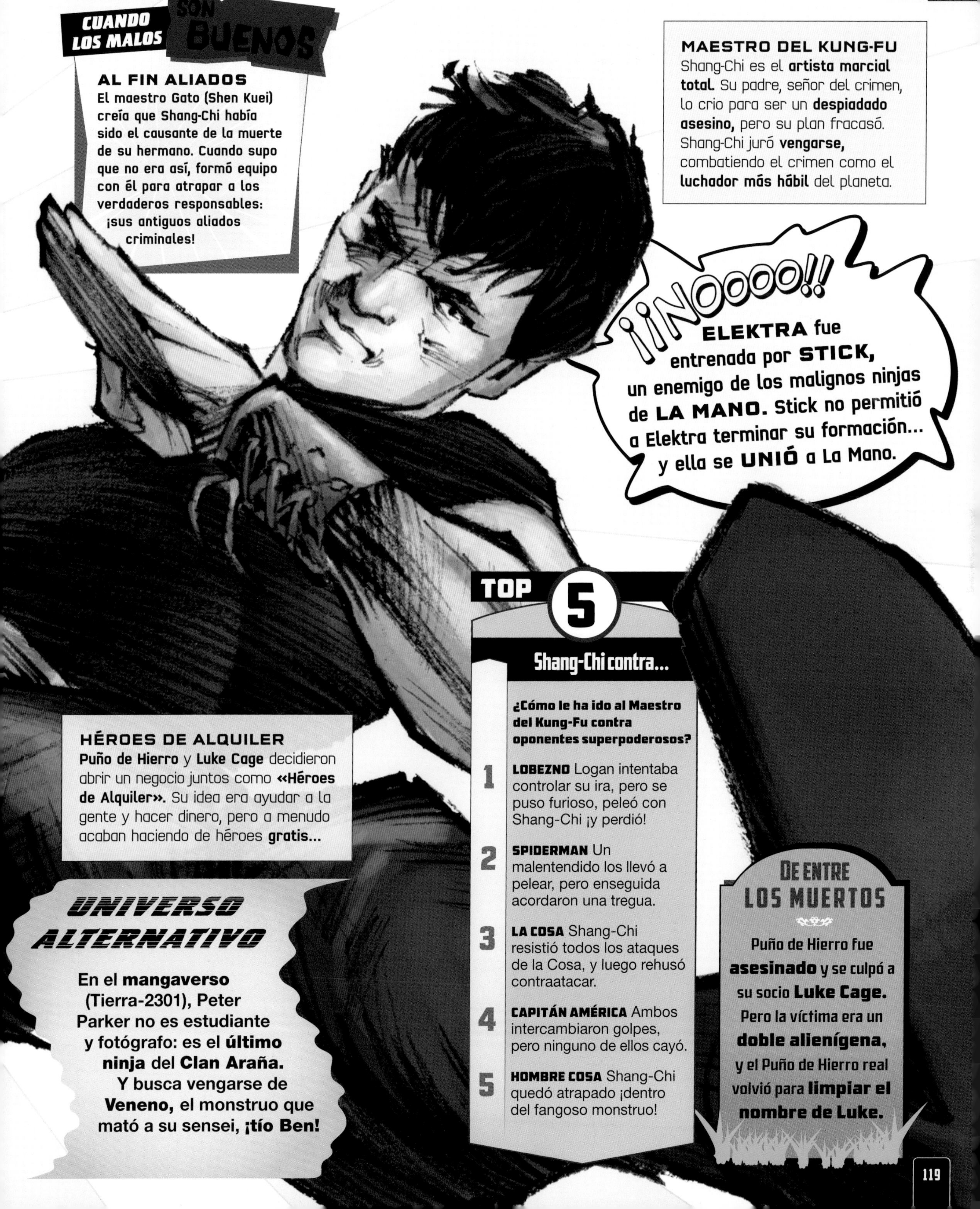

CUANDO LOS MALOS SON BUENOS

AL FIN ALIADOS

El maestro Gato (Shen Kuei) creía que Shang-Chi había sido el causante de la muerte de su hermano. Cuando supo que no era así, formó equipo con él para atrapar a los verdaderos responsables: ¡sus antiguos aliados criminales!

MAESTRO DEL KUNG-FU

Shang-Chi es el **artista marcial total.** Su padre, señor del crimen, lo crio para ser un **despiadado asesino,** pero su plan fracasó. Shang-Chi juró **vengarse,** combatiendo el crimen como el **luchador más hábil** del planeta.

¡¡NOOOO!!

ELEKTRA fue entrenada por **STICK,** un enemigo de los malignos ninjas de **LA MANO.** Stick no permitió a Elektra terminar su formación... y ella se **UNIÓ** a La Mano.

TOP 5

Shang-Chi contra...

¿Cómo le ha ido al Maestro del Kung-Fu contra oponentes superpoderosos?

1. **LOBEZNO** Logan intentaba controlar su ira, pero se puso furioso, peleó con Shang-Chi ¡y perdió!
2. **SPIDERMAN** Un malentendido los llevó a pelear, pero enseguida acordaron una tregua.
3. **LA COSA** Shang-Chi resistió todos los ataques de la Cosa, y luego rehusó contraatacar.
4. **CAPITÁN AMÉRICA** Ambos intercambiaron golpes, pero ninguno de ellos cayó.
5. **HOMBRE COSA** Shang-Chi quedó atrapado ¡dentro del fangoso monstruo!

HÉROES DE ALQUILER

Puño de Hierro y **Luke Cage** decidieron abrir un negocio juntos como **«Héroes de Alquiler».** Su idea era ayudar a la gente y hacer dinero, pero a menudo acaban haciendo de héroes **gratis...**

UNIVERSO ALTERNATIVO

En el **mangaverso** (Tierra-2301), Peter Parker no es estudiante y fotógrafo: es el **último ninja** del **Clan Araña.** Y busca vengarse de **Veneno,** el monstruo que mató a su sensei, **¡tío Ben!**

DE ENTRE LOS MUERTOS

Puño de Hierro fue **asesinado** y se culpó a su socio **Luke Cage.** Pero la víctima era un **doble alienígena,** y el Puño de Hierro real volvió para **limpiar el nombre de Luke.**

CAPÍTULO DOS
EQUIPOS

Lobezno es **MUCHO MÁS VIEJO** de lo que parece, pero ¿qué lo mantiene tan joven?

¿Quién mató a **UATU EL VIGILANTE** y robó su ojo?

¿Qué convirtió a **MADAME HYDRA** en un octópodo humanoide?

EQUIPOS DE SUPERHÉROES

¡UAU!

100...

... y subiendo: Vengadores pasados y presentes.

¡Necesitamos un ***nombre!*** Debería ser algo dramático y pintoresco, como... ***¿LOS VENGADORES...***

AVISPA

LOS MÁS PODEROSOS

Los Vengadores siempre están enfrentando algún **gran problema.** Han sido **desunidos, reunidos** y casi **destruidos.** Incluso han luchado entre sí. Pero se **reagrupan** cada vez que un **supervillano** amenaza **el futuro de la humanidad.**

TOP 8
Ataques a la sede de los Vengadores

1. **LOS AMOS DEL MAL** invaden la Mansión Vengadores y **DESTRUYEN** el lugar.
2. Los Vengadores se trasladan a la **HIDROBASE,** una isla artificial frente a la costa de Nueva Jersey, pero un ataque de robots la hunde.
3. La mansión reconstruida es **DESTRUIDA DE NUEVO...** esta vez por los **RECOLECTORES.**
4. **BRUJA ESCARLATA, VISIÓN** y **SOTA DE CORAZONES** pierden el control y la mansión es destruida.
5. El equipo se traslada a la **TORRE STARK,** pero esta se derrumba en un choque entre **IRON MAN** y **HULK.**
6. La **COSA,** dotada de poder asgardiano, derriba la torre peleando con **HULK ROJO.**
7. Un nuevo grupo de Vengadores se muda a una mansión **RECONSTRUIDA,** pero esta es destrozada de nuevo por el ataque de **HOMBRE PODER.**
8. Los **NIÑOS DEL MAÑANA,** de Tierra-1610, **APLASTAN** la reconstruida Torre Stark.

DATOS

MIEMBROS CLAVE: Iron Man, Thor, Hombre Hormiga (Henry Pym), Avispa, Hulk, Capitán América, Ojo de Halcón, Visión, Bruja Escarlata, Mercurio, Pantera Negra, Viuda Negra, Halcón, Soldado de Invierno, Hércules, Caballero Negro, Hulka, Hombre Hormiga (Scott Lang), Hombre Maravilla, Quasar, Spectrum

ALIADOS: Rick Jones, Edwin Jarvis, Nick Furia, Nick Furia Jr., 4 Fantásticos, SHIELD

ENEMIGOS: Ultrón, Kang, Amos del Mal, Thanos, Barón Zemo, Loki ¡y muchos, muchos más!

¡Nunca nos derrotarán! Pues somos... ¡los VENGADORES!

Thor

Capitán América

Iron Man

ENTRE... ...VIÑETAS

Al retrasarse la primera entrega de *Daredevil,* Stan Lee sugirió lanzar un título de equipo. *The Avengers* #1 se presentó en septiembre de 1963, ¡y el resto es historia!

CORAZÓN ROTO

Janet van Dyne, **Avispa,** es el **corazón** de los Vengadores. Dio **nombre** al grupo, **presidió** su primera reunión y lo **mantuvo** unido, incluso cuando su marido, **Hank Pym,** se desmoronó.

¡¡NOOOOO!!

Hulka no pierde los papeles tan a menudo como su primo Hulk, pero cuando su compañero Vengador Visión cayó bajo la influencia de Ultrón y atacó al grupo, ella perdió el control... ¡y literalmente lo despedazó!

P: ¿Qué es la Academia Vengadores?

R: Los Vengadores fundaron la **Academia Vengadores** para formar a estudiantes superpoderosos como **héroes,** y evitar que se convirtieran en **villanos.**

¡¡AAARRGH!!

Una **PUERTA DEL SÓTANO** de la Mansión Vengadores resultó ser un **PORTAL** para que Kang **INVADIERA** el mundo.

FIEL SIRVIENTE

Edwin Jarvis es el fiel **mayordomo** de **Tony Stark** y de los **Vengadores.** Su **lealtad es inquebrantable...** ¡incluso tras ser dejado **inconsciente** por **Mr. Hyde** o suplantado por un **skrull!**

CUANDO LOS BUENOS SON MALOS

ROBO-SPIDEY

En su primer encuentro con los Vengadores, Spiderman era un lanzarredes maligno: un robot creado por Kang el Conquistador y enviado para destruirlos.

¡CATAPUM!

A Hombre Hormiga le gustan las flechas de Ojo de Halcón... ¡para montarse en ellas!

¡TODOS JUNTOS!

Cuando **surgen problemas,** siempre hay un **grupo de Vengadores** preparado: **¡cuando sea, donde sea y como sea!**

SHIELD DESCLASIFICADO

VENGADORES SECRETOS
Para las operaciones clandestinas de SHIELD, se creó un grupo secreto. Liderado por Nick Furia Jr., incluía a Ojo de Halcón, Viuda Negra, Spiderwoman, el agente Phil Coulson y, curiosamente, al genio maligno de cabeza gigante MODOK.

TOP 5 Grupos de Vengadores

1. **MASCOTAS VENGADORAS** Equipo de superanimales.
2. **VENGADORES DE LOS GRANDES LAGOS** Los héroes más insólitos de América.
3. **VENGADORES OSCUROS** Equipo de criminales y asesinos de Norman Osborn.
4. **IMPOSIBLES VENGADORES** Equipo de mutantes y héroes.
5. **VENGADORES COSTA OESTE** Juraron combatir cualquier amenaza al oeste de las Rocosas.

Imposibles Vengadores

UNIVERSO ALTERNATIVO

Los Vengadores se reencarnaron en héroes del Oeste en 1872. Steve Rogers era el sheriff de la ciudad de Timely, y Tony Stark, ¡un herrero con problemas con la bebida!

HÉROES DE COMPAÑÍA

Mandíbulas, perro guardián de los Inhumanos, obtuvo de la Gema de la Mente telepatía e inteligencia extra. Contactó con las mascotas de los héroes y formó ¡las Mascotas Vengadoras!

MASCOTAS VENGADORAS

BOLA DE PELO Superpoderoso felino de Bola Veloz que rebota en las paredes.

MANDÍBULAS ¿Quién puede resistir al gran hocico baboso del chucho teleportador de los Inhumanos?

THROG Rana y dios del Trueno honorífico.

ALA ROJA Tan eficaz como su compañero humano Halcón.

SRA. LEÓN En realidad es macho: un perrito normal que pertenece a May, la tía de Peter Parker.

LOCKHEED Superpoderoso dragón alienígena de Kitty Pryde, de Patrulla-X.

ZABÚ Fiel compañero de Ka-Zar en la Tierra Salvaje. ¿Quién dice que los dientes de sable se extinguieron?

TOP 6 Vengadores Grandes Lagos

1. **CHICA ARDILLA** Advirtió que el perezoso grupo dependía de ella, ¡y se fue!
2. **MR. INMORTAL** Capaz de sobrevivir a casi cualquier accidente.
3. **FLATMAN** Superelástico, pero un poco soso…
4. **ASHLEY CRAWFORD** Supermodelo que se transforma en la gigantesca y superfuerte Gran Berta.
5. **DINAH SOAR** Extraña criatura voladora que ama a Mr. Inmortal.
6. **HOMBRE PUERTA** Portal viviente a la Dimensión Oscura.

ENTRE...

Dan Slott, guionista de los Vengadores de los Grandes Lagos, prometió que en cada entrega moriría uno del grupo, parodiando la mortandad en los cómics. El primero fue Monkey Joe, el amigo de Chica Ardilla.

...VIÑETAS

¡¡AAARRGH!!

OJO DE HALCÓN fundó los Vengadores Costa Oeste con Pájaro Burlón, Hombre Maravilla, Tigra y Jim Rhodes, pero eran incapaces de llevarse bien, y el Capitán América los **DISOLVIÓ.**

¡CUÉNTAME MÁS!

Los Vengadores Costa Oeste se dispersaron, pero años después Hank Pym, Tigra y Ojo de Halcón volvieron a su cuartel de Los Ángeles para crear la Academia Vengadores para los héroes en ciernes.

¡UAU!

50 000

Años en el futuro que viajaron los Vengadores para encontrarse con la encarnación final del grupo.

¡¡NOOOO!!

Como jefe de seguridad de EE UU, Norman Osborn formó los Vengadores Oscuros, un grupo de **SUPERVILLANOS.** Osborn era **IRON PATRIOT,** una retorcida mezcla de Iron Man y Capitán América.

MARAVILLAS MUTANTES

La **Patrulla-X** es un grupo de **mutantes** unido por el sueño del **profesor Charles Xavier** de **coexistencia pacífica** con los humanos normales. Protegen un mundo que a veces **los teme y los odia,** al tiempo que velan por el futuro de la **amenazada raza mutante.**

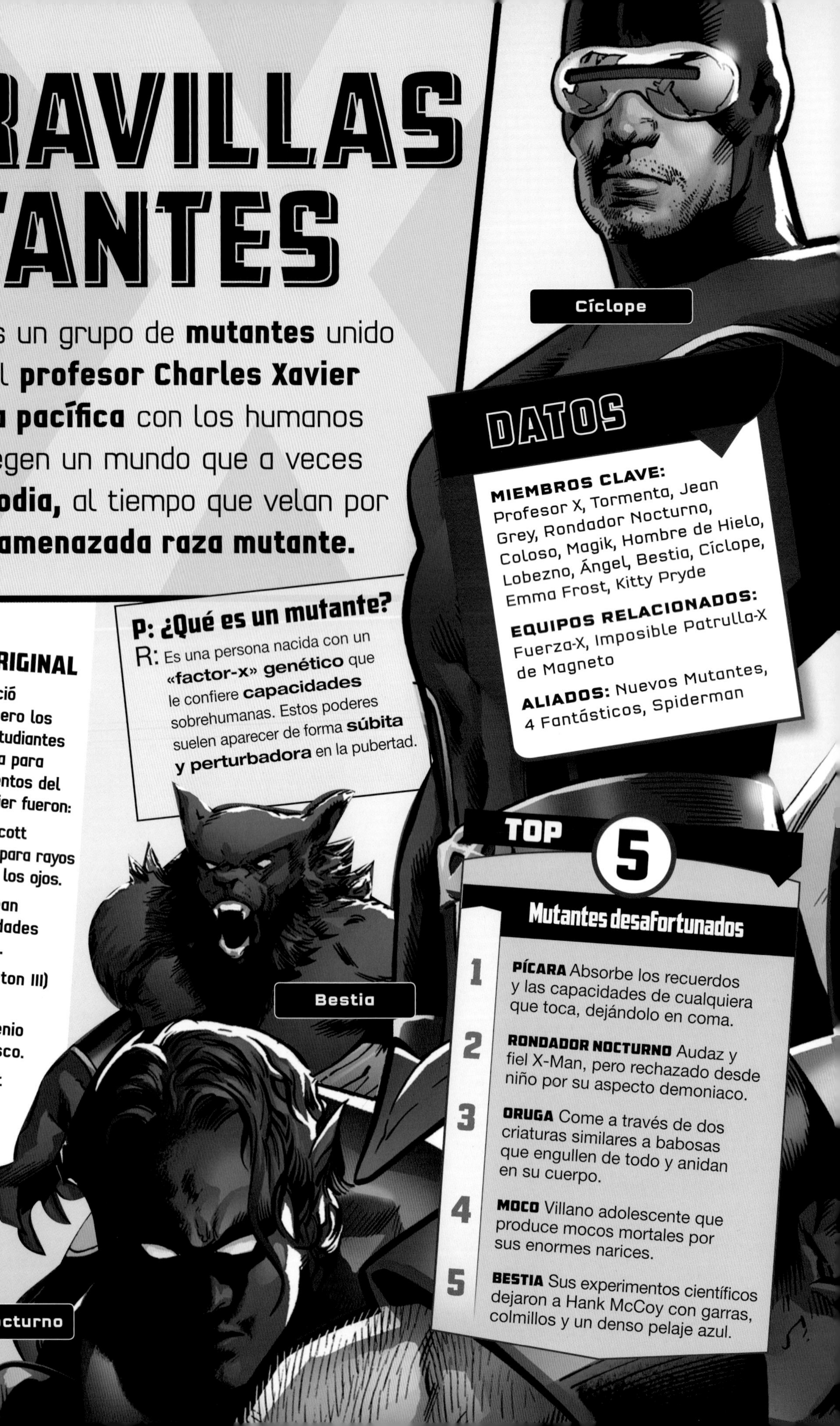

DATOS

MIEMBROS CLAVE: Profesor X, Tormenta, Jean Grey, Rondador Nocturno, Coloso, Magik, Hombre de Hielo, Lobezno, Ángel, Bestia, Cíclope, Emma Frost, Kitty Pryde

EQUIPOS RELACIONADOS: Fuerza-X, Imposible Patrulla-X de Magneto

ALIADOS: Nuevos Mutantes, 4 Fantásticos, Spiderman

LA PATRULLA-X ORIGINAL

La lista creció enseguida, pero los primeros estudiantes de la Escuela para Jóvenes Talentos del profesor Xavier fueron:

- **CÍCLOPE** (Scott Summers) Dispara rayos de fuerza por los ojos.
- **CHICA MARAVILLOSA** (Jean Grey) Tiene vastas capacidades telepáticas y telecinéticas.
- **ÁNGEL** (Warren Worthington III) Vuela como un pájaro.
- **BESTIA** (Henry McCoy) Genio científico de aspecto simiesco.
- **HOMBRE DE HIELO** (Robert Drake) Se transforma en hielo; puede congelar la humedad del aire.

P: ¿Qué es un mutante?

R: Es una persona nacida con un **«factor-x» genético** que le confiere **capacidades** sobrehumanas. Estos poderes suelen aparecer de forma **súbita y perturbadora** en la pubertad.

TOP 5

Mutantes desafortunados

1. **PÍCARA** Absorbe los recuerdos y las capacidades de cualquiera que toca, dejándolo en coma.
2. **RONDADOR NOCTURNO** Audaz y fiel X-Man, pero rechazado desde niño por su aspecto demoniaco.
3. **ORUGA** Come a través de dos criaturas similares a babosas que engullen de todo y anidan en su cuerpo.
4. **MOCO** Villano adolescente que produce mocos mortales por sus enormes narices.
5. **BESTIA** Sus experimentos científicos dejaron a Hank McCoy con garras, colmillos y un denso pelaje azul.

¿DE QUÉ LADO ESTÁN?

- **Magneto** El amo del magnetismo odia a los humanos, pero cuando los mutantes están en peligro, ¡es un aliado vital para la Patrulla-X!
- **Jean Grey** Una fuerza cósmica la convirtió en la destructora de mundos Fénix Oscura.
- **Gambito** Genial ladrón, X-Man y criminal.
- **Emma Frost** Cuando los robots Centinelas atacaron a su pueblo en el paraíso mutante de Genosha, la telépata con piel de diamante comprendió que la Patrulla-X no está tan mal.

¡¡AAARRGH!!
CÍCLOPE no puede controlar los **RAYOS DE FUERZA** que lanza por los **OJOS.** Tiene que llevar un **VISOR DE CUARZO DE RUBÍ** para no destruir todo lo que mira.
Coloso
Emma Frost
Soy el mejor en lo que hago, pero lo que hago no es muy agradable.
Lobezno

¡UAU!

100

...y subiendo

Edad de Lobezno, aunque nadie lo diría, dado su asombroso factor curativo.

TOP 5 Enemigos de la Patrulla-X

1. **APOCALIPSIS** Su nombre lo dice todo: este antiguo mutante quiere regir el mundo o destruirlo…
2. **DIENTES DE SABLE** Grande, perverso, peludo y rabioso. Su único objetivo: ¡matar a Lobezno!
3. **MÍSTER SINIESTRO** Manipulador genético con una vena cruel y una obsesión por el ADN mutante, ¡un científico loco!
4. **MÍSTICA** Malvada intrigante metamorfa relacionada con Rondador Nocturno y Pícara.
5. **JUGGERNAUT** Nada detiene al hermanastro de Xavier, el casi invulnerable Juggernaut.

HOMBRE-BALA

Cuando Lobezno quiere **hacer picadillo** algo que está **lejos,** saca las **garras** y le pide a su colega **Coloso** que **lo lance** hacia el objetivo.

LA COSA
MR. FANTÁSTICO
MUJER INVISIBLE
La familia no son solo los parientes, sino quien nos cuida y se preocupa por nosotros.

DATOS

MIEMBROS: Mr. Fantástico (Reed Richards), Antorcha Humana (Johnny Storm), Mujer Invisible (Susan Richards), la Cosa (Ben Grimm)

BASE: Edificio Baxter (Nueva York)

ALIADOS: Agatha Harkness, Alicia Masters, Lyja Storm, Estela Plateada, Wyatt Wingfoot

ENEMIGOS: Dr. Muerte, 4 Terribles, Mago, Hombre Topo, Amo de Marionetas, Fantasma Rojo (y sus supersimios), Klaw

P: ¿Cómo obtuvieron sus poderes los 4 Fantásticos?

R: Reed Richards, su novia Sue Storm, su cuñado Johnny y el piloto Ben Grimm hicieron un vuelo de prueba en un **cohete experimental** que fue bombardeado por **radiación cósmica** y se estrelló. Ellos obtuvieron asombrosas **capacidades nuevas.**

UN BUEN DÍA

El Dr. Muerte intentó arruinar la boda de Reed y Sue con su **máquina alteradora de emociones,** pero el **Vigilante** dio a Reed un dispositivo para frustrar el plan de Muerte y **salvar la situación.**

¡¡Sííí!!

Los malvados **4 TERRIBLES** huían en su nave espacial. Mr. Fantástico se convirtió en un **MUELLE** gigante y **LANZÓ** a la Cosa sobre la nave para repartir unas **TORTAS.**

¡UAU!

457

Longitud en metros que Mr. Fantástico puede extender su cuerpo.

UNIVERSO ALTERNATIVO

En el **Universo Ultimate** (Tierra-1610), Mr. Fantástico **se vuelve loco. Finge** su muerte y envía **alienígenas** a atacar a sus antiguos amigos. Peleando contra Nova y Sue Richards, acaba exiliado en la **zona negativa.**

ANTORCHA HUMANA

FAMILIA DE SUPERHÉROES

Transformados por rayos cósmicos, los **4 Fantásticos** podrían haberse convertido en marginados. Pero vieron sus **nuevos poderes** como un vínculo familiar, y los usaron para el **bien de la humanidad.** Mr. Fantástico es célebre por su **genio científico,** pero todos ellos se han convertido en **héroes famosos.**

CUANDO LOS BUENOS SON MALOS

COSA VIOLENTA
Un experimento de Reed Richards revirtió a la Cosa al estado de Ben Grimm. Más aún: Ben podía cambiar a voluntad. Sin embargo, también alteró su personalidad: rompió con su novia, Alicia, dejó los 4F, y se entregó a la violencia por Nueva York.

ENTRE... ...VIÑETAS

El lanzamiento de los 4F en noviembre de 1961 fue un momento clave para su autor/editor Stan Lee, que se había planteado dejar los cómics. Los 4F acabarían vendiendo más de 150 millones de ejemplares.

¡¡NOOOO!!

DOOM, Kristoff Vernard, un niño programado para pensar que era **DOCTOR MUERTE,** atrapó a los **4F** en el Edificio Baxter, los lanzó al espacio y los hizo **ESTALLAR.**

EFECTOS CÓSMICOS

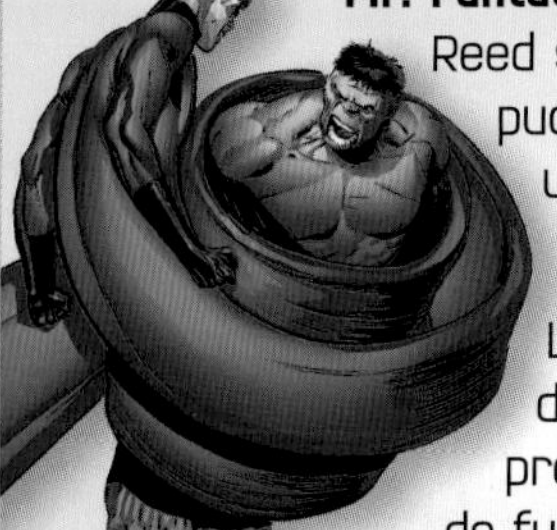

Mr. Fantástico: El cuerpo de Reed se volvió elástico, pudiendo estirarse de un modo asombroso.

Mujer Invisible: Las capacidades de Sue incluyen proyectar campos de fuerza y hacerse invisible.

Antorcha Humana: Johnny obtuvo la capacidad de volar, lanzar bolas de fuego y envolver su cuerpo en llamas.

La Cosa: Ben adquirió fuerza superhumana y un cuerpo rocoso.

¡ACTUALIZADO!

Los superhéroes necesitan un transporte superrápido, así que Reed diseñó el Fantasticar. No tardó en mejorar el diseño de «bañera volante» inicial, creando un vehículo que podía dividirse en cuatro.

TOP 4 Poderes Fantásticos

1. **ANTORCHA HUMANA** Puede crear llameantes imágenes de sí mismo, y el enemigo ha de adivinar cuál es el Johnny Storm real…
2. **MR. FANTÁSTICO** Su cuerpo es tan flexible que puede absorber el impacto de los obuses.
3. **MUJER INVISIBLE** Puede crear con la mente objetos sólidos transparentes, como vehículos y armas.
4. **LA COSA** Puede resistir el impacto de las balas, el calor y el frío extremos, y sobrevivir en el espacio y en el océano profundo.

SHIELD DESCLASIFICADO

TERRIGÉNESIS
Los Inhumanos parecen humanos normales hasta que son expuestos a las nieblas mutagénicas de los raros cristales terrígenos, proceso conocido como «terrigénesis». Sus cuerpos mutan en grandes capullos verdes antes de surgir con poderes superhumanos únicos.

HOGAR, DULCE HOGAR
El hogar de los Inhumanos es la ciudad de **Attilan.** Esta ha estado en el **Himalaya,** en la zona azul de la Luna, e incluso **levitando** sobre el **río Hudson** en Nueva York... ¡pero siempre ha sido su hogar!

ENTRE...

Los Inhumanos no son recién llegados. Medusa debutó en *Fantastic Four* #36, allá por 1965. Su origen y el del resto de los Inhumanos se reveló más tarde ese año, en *Fantastic Four* #45.

...VIÑETAS

MANEJAR CON CUIDADO

Los **cristales terrígenos** crean unas nieblas que liberan los poderes inhumanos; transforman a aquellos con genes inhumanos, pero pueden matar a los humanos.

¡¡AAAARRGH!!

Una **BOMBA TERRÍGENA** explotó en la Tierra. Los portadores de genes inhumanos pasaron la terrigénesis a la **FUERZA,** y fueron conocidos como **«NEOHUMANOS».**

¡CUÉNTAME MÁS!

Un superpoder derivado de la terrigénesis puede tener efectos secundarios negativos. Todo cambio físico es irreversible: ¡cruza los dedos para recibir uno bueno!

Boda rápida
No todos los Inhumanos se **casan** con otro inhumano. **Crystal,** hermana de Medusa, salió con **Antorcha Humana** (Johnny Storm), y más tarde se casó con el superrápido **Mercurio.**

CUANDO LOS BUENOS SON MALOS

... ¡Y OTRA VEZ BUENOS!
Medusa perdió la memoria, se unió a los 4 Terribles y luchó contra los 4 Fantásticos. Finalmente recordó quién era y se unió a estos en un nuevo grupo, la Fundación Futura.

TOP 6

Inhumanos más poderosos

1 **RAYO NEGRO** Rey de voz sísmica y capacidad para manipular la energía.

2 **MEDUSA** Reina que puede usar su largo cabello rojo como un látigo para abatir enemigos o levantar objetos.

3 **MÁXIMUS EL LOCO** Hermano de Rayo Negro, con poderes psiónicos pero cordura dudosa.

4 **CRYSTAL** Hermana de Medusa y ex esposa de Mercurio; puede manipular tierra, aire, fuego y agua.

5 **MANDÍBULAS** Parece un perro; es un teleportador.

6 **MS. MARVEL (KAMALA KHAN)** Puede cambiar de tamaño, forma, densidad y aspecto.

LAZOS FAMILIARES

Thane, hijo de **Thanos** el Titán Loco, resultó ser de **linaje inhumano.** Tras su terrigénesis, el antes amable curandero averigua que puede crear **muertos vivientes** con un toque de su mano: un poder que usará para dejar a su maligno padre en **animación suspendida.**

¡Acción!

RAYO NEGRO

UN SUSURRO de la superpoderosa voz de **RAYO NEGRO**, rey de los Inhumanos, puede demoler una **CIUDAD.** Su terrigénesis se produjo **ANTES** que la del resto de los Inhumanos, y así, sus poderes son los **MÁS DESARROLLADOS** de toda la raza.

SÚPER-INHUMANOS

Los **Inhumanos** son una **superraza** aislada, genéticamente mejorada. Hace miles de años, los **kree** abdujeron a hombres prehistóricos y **experimentaron con ellos.** Pretendían formar un **ejército,** pero en lugar de ello crearon **toda una raza** de superhumanos.

PACIFICADORES

¡CUÉNTAME MÁS!

Cuando Thanos mató a la esposa de Arthur Douglas, este fue sometido a ingeniería genética y se convirtió en Drax, un guerrero extraordinario con una meta: ¡destruir al Titán Loco!

Drax el Destructor

ENTRE... ...VIÑETAS

Cuando no están salvando el universo, los Guardianes se relajan en el bar de Starlin, en Sapiencial, que recibe su nombre de Jim Starlin, dibujante y guionista de muchos cómics cósmicos de Marvel.

P: ¿Cómo empezaron los Guardianes de la Galaxia?

R: Cuando el **planeta natal kree** fue atacado por la alienígena **Falange,** los kree enviaron una tropa **prescindible** a contenerla, un extravagante **grupo de convictos** liderado por Star-Lord, que luego decidirían seguir juntos como un **equipo de héroes cósmicos.**

CRISIS DE IDENTIDAD

El grupo estuvo a punto de llamarse «Mapache Cohete y sus Parásitos Humanos» o «Groot y sus Ramas». Luego conocieron a Vance Astro, que había estado en un grupo llamado «Guardianes de la Galaxia», y se apropiaron el nombre.

¿DE VERDAD?

Los «primeros» Guardianes procedían en realidad del futuro. Star-Lord y sus colegas se vieron cara a cara con los «originales» (Martinex, Vance Astro, Charlie-27 y Yondu) cuando los visitaron ¡en el año 3009!

CUANDO LOS BUENOS SON MALOS

DURA ELECCIÓN

El mago Adam Warlock es amigo de los Guardianes, pero mientras intentaba subsanar una fisura en el espacio-tiempo, su cuerpo fue tomado por su lado maligno, Magus. Este usó una ilusión para hacer que varios Guardianes parecieran morir, y Star-Lord, furioso, abatió a su viejo amigo.

Gamora

Los **Guardianes de la Galaxia** son un **variopinto grupo** de aventureros que cruza el espacio combatiendo a alienígenas, enfrentando **amenazas cósmicas** y **haciendo explotar cosas.** ¿Son **héroes** o una panda de **camorristas?** Quizá un poco de todo...

Mapache Cohete

Groot

SHIELD DESCLASIFICADO

UN NUEVO RECLUTA
Tony Stark decidió tomarse unas vacaciones en el espacio, pero fue atacado por los aliens badoon. Los Guardianes acudieron al rescate de Iron Man, y él acabó uniéndose al grupo por un tiempo.

TOP 5 Guardianes de la Galaxia

1. **STAR-LORD** (Peter Quill) Un granuja terrestre que no puede evitar ser un héroe.
2. **MAPACHE COHETE** Mapache mejorado genéticamente con muchas armas y aún más pose…
3. **DRAX EL DESTRUCTOR** Superguerrero creado para abatir a Thanos.
4. **GROOT** Alien con aspecto de árbol del Planeta X, y el mejor colega de Mapache Cohete.
5. **GAMORA** ¡La mujer más letal de la galaxia! Entrenada por Thanos como asesina, pronto vio el error de su camino.

DE ENTRE LOS MUERTOS

Thanos planeaba destruir el universo, y cuando **Gamora** intentó frenarlo, él la mató. Entonces **Adam Warlock** usó la Gema Tiempo para proyectar el espíritu de Gamora en un **nuevo cuerpo.**

DOBLE PROBLEMA

MAPACHE Y GROOT
El productor de TV alien Mojo secuestró a **Mapache Cohete y Groot** y los enfrentó a extravagantes oponentes en su ***reality*** en **Mundomojo.** El programa fue un éxito, y Mojo hizo **mucho dinero** vendiendo **figurillas** de Mapache Cohete y Groot.

NUNCA dudes de un mapache.

Star-Lord

COSAS DE PAPÁ
Star-Lord (Peter Quill) tiene una madre humana; pero su padre, J'son, alias **Jasón de Spartax,** es el cruel líder del **Imperio Spartoi.** Deseaba que Peter reinara a su lado, pero Peter no soporta a su vil padre.

EN UNA MACETA

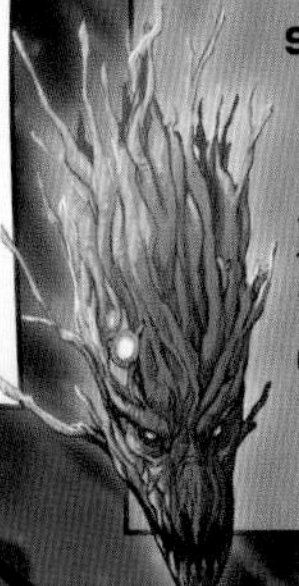

Groot puede crecer a partir de una simple **ramita.** Así, cuando **salta en pedazos,** Mapache Cohete coge un esqueje y planta un **«nuevo» Groot** en una maceta.

ENCUENTRO PELUDO

El primer encuentro de Mapache Cohete con un superhéroe se dio en un extraño planeta llamado Mediomundo y fue con Hulk. Ambos se unieron para derrotar al maligno topo Judson Jakes.

¿DE VERDAD?

Un **fallo en el transportador** envió a los Defensores a un universo llamado **«Aquí»,** con animales que hablaban **en verso.** Para volver a casa, se cogieron de las manos, **Namor** se calzó unas **zapatillas rojo rubí,** y dijo: **«No hay lugar** como el lugar donde estaba antes de venir **Aquí».**

DATOS

MIEMBROS FUNDADORES: Dr. Extraño, Hulk, Namor, Estela Plateada

MIEMBROS CLAVE: Luke Cage, Puño de Hierro, Hulka Roja, Hombre Hormiga (Scott Lang), Gata Negra, Valkiria, Halcón Nocturno, Dragón Lunar

ENEMIGOS: Emisarios del Mal de Cabeza de Huevo, Satán, Yandroth, Hombres Cabeza, Nul, Nebulón, Brigada de Demolición

¡UAU!

77

Número de Defensores pasados y presentes.

HÉROES FUTUROS

En un año 2510 alternativo, la Tierra **estaba muriendo.** Reed y Sue Richards formaron un nuevo grupo de **Defensores** y salvaron a sus 6000 millones de habitantes... ¡enviándolos **atrás en el tiempo!**

¡CUÉNTAME MÁS!

Los Defensores se formaron cuando Dr. Extraño reunió a Namor, Hulk y Estela Plateada para impedir que el maligno Yandroth y su Omegatrón detonaran todas las armas nucleares de la Tierra.

ÚLTIMA LÍNEA DE DEFENSA

Los Defensores están ahí cuando los necesitas, sobre todo si te enfrentas a una **amenaza mágica.** Liderado a menudo por el **Dr. Extraño,** este equipo de superhéroes se reúne por necesidad, cuando la **defensa** es el mejor **ataque.**

CONOCIDO POR

REUNIRSE EN EL MOMENTO CRÍTICO

TOP 4

Formaciones de Defensores

1 **NUEVOS DEFENSORES**
Reunidos por Bestia: Ángel, Valkiria, Gárgola, Hombre de Hielo y Dragón Lunar.

2 **DEFENSORES SECRETOS**
Dr. Extraño recluta a Hulk, Motorista Fantasma y Estela Plateada para combatir a enemigos mágicos.

3 **ÚLTIMOS DEFENSORES**
Halcón Nocturno, Hulka, Coloso y Cráneo Llameante protegen Nueva Jersey como parte de la Iniciativa de los 50 Estados.

4 **INTRÉPIDAS DEFENSORAS**
Grupo de mujeres liderado por Misty Knight, Valkiria y la Dra. Annabelle Riggs para enfrentarse a la villana Caroline Le Fay.

UNIVERSO ALTERNATIVO

En **Tierra-1610,** los Defensores no son tan agradables. **No tienen poderes,** y están más interesados por la **fama** que por su cometido. Desesperados por el poder, ¡llegaron a formar **equipo con Loki!**

¡¡AAAARRGH!!

SATÁN arrastró a los Defensores **AL INFIERNO** y los obligó a enfrentarse a una serie de **TERRIBLES DESAFÍOS.** Si fallaban, él dominaría la Tierra durante **MIL AÑOS...**

¡CONFIDENCIAL!

MI-13 es la **primera línea de defensa** del gobierno británico contra **amenazas superpoderosas** y **paranormales.** Supervisado por **Pete Wisdom** y liderado por el **Capitán Britania,** el MI-13 trabaja en la sombra para **mantener a salvo el Reino Unido.**

Solo vosotros y yo, niños. Para salvar el mundo. De sí mismo.
Blade
Pete Wisdom
Faiza Hussain

TOP 3

Miembros internacionales

MI-13 es una agencia de inteligencia británica, pero héroes de todo el mundo se han unido a sus filas.

1 **BLADE** El cazavampiros firmó cuando la agencia chocó con Drácula y sus hordas de vampiros. Caza monstruos junto a Spitfire.

2 **CABALLERO NEGRO** El ex Vengador Dane Whitman, portador de la Espada de Ébano, se unió para repeler una invasión alienígena. Enamorado de Faiza Hussain.

3 **SHANG-CHI** Pete Wisdom llamó al Maestro del Kung-Fu para derrotar al dragón de Gales, una bestia antigua que había encontrado una nueva ocupación como señor del crimen.

SHIELD DESCLASIFICADO

UNIR LOS PUNTOS
MI-13 es la última agencia británica encargada del control de lo desconocido. Entre sus predecesoras se cuentan STRIKE (Reserva de Tácticas Especiales para Emergencias Internacionales), WHO (Grupo de Sucesos Extraños) y Aire Negro.

¡CUÉNTAME MÁS!

El vuelo del Capitán Britania, su fuerza, velocidad y resistencia superhumanas, están ligados a sus emociones. Cuando se siente seguro, es casi invencible; si duda, sus poderes se debilitan drásticamente.

HEREDERA DE LA ESPADA

La **Dra. Faiza Hussain** fue alcanzada por un arma alienígena y obtuvo un control casi total sobre los organismos biológicos, que le permite alterar la materia a nivel **subatómico.** Mientras servía en el MI-13 heredó **Excalibur,** la legendaria **espada** del **rey Arturo.**

¡¡Sííí!!

DRÁCULA lanzó una invasión creyendo que las barreras mágicas **ANTIVAMPIROS** del Reino Unido habían caído. Fue una treta del MI-13: la mayor parte de las hordas vampíricas fueron eliminadas al entrar en el espacio aéreo británico.

UNIVERSO ALTERNATIVO

El Capitán Britania de **Tierra-833** es una versión británica de **Spiderman.**

DATOS

OTROS NOMBRES: SEI (Servicio Extraordinario de Inteligencia), «el Departamento»

LÍDERES: Pete Wisdom, Capitán Britania

AGENTES DESTACADOS: Alistaire Stewart (consejero científico), Spitfire, Union Jack, Excalibur, Corazón de León

BASES: Whitehall, The Shard (Londres, RU)

ALIADOS: Meggan, Vengadores, Patrulla-X

ENEMIGOS: Drácula, Mys-Tech, Plokta, Oberón de Otromundo, Killpower

¡ACTUALIZADA!

Lady Jacqueline Falsworth Crichton, alias **Spitfire**, es hija del héroe **Union Jack**. Fue mordida por el **Barón Sangre** en la II Guerra Mundial y convertida en **vampira...** pero buena. Tiene también **velocidad superhumana.**

¡Acción!

CALOR

PETE WISDOM tiene la habilidad mutante de absorber calor y liberarlo como **«CUCHILLOS DE CALOR»**, que puede utilizar de varias formas, como **LANZÁNDOLOS**, usándolos como **GARRAS** o incluso creando un **CAMPO DE FUERZA** protector.

P: ¿Quién es el Capitán Britania?

R: **Brian Braddock** es el representante en la Tierra de la **Guardia de Capitanes Britania,** una liga interdimensional de héroes con poderes otorgados por **Merlín.** Se casó con la émpata mutante **Meggan,** una gitana con **poderes metamorfos.**

TOP 5

Los más raros del MI-13

1. **CAPITÁN MIDLANDS** Viejo supersoldado de la II Guerra Mundial.
2. **TINK** Hada del Otromundo de Avalon.
3. **DIGITEK** Computador viviente de protosilicona.
4. **TANGERINE** Lectora de vibraciones emocionales.
5. **MOTORMOUTH** Malhablada dotada de un alarido destructor.

¡UAU!

1239

Velocidad de vuelo en km/h del Capitán Britania: más rápido que la velocidad del sonido.

SERVICIO OBLIGATORIO

Por orden del primer ministro británico, cualquier superhéroe que actúe en Reino Unido puede ser llamado en apoyo del MI-13, ¡tanto si quiere como si no!

¡FUGITIVOS!

¿Qué harías **tú** si averiguaras que tus padres son miembros secretos de un clan de supervillanos, el **Orgullo?** Si fueras de los **Runaways,** robarías un **bastón mágico,** un par de **guanteletes lanzafuego** y un **dinosaurio** con vínculo telepático... y **¡te largarías!**

¡¡Síííí!!

NICO y **CHASE** fueron secuestrados y obligados a luchar en la arena de la isla **MINADA** del vil asesino Arcade. Sobrevivieron y se infiltraron encubiertos en la nación de supervillanos **BAGALIA.**

CONOCIDOS POR

IMPEDIR QUE SUS PAPÁS Y MAMÁS SE APODEREN DEL MUNDO

¡Acción!

LA HORA DE LA SIESTA
Molly Hayes, la más joven de los Fugitivos originales, posee una gran **FUERZA** y es casi **INVULNERABLE.** Pero usar sus poderes le da auténtico **SUEÑO...** ¡Hasta los superhéroes necesitan echarse un **SUEÑECITO!**

NAVE SALTARINA
Chase pilota la **nave** del grupo, la **Rana Saltarina.** Este vehículo con forma de rana, robado a los malignos padres de Chase, no vuela; en realidad, **¡salta!**

CARRERA FUERA DEL TIEMPO
Cuando una misión salió mal, los **Runaways** fueron **arrojados al pasado,** a **1907.** Allí se vieron envueltos en una **lucha territorial superpoderosa** y rescataron a una joven **mutante manipuladora de plantas, Klara Prast,** que regresó con ellos al presente.

P: ¿Qué es el Orgullo?
R: Es una **banda de supervillanos** poderosos, formada por seis parejas. Han jurado servir a los **Gibborim,** raza de **gigantes** que desean **eliminar** a la humanidad.

CUANDO LOS BUENOS SON MALOS

¡TRAICIÓN!
Alex Wilder, líder original de los Runaways, traicionó al grupo para ganarse la aprobación de sus malignos padres.

SHIELD DESCLASIFICADO

DE TAL PALO, ¿TAL ASTILLA?
Victor Mancha es un cíborg construido por Ultrón con ADN clonado y una avanzada nanotecnología. Ultrón esperaba introducir a su «hijo» entre los Vengadores como agente doble, pero Victor rechazó su programación y se convirtió en un héroe.

Muchos niños piensan que sus padres son malos. Los míos realmente lo eran. De veras.
KLARA PRAST
NICO MINORU
MOLLY HAYES

¡ACTUALIZADO!

Rana Saltarina fue **destruida** en un ataque con **misiles** al escondite del grupo en Malibú. Por fortuna, Victor **salvó** el ordenador de la nave y lo instaló en una Rana mejorada, ¡que podía **volar**!

DATOS

MIEMBROS CLAVE: Nico, Chase, Gertrude, Karolina, Molly, Compasión, Victor, Klara, Xavin

AMIGOS: Jóvenes Vengadores, Academia Vengadores, Capa y Puñal

ENEMIGOS: El Orgullo, Brigada de la Luz majesdana, Arcade

BASE: Malibú (California) (antes bajo los pozos de alquitrán de La Brea)

MANEJAR CON CUIDADO

Nico canaliza su magia a través del **Báculo del Elegido.** Este poderoso artefacto tiene dos **inconvenientes:**

1. Nico solo puede usar un conjuro **una vez,** o el báculo fallará.
2. El báculo **no puede** devolver la vida a los muertos.

¡¿QUÉ?!

Compasión es un **dinosaurio del siglo LXXXVII** creado por medio de **ingeniería genética** que comparte un **vínculo telepático** con Gertrude.

CRISIS DE IDENTIDAD

Karolina Dean fue criada como humana, pero un día descubrió que tanto ella como sus padres eran aliens con poderes solares procedentes de otro mundo, Majesdane.

PELEAS Y SUPERPODERES

¿Crees que tus hermanos son **molestos?** Intenta vértelas con un hermano que puede convertirse en **nube...** ¡o con una hermanita capaz de **desintegrar la materia!** Cuando no están luchando contra el crimen, los héroes de **Power Pack** están **peleando entre sí.**

DATOS

CAPACIDADES: Control de la gravedad – Alex (G) • **Absorción de energía/desintegración** – Katie (Energizadora) • **Manipulación de la densidad** – Jack (Amo de la Masa) • **Vuelo a gran velocidad** – Julie (Rayo Iris)

ENEMIGOS NADA AMIGABLES: Snarks, Kurse, Hombre del Saco

PADRES: Dr. James Power, Margaret Power

CRISIS DE *IDENTIDAD*

«Veamos... tú tienes mi poder y yo tengo el de Jack y Jack el de Alex y Alex tiene el tuyo... ¡Vaya lío!» – Julie

¡CUÉNTAME *MÁS*!

El científico kymeliano con cabeza de caballo Aelfyre Whitemane fue herido por los aliens snarks defendiendo el último invento del Dr. Power. Antes de morir, «Crinblanca» legó sus poderes a los hijos de Power, junto con su nave espacial.

¡ACTUALIZADO!

A menudo los poderes del grupo se intercambian, y así hallan formas nuevas de emplearlos. Jack averiguó cómo usar el poder de Alex para lanzar un puñetazo «Super-G».

UN BUEN DÍA

Alex Power es un **genio adolescente,** y Reed Richards lo reclutó para la **Fundación Futura,** formada por las **mentes jóvenes más brillantes** del planeta.

¡Acción!

DERRUMBAR
Katie tenía solo **CINCO** años cuando obtuvo su poder desintegrador. Cuando el monstruo nórdico Kurse atacó, ella **DERRIBÓ** un edificio sobre él... ¡pero luego tuvo **REMORDIMIENTOS!**

MANIPULAR
El control de Alex sobre la gravedad le permite volver los objetos **INGRÁVIDOS** o aumentar la **PRESIÓN** sobre los malos. Puede incluso **VOLAR** con unas alas caseras.

Yo prefiero antes a un malo loco que a una hermanita furiosa...
JACK
KATIE
JACK

Top 4 - Nombres clave ridículos

1. **Ama de la Densidad** – Julie
2. **Molécula** – Julie
3. **Contrapeso** – Katie
4. **Powerpax** – Alex

¡VENGANZA!
Douglas Carmody, el codicioso ex jefe del Dr. Power, culpó a Power Pack de su **ruina financiera.** Su vengativa **obsesión** le llevó a Limbo, donde fue transformado en el grotesco **Hombre del Saco.**

¿DE VERDAD?

«Snark» es un apodo para los malignos alienígenas **z'nrx,** ya que su nombre real es **impronunciable** para las lenguas humanas.

LAZOS FAMILIARES

La **intelinave Viernes** es el medio de transporte principal de Power Pack. Los chicos consideran a la **inteligencia artificial** que dirige la nave como una **madre espacial sustituta.**

¡Acción!

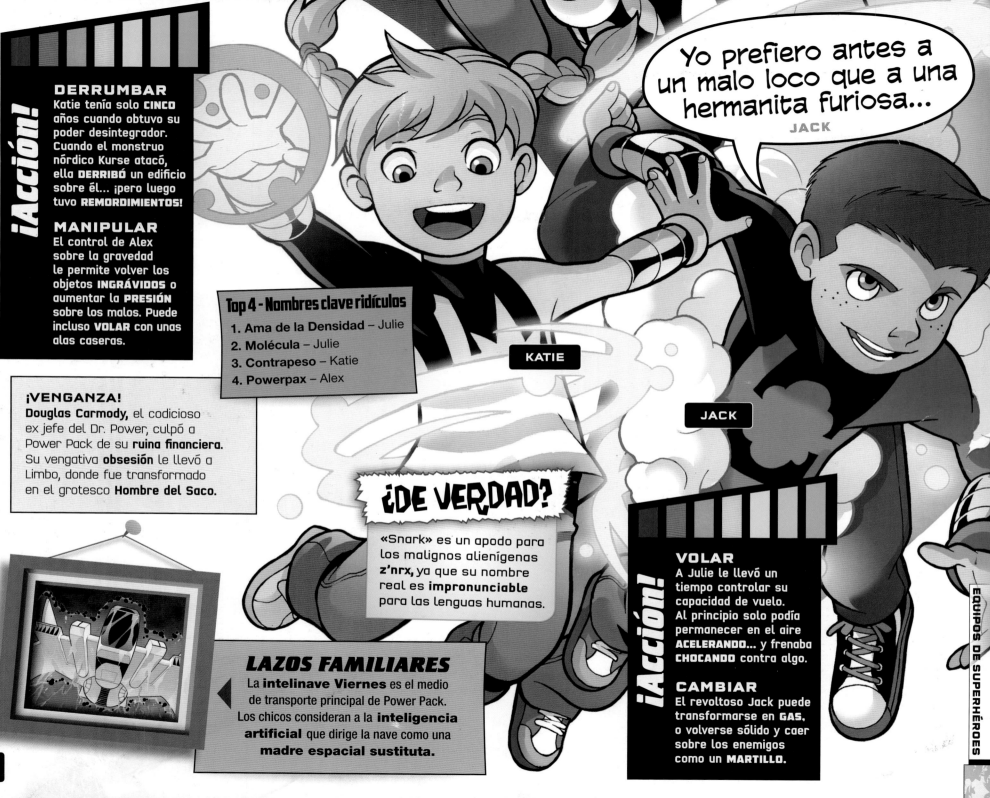

VOLAR
A Julie le llevó un tiempo controlar su capacidad de vuelo. Al principio solo podía permanecer en el aire **ACELERANDO...** y frenaba **CHOCANDO** contra algo.

CAMBIAR
El revoltoso Jack puede transformarse en **GAS,** o volverse sólido y caer sobre los enemigos como un **MARTILLO.**

¡¿QUÉ?!

El físico Walter Langkowski abrió accidentalmente un **portal** al mágico **Reino de las Grandes Bestias,** permitiendo que el monstruo **Tanaraq** lo poseyera. Ahora Walter puede transformarse en el inmensamente fuerte y peludo **Sasquatch.**

LAZOS FAMILIARES

Originalmente, los gemelos **Estrella del Norte** y **Aurora** solo podían acceder a sus poderes cuando estaban en **contacto entre sí.** Ahora, ambos mutantes pueden convocar de forma independiente estallidos de **luz devastadora** que adoptan la forma de **rayos conmocionadores.**

DESDE EL MAR

Marrina pertenece a la adaptativa **raza alienígena plodex.** La vaina en que viajaba cayó al océano, y ella adquirió unas **capacidades anfibias únicas,** que aprovechó para convertirse en el **miembro más impulsivo** de Alpha Flight.

¡CUÉNTAME MÁS!

Cuando era líder de Alpha Flight, Guardián (el inventor James «Mac» Hudson) vestía un traje blindado que le permitía volar y lanzar poderosas descargas de energía.

DEP. H DESCLASIFICADO

DE GAMMA A ALPHA

Alpha Flight, supervisado por el Departamento H, es conocido como «el primer supergrupo canadiense». El departamento entrena a los héroes potenciales en Gamma Flight. Cuando están listos, saltan al campo como Beta Flight. ¡Y solo los mejores alcanzan el estatus de Alpha Flight!

EN ÓRBITA
Con base en una estación espacial, **Alpha Flight (Programa Espacial)** tuvo un nuevo comandante: **Carol Danvers,** alias **Capitana Marvel.** El equipo de élite, enfrentado a amenazas galácticas, incluía a **Puck, Aurora, Sasquatch** y la oficial científica **Wendy Kawasaki.**

DATOS

MIEMBROS: Guardián, Estrella del Norte, Aurora, Sasquatch, Puck, Shamán, Ave Nevada, Vindicador, Marrina

BASE: Parliament Hill, Departamento H

GRUPOS RELACIONADOS: Beta Flight, Gamma Flight, Omega Flight (Iniciativa de los 50 Estados)

ENEMIGOS: Omega Flight de Jerome Jaxon, Grandes Bestias, Amo del Mundo, Wendigo

CAMPEONES DE CANADÁ

Cuando **Canadá** se ve amenazado por **merodeadores místicos** o **entidades superpoderosas,** el gobierno no llama a la **Torre Vengadores:** contacta con su propio grupo de superhéroes, **¡Alpha Flight!**

MANEJAR CON CUIDADO

El Dr. Michael Twoyoungmen, miembro de las Naciones Originarias y conocido como **Shamán,** puede sacar todo tipo de **pociones** y **artefactos** de su **bolsa mágica.**

DE ENTRE LOS MUERTOS

Cuando Guardián **pareció morir,** una raza alienígena con aspecto de pez, los **quwrlln,** fundieron su traje a su cuerpo. Lo convirtieron en un **cíborg,** ¡pero le salvaron la vida!

¡Acción!

MAGIA ANIMAL
AVE NEVADA es la hija semihumana de la diosa inuit **NELVANNA.** Puede transformarse en la versión albina de cualquier animal septentrional, como un **BÚHO** de vista aguda... ¡o un **OSO POLAR** de garras afiladas!

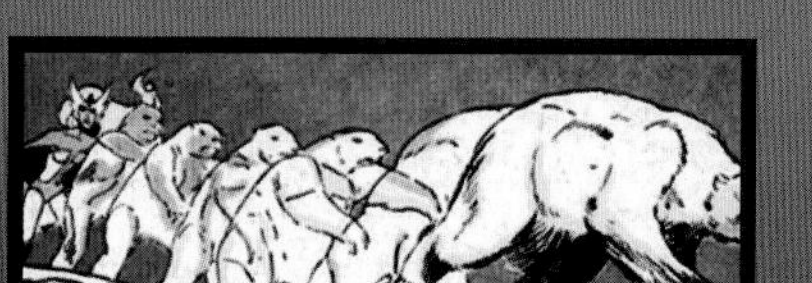

En **Alpha Flight** hay **miembros** de todas las formas y tamaños, ¡desde el **diminuto Puck** hasta el **inmenso Sasquatch!**

EL ASPECTO NO LO ES TODO

Los Vengadores **vuelan alto** sobre calles soleadas, pero otros campeones **acechan en las sombras.** La **Legión de Monstruos** es **rehuida** por su horrenda apariencia, pero **protege** a otras criaturas de la noche de **cazadores de monstruos** y **odiosos humanos.**

La maldición de la **licantropía** ha azotado a la familia de Jacob Russell durante generaciones. Jack suele mantener su forma de **hombre lobo** bajo control, pero a veces sucumbe a su furia. El resultado es el choque con **Caballero Luna** y **Dr. Extraño.**

CUANDO LOS MALOS SON BUENOS

BIEN INFORMADA
Satana fue reclutada por los **Thunderbolts** de Luke Cage para reforzar las **defensas mágicas** del equipo. Su conocimiento de los **demonios** fue útil cuando el asgardiano Kuurth poseyó el cuerpo de su compañero **Juggernaut.**

¡PUAJ!

La Legión de Monstruos guarda la **Metrópolis Monstruo,** localizada en lo profundo de las **inmundas cloacas** de Nueva York. Es un **lugar seguro** para otros seres de su tipo.

¡ACTUALIZADO!

Hace **3000 años**, el guerrero N'Kantu fue **embalsamado mágicamente** y sepultado por un sacerdote maligno: **despierto, pero paralizado.** Ahora es libre, y los **fluidos místicos** que recorren su cuerpo le dan una fuerza asombrosa.

LAZOS FAMILIARES

Satana es conocida como la **Hija del Demonio** por algo: heredó vastos poderes de **magia negra** de su demoníaco padre, convirtiéndose en una de las **brujas** más poderosas de la Tierra.

HOMBRE COSA

¡¡AAARRGH!!

Durante la Guerra Civil superhumana, N'Kantu estuvo aprisionado: Iron Man diseñó una **JAULA** de **LLAMAS RUGIENTES** para contener a la momia mística.

¡CUÉNTAME MÁS!

El Hombre Cosa guarda el Nexo de Todas las Realidades, un puente entre distintas dimensiones, a través del cual puede teleportarse él y a sus compañeros.

HOMBRE LOBO

¿DE VERDAD?

Frank Castle, el **Castigador,** fue **cortado en pedazos** por el asesino Daken. Entonces Morbius lo **cosió** en un ***patchwork:* ¡Franken-Castle!**

Soy el cuidador principal de toda clase de bichos repugnantes.
MORBIUS
ELSA BLOODSTONE
MANFIBIO
Essto ess ssolo nuesstra apariencia.

La **cazadora de monstruos Elsa Bloodstone** es en realidad una **aliada** de la Legión y de los habitantes de Metrópolis Monstruo, que mantienen **su propio orden** y apenas suponen una **amenaza** para los humanos.

Uno de los colegas de **Peter Parker** en Horizon Labs trabajaba a puerta cerrada y con **traje protector.** Peter descubrió que no era otro que el **Dr. Michael Morbius...** ¡buscando una **cura** para su vampirismo!

¿Y *TÚ* QUÉ MIRAS?

AMPLIAS BRANQUIAS Permiten a Manfibio respirar bajo el agua.

GARRAS AFILADAS Para atacar y defenderse.

PIEL GRUESA, ACORAZADA Puede soportar incluso un ataque con misil.

DATOS

MIEMBROS: Hombre Lobo, Hombre Cosa, Morbius el Vampiro Viviente, Satana, N'Kantu la Momia Viviente, Manfibio

BASE: Metrópolis Monstruo

ALIADOS: Castigador, Elsa Bloodstone, Motorista Fantasma

ENEMIGOS: Fuerzas Especiales de los Cazadores de Monstruos, Robert Hellsgaard

P: ¿Qué es un «vampiro viviente»?

R: La sed de sangre de Morbius no se debe a una maldición sobrenatural, sino a un **accidente** científico. Es vulnerable a la luz del sol, pero no es un **auténtico no-muerto,** y es **inmune** al agua bendita, el ajo y los crucifijos.

JUEGO DE DIOSES

¡¿QUÉ?!

Para **conocer el futuro,** Odín se arrancó un ojo y lo arrojó al **Pozo de la Sabiduría.** El ojo creció y adquirió **vida propia,** y viaja por el universo y da enigmáticos consejos a Thor.

TOP 5

Dioses nada buenos

1. **AMATSU-MIKABOSHI** Dios del Caos japonés; mató a Zeus e inició la Guerra del Caos para eliminar toda existencia.
2. **LOKI** Dios asgardiano de la Mentira, obsesionado con el poder y con jugársela a su hermano Thor.
3. **SETH** Dios egipcio de los Muertos; apresó a otros dioses egipcios y alentó a Apocalipsis a conquistar el mundo.
4. **PLUTÓN** Dios griego de la Muerte; quiso conquistar el Olimpo y el mundo, pero fue derrotado por los superhéroes de la Tierra.
5. **HELA** Reina de los muertos; desea llevar a todos los mortales y los dioses de Asgard al infierno.

MANEJAR CON CUIDADO

Odín tiene un arma poderosa: **Gungnir, la Lanza del Cielo.** Hecha de metal uru, puede **canalizar la fuerza de Odín.** A diferencia de Mjolnir, el martillo de Thor, no se requiere ser digno para blandirla.

P: ¿Por qué los dioses ya no interactúan con los mortales?

R: Hace mil años, los **Celestiales** hicieron la promesa de **no interferir** con la humanidad. Por eso Zeus y Odín se enfurecieron tanto cuando Hércules y Thor se marcharon a la Tierra y **jugaron a ser héroes.**

¡¡SÍÍÍ!!

Para proteger la Tierra, Odín creó un **ARMA PODEROSA:** una inmensa armadura llamada **DESTRUCTOR,** que contiene la fuerza vital de **TODOS LOS ASGARDIANOS.**

¿DE VERDAD?

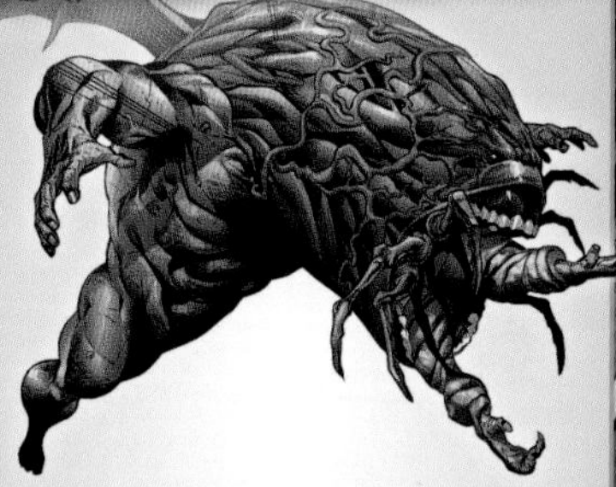

Hasta los dioses temen a **Atum el Comedor de Dioses,** también llamado Demogorgo. **Vive en el Sol** y devora a las deidades que se vuelven contra la humanidad. Cuando se tragó al **dios skrull Sl'gur't,** ¡sufrió una **indigestión fatal!**

¡CUÉNTAME MÁS!

Asgardianos y olímpicos se llevan la atención gracias a Thor y Hércules, pero la Tierra es hogar de muchas familias divinas. Entre ellas, los dioses de Heliópolis (egipcios), los vodu (africanos), los amatsu-kami (japoneses), los xian (chinos) y los manidoog (nativos americanos). Los dioses de la Tierra se reúnen en el Concilio de Dioses para tomar decisiones de importancia celestial.

¡UAU!

7620

Altura en metros de la armadura Deicida, construida por los Advenedizos para matar a los Celestiales.

JUEGO DE EQUIPO

Cuando los skrulls lanzaron su **Invasión Secreta,** Hércules lideró una **Escuadra de Dioses** para defender la Tierra. Esta incluía a Amadeus Cho, Atum, Ave Nevada, Ajak de los Eternos y Amatsu-Mikaboshi, que **traicionó a Hércules** y desencadenó la devastadora **Guerra del Caos.**

El **multiverso** es hogar de **muchos dioses.** Normalmente **están al margen** de los asuntos humanos; pero, cuando se involucran, ¡el resultado puede ser **cataclísmico!**

SHIELD

DATOS

NOMBRE COMPLETO: Directorio de Intervenciones Estratégicas Peligrosas, Espionaje y Logística

ORIGEN: Fundado por el gobierno de EE UU con la ayuda de Tony Stark

CUARTEL GENERAL: Helitransporte de SHIELD

CAPACIDADES: Armamento avanzado, tecnología, vigilancia, inteligencia y recursos humanos masivos

ALIADOS: Vengadores, SWORD, Vengadores Secretos

ENEMIGOS: Hydra, IMA, Amos del Mal

SHIELD DESCLASIFICADO

EL HELITRANSPORTE
El vehículo principal y cuartel general de SHIELD es un portaaviones volador diseñado por Tony Stark y construido por Industrias Stark. Ha tenido varias versiones... ¡y unas cuantas caídas!

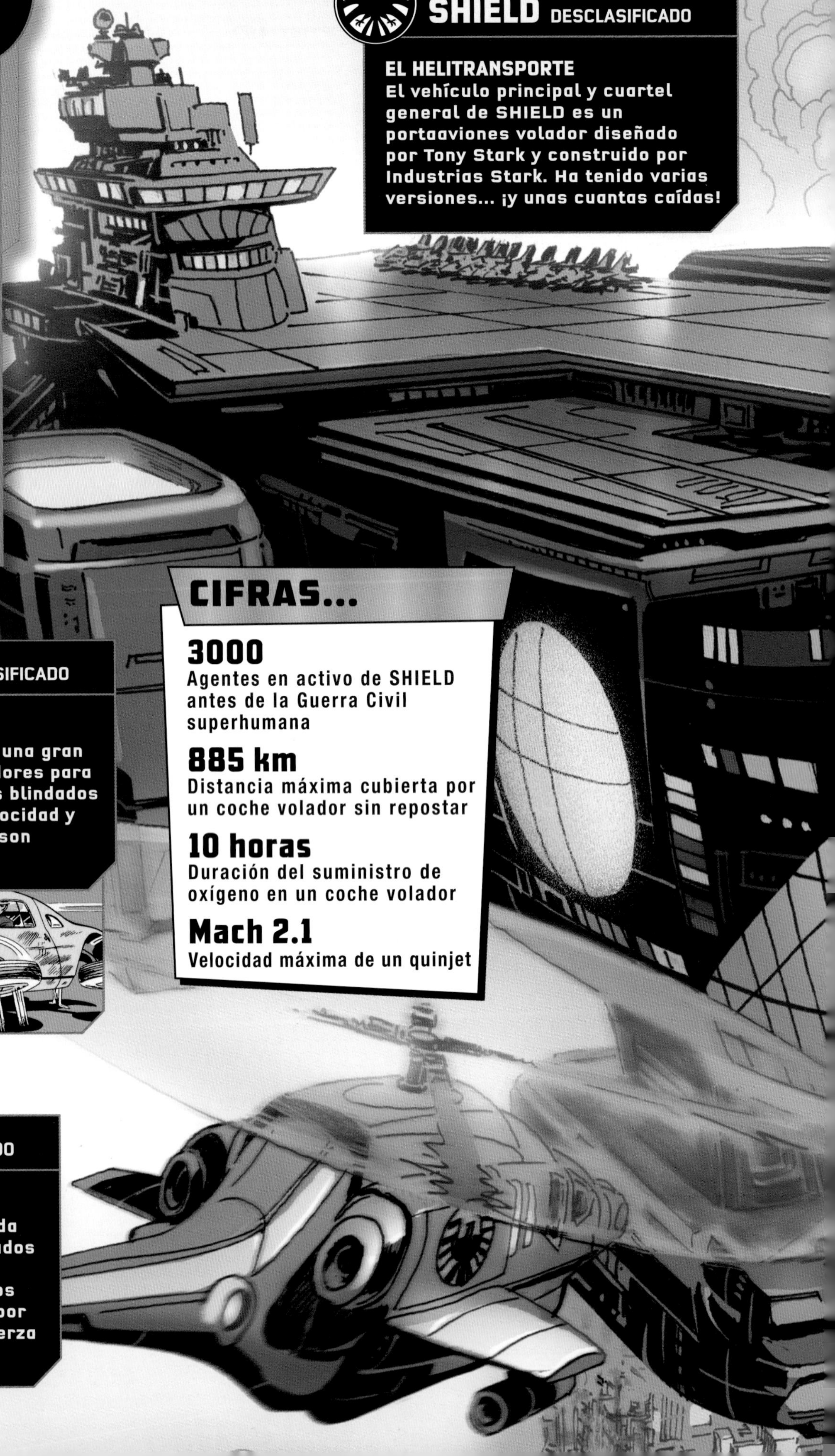

CIFRAS...

3000
Agentes en activo de SHIELD antes de la Guerra Civil superhumana

885 km
Distancia máxima cubierta por un coche volador sin repostar

10 horas
Duración del suministro de oxígeno en un coche volador

Mach 2.1
Velocidad máxima de un quinjet

SHIELD DESCLASIFICADO

COCHES VOLADORES
Industrias Stark fabricó una gran variedad de coches voladores para SHIELD. Estos deportivos blindados no solo vuelan a gran velocidad y altura, sino que además son submarinos.

SHIELD DESCLASIFICADO

ROBOTS SUSTITUTOS
Los Simulacros Dotados de Vida (SDV) son androides desarrollados por SHIELD para suplantar a personas. Indistinguibles de los seres humanos, son dirigidos por control remoto y tienen una fuerza sobrehumana.

SHIELD DESCLASIFICADO

EL QUINJET
Originalmente, los quinjets fueron creados por el Wakanda Design Group de Pantera Negra. Se guardan en el helitransporte de SHIELD, listos para transportar a agentes a misiones peligrosas... ¡incluso al espacio! Pueden despegar y aterrizar en vertical.

¡ACTUALIZADO!

Tony Stark ganó la Guerra Civil superhumana y fue nombrado director de SHIELD tras la renuncia de Maria Hill. Diseñó un nuevo helitransporte rojo y dorado, introdujo mejoras y levantó la moral.

TOP 4

Directores de SHIELD

1 **RICK STONER** El primer director; asesinado por terroristas de Hydra.

2 **NICK FURIA** Director durante 40 años; aún activo en el equipo.

3 **TONY STARK (IRON MAN)** Director tras la Guerra Civil superhumana; despedido por no anticiparse a la invasión skrull.

4 **MARIA HILL** La líder más sólida desde Nick Furia; ha sido directora en varios periodos.

¡¡NOOOO!!

Nick Furia tiene un Simulacro Dotado de Vida **AUTÓNOMO** conocido como Max Furia. Se volvió tan peligroso que Nick intentó destruirlo, pero el SDV **LOGRÓ ESCAPAR...**

CUANDO LOS MALOS SON BUENOS

REINADO OSCURO
Norman Osborn sustituyó a Tony Stark (Iron Man) como director de SHIELD cuando este no consiguió impedir la Invasión Secreta skrull. Osborn renombró la organización como HAMMER.

EL MUNDO A SALVO

SHIELD es la **primera línea** de defensa de la Tierra: combate contra **amenazas globales** de supervillanos, peligros sobrenaturales, invasores alienígenas y grupos terroristas. Dispone de **tecnología punta** y de un cuerpo de **agentes magníficamente entrenados.**

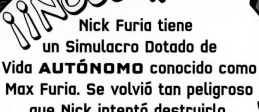

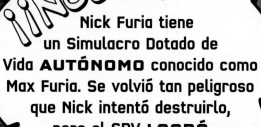

RÁPIDO Y FURIOSO

Son **padre e hijo.** Comparten el nombre de **Nick Furia** y una **causa común:** proteger EE UU –y el mundo– de **toda clase** de amenazas **al frente de SHIELD.**

SHIELD DESCLASIFICADO

EL SECRETO DE UNA LARGA VIDA
Herido en Francia en la II Guerra Mundial, Nick Furia fue salvado por la Fórmula Infinito del profesor Sternberg. La fórmula, además, le mantenía joven; pero debía recibir dosis periódicas para impedir un envejecimiento acelerado.

¡Nick Furia no piensa ver cómo se acaba el *MUNDO* desde la cama, amigo!

DATOS

NOMBRE COMPLETO: Nicholas Joseph Furia

PUNTOS FUERTES: Experto estratega, enorme experiencia en combate, curación rápida

PUNTOS DÉBILES: Ciego del ojo izquierdo, desdeña las normas y la ética

ALIADOS: Dum-Dum Dugan, Daisy Johnson, Spiderman, Vengadores, SHIELD, Guerreros Secretos, Comandos Aulladores

ENEMIGOS: El Eje, Cráneo Rojo, Hydra, Dr. Muerte, Supervisor

CONOCIDO POR
SER UN IMPLACABLE DIRECTOR DE SHIELD

¡ACTO INFAME!
Furia abrió una investigación para averiguar quién **asesinó a Uatu el Vigilante** y **robó** uno de sus **ojos omniscientes.** Omitió mencionar que **lo había hecho él...**

P: ¿Quiénes son los Comandos Aulladores?

R: Un puñado de inadaptados pero bravos soldados de la II Guerra Mundial. El **sargento Furia** los lideró contra villanos como **Cráneo Rojo** y el **Barón Von Strucker.**

DATOS

NOMBRE: Nicholas Joseph Furia (antes Marcus Johnson)

PUNTOS FUERTES: Experto combatiente, la Fórmula Infinito le da un factor de curación y antienvejecimiento aún mayor que a su padre

PUNTOS DÉBILES: Ciego del ojo izquierdo

ALIADOS: Vengadores, Vengadores Secretos, Phillip Coulson, Lobezno, Nick Furia Sr., SHIELD, Rangers del Ejército

ENEMIGOS: Orión, Supervisor, Leviatán

CONOCIDO POR

NO SER TAN IMPLACABLE COMO SU PADRE

P: ¿Cómo perdió el ojo Nick Furia Jr.?

R: **Orión,** enemigo de Nick Sr., quería extraer la **Fórmula Infinito** de las venas de Nick Jr. Padre e hijo detuvieron a Orión, pero el villano se cobró el ojo de Nick Jr.: un **acto de rencor** para hacerle **parecerse más a su padre.**

TOP 6

Comandos Aulladores

1. **DUM-DUM DUGAN,** forzudo de circo
2. **IZZY COHEN,** mecánico de coches
3. **GABE JONES,** trompetista de jazz
4. **JONATHAN JUNIPER,** entusiasta graduado de la Ivy League
5. **DINO MANELLI,** elegante actor con aspecto de estrella de cine
6. **REBEL RALSTON,** consumado jinete

RUPTURAS FAMILIARES

Nick Jr. siguió los pasos de su padre, pero no todos los Furia están del mismo lado. Jake, hermano de Nick Sr., se convirtió en el villano **Escorpio** y se unió a Hydra. Mikal, hermano de Nick Jr., ¡intentó **matar** a su padre!

¡CUÉNTAME MÁS!

Nick Furia Sr. engañó a un grupo de héroes para una **misión ilegal** con el fin de derrocar a la villana primera ministra de Latveria, Lucia von Bardas. Al acabar, **borró al grupo sus recuerdos.**

ENTRE...

El primer número de *Sgt. Fury and His Howling Commandos* apareció en mayo de 1963. Stan Lee y Jack Kirby confiaban en su éxito a pesar del «poco manejable» título del cómic.

...VIÑETAS

¡¡AAAARRGH!!

Los actos de Furia fueron **CASTIGADOS** cuando los Vigilantes le obligaron a ocupar el puesto del difunto Uatu, viendo **IMPOTENTE** los sucesos de la Tierra como el **INVISIBLE.**

UNIVERSO ALTERNATIVO

En Tierra-1610, Nick Furia era sujeto de prueba en el **Proyecto Renacimiento,** y recibió una inyección de **superfuerza.** Perdió el ojo en la guerra del Golfo. Como director de SHIELD, formó un grupo de Vengadores llamado «Ultimates».

SOLDADOS ESPÍAS

Los agentes de **SHIELD** pasan por un riguroso **entrenamiento como espías,** en el que aprenden técnicas de combate, cómo usar la última tecnología y mucho más. Su **lealtad** es proverbial, y algunos prestan servicio **¡aun después de muertos!**

CONOCIDO POR

GUARDAR SECRETOS Y POR SUS UNIFORMES

CONFIDENCIAL

AGENTS OF S.H.I.E.L.D.

Si atravesaras la seguridad de SHIELD (¡difícil!), estas son algunas de las caras que encontrarías…

- **NICK FURIA JR.** Hijo secreto de la agente de la CIA Nia Jones y de Nick Furia Sr., al frente de la Iniciativa Vengadores Secretos junto a Phil Coulson.

- **DEATHLOK** (Henry Hayes) ¡Todo grupo encubierto debería tener su propio cíborg asesino!

CONFIDENCIAL

- **MELINDA MAY** (Caballería) Uno de los agentes top de SHIELD, con grandes habilidades de combate.

- **JEMMA SIMMONS** Puede que le quede poco tiempo de vida tras ser infectada por una bomba de ADN de IMA…

- **LEO FITZ** Agente británico, ha participado en peligrosas misiones con magia y demonios implicados.

- **DUM-DUM DUGAN** Sirvió con Nick Furia en la II Guerra Mundial. Fue uno de los primeros agentes de SHIELD, ¡y hoy un Simulacro Dotado de Vida!

CONFIDENCIAL

- **PÁJARO BURLÓN** (Barbara «Bobbi» Morse, Agente 19) Bioquímica y agente de alto nivel, también sirvió con los Vengadores Costa Oeste.

- **TEMBLOR** (Daisy Johnson) Puede producir perturbaciones sísmicas con las manos. Causó tal convulsión en los Guerreros Secretos de Nick Furia Sr. que al poco tiempo se convirtió en directora de SHIELD.

- **AGENTE 13** (Sharon Carter) Sobrina de Peggy Carter y novia durante largo tiempo de Steve Rogers. Primera líder de Fuerza Femenina, un grupo de mujeres agentes.

- **PHIL «CHEESE» COULSON** Agente de alto rango, a menudo a cargo de su propio grupo de Vengadores Secretos, a veces junto a su mejor amigo, Nick Furia Jr. ¡Es un gran fan de los superhéroes!

Soy el tío que tiene un *PLAN.*
PHIL COULSON

CUANDO LAS BUENAS SON MALAS

MADAME HYDRA
La Condesa Valentina Allegra de Fontaine fue una leal agente de SHIELD y la debilidad de Nick Furia durante décadas. Luego se unió al grupo terrorista Hydra como Madame Hydra.

¿DE VERDAD?

La amenaza mecánica **MODOK** tenía un plan oculto cuando se alió con SHIELD. Planeaba **matar** a la directora, Maria Hill, pero acabó **llorando** lágrimas de amor...

FLECHAZO

Cuando Nick Furia conoció a la Condesa subestimó por completo su habilidad en combate. ¡Su turbación no tardó en convertirse en amor!

SHIELD DESCLASIFICADO

EL DON DE LA VIDA ETERNA
La asombrosa tecnología robótica exhibida en los Simulacros Dotados de Vida se remonta al tiempo de Leonardo da Vinci. Algunos SDV son tan avanzados que se puede cargar en ellos una conciencia humana. Esto permite que una persona, de hecho, ¡viva para siempre!

¡¡NOOOO!!

Aun después de **MUERTO,** Dum-Dum Dugan siguió trabajando para SHIELD... como **SIMULACRO DOTADO DE VIDA.** Dugan ignoraba que era un **ROBOT,** y al saberlo quedó conmocionado.

DE ENTRE LOS MUERTOS

El agente de élite Jasper Sitwell fue **abatido** por una **Viuda Negra** programada. Regresó como **zombi** y se unió a los Comandos Aulladores de SHIELD.

OPERACIONES DE SHIELD

Combatir a **grupos terroristas,** enfrentarse a **supervillanos** y tratar con sigilosas **invasiones extraterrestres** no es tarea fácil. Súmale a eso los **engaños** y las **traiciones** de dentro, ¡y te asombrará que **SHIELD** siga siendo tan poderoso!

TOP 6

Enemigos más buscados

1. **BARÓN VON STRUCKER,** letal líder terrorista
2. **CRÁNEO ROJO,** letal líder terrorista
3. **BARÓN ZEMO,** letal líder terrorista y científico
4. **MADAME HYDRA,** letal líder terrorista
5. **ARNIM ZOLA,** letal científico
6. **ESCORPIO,** letal terrorista

SHIELD DESCLASIFICADO

GUERREROS SECRETOS

Cuando Nick Furia Sr. (ex director de SHIELD) descubrió una invasión secreta de skrulls, supo que no había lugar seguro. Entonces reunió a los Guerreros Secretos: un escuadrón supersecreto de jóvenes, algunos de ellos con padres superpoderosos.

¿DE VERDAD?

Cuando una misión es demasiado **rara** incluso para SHIELD, envían a los **Comandos Aulladores,** liderados por un SDV de **Dum-Dum Dugan,** apoyado por **Hombre Cosa, Mono Asesino, Vampira Nocturna, Abominación Adolescente, Lobo de Guerra** y otros. Desde zombis y magos hasta **extraños monstruos,** ¡entre ellos hay de todo!

¡¡AAAARRGH!!

El efímero papel de Iron Man como **DIRECTOR** de SHIELD acabó cuando su armadura **ENLOQUECIÓ** por un **VIRUS INFORMÁTICO** alienígena. Fue **DESPEDIDO** por el propio **PRESIDENTE DE EE UU.**

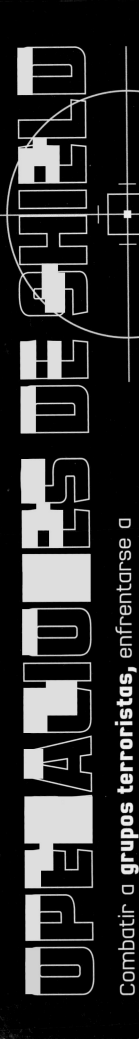

¡CUÉNTAME MÁS!

El artista Leonardo da Vinci, el físico Isaac Newton y el astrónomo Galileo Galilei fueron miembros de la Hermandad del Escudo. Estos héroes fueron los primeros en derrotar a Galactus, el Nido y los Celestiales, mucho antes que Nick Furia o los Vengadores.

¡¡Síííí!!

El ex agente **MENTALLO** intentó dominar SHIELD y controlar la mente de Nick Furia. Por suerte, Furia logró **ALERTAR** a la división PES de SHIELD, lo que permitió a Tony Stark neutralizar una **BOMBA-H** y ganar la partida.

JUEGO DE EQUIPO

El **Capitán América** es **clave** en muchas operaciones de SHIELD. Su **relación** con Furia se remonta a la II Guerra Mundial. Y también ha tenido una **estrecha relación** con la agente **Sharon Carter**.

Nuestro *OBJETIVO* tiene un Cubo Cósmico. Así que la sorpresa es *ESENCIAL.*

¡ACTO INFAME!

Hydra ha intentado **acabar** con SHIELD desde la II Guerra Mundial. Su división científica, Ideas Mecánicas Avanzadas, **infiltró SDV** en SHIELD; y también intentó arruinar la **boda** de Mr. Fantástico con una **bomba vórtice.**

UNIVERSO ALTERNATIVO

En el planeta Mundo de Batalla, el **Escudo** (Shield) es un **gran muro fortificado** que se alza entre sus **habitantes** y una amalgama de **zombis, hordas de Ultrón y monstruos** malignos.

EQUIPOS DE SUPERVILLANOS

AMENAZA DE MIL CABEZAS

¡Corta una cabeza y surgirán otras dos! Nombrada como el mítico monstruo griego, **Hydra** es la **organización de villanos** más extendida y **peligrosa** de la Tierra. Este **grupo terrorista** esparce **corrupción y violencia** con el fin de lograr la **dominación mundial.**

DATOS

LIDERAZGO: Un consejo secreto y variable que ha incluido a miembros como el Barón Von Strucker, el Barón Zemo, Madame Hydra (alias Víbora), Gorgón, Kraken y muchos más

ENEMIGOS: SHIELD, Vengadores, 4 Fantásticos, ¡gente honesta en general!

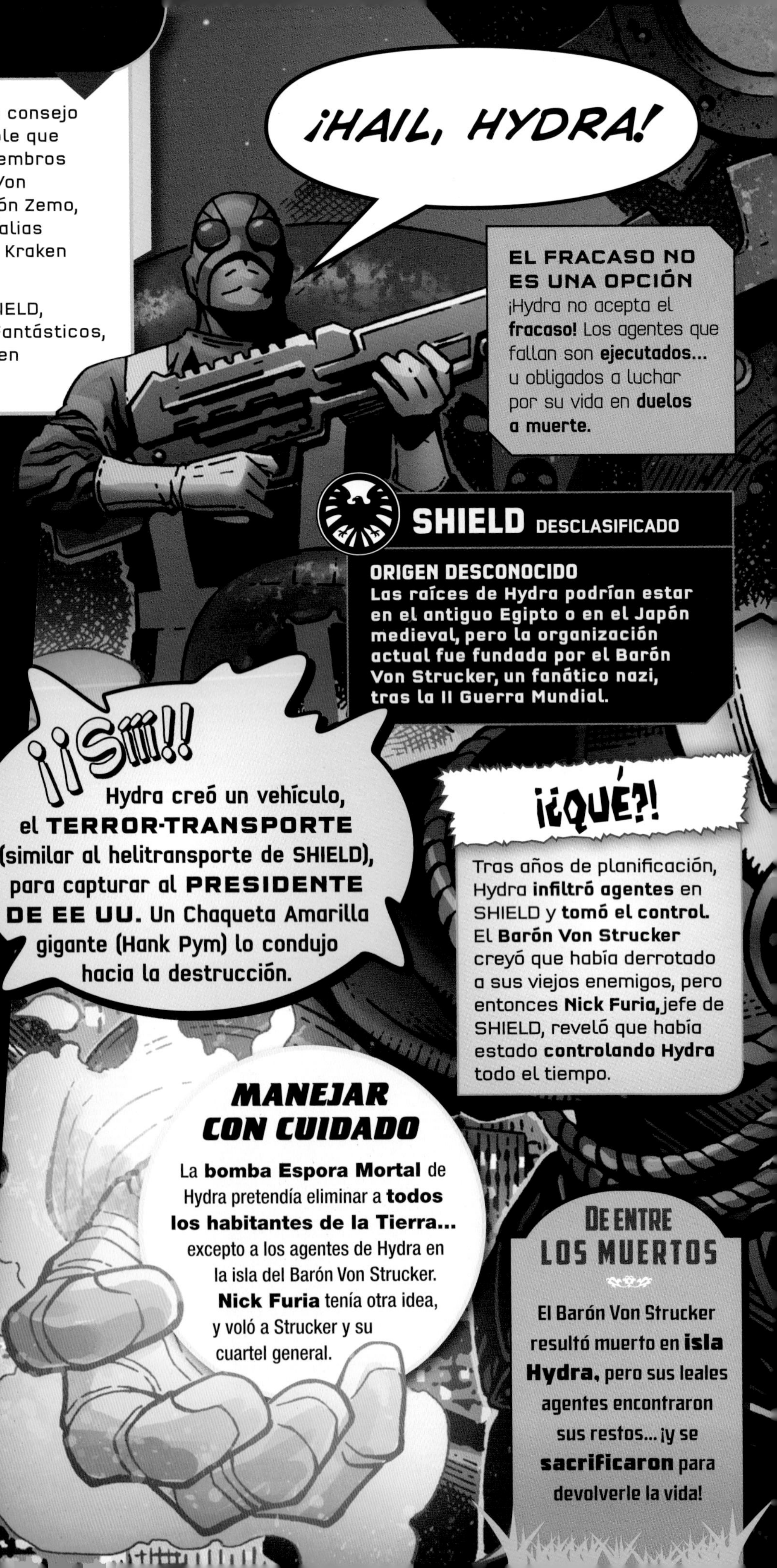

EL FRACASO NO ES UNA OPCIÓN

¡Hydra no acepta el **fracaso!** Los agentes que fallan son **ejecutados...** u obligados a luchar por su vida en **duelos a muerte.**

SHIELD DESCLASIFICADO

ORIGEN DESCONOCIDO

Las raíces de Hydra podrían estar en el antiguo Egipto o en el Japón medieval, pero la organización actual fue fundada por el Barón Von Strucker, un fanático nazi, tras la II Guerra Mundial.

¡¡SÍÍÍ!!

Hydra creó un vehículo, el **TERROR-TRANSPORTE** (similar al helitransporte de SHIELD), para capturar al **PRESIDENTE DE EE UU.** Un Chaqueta Amarilla gigante (Hank Pym) lo condujo hacia la destrucción.

¡¿QUÉ?!

Tras años de planificación, Hydra **infiltró agentes** en SHIELD y **tomó el control.** El **Barón Von Strucker** creyó que había derrotado a sus viejos enemigos, pero entonces **Nick Furia,** jefe de SHIELD, reveló que había estado **controlando Hydra** todo el tiempo.

MANEJAR CON CUIDADO

La **bomba Espora Mortal** de Hydra pretendía eliminar a **todos los habitantes de la Tierra...** excepto a los agentes de Hydra en la isla del Barón Von Strucker. **Nick Furia** tenía otra idea, y voló a Strucker y su cuartel general.

DE ENTRE LOS MUERTOS

El Barón Von Strucker resultó muerto en **isla Hydra,** pero sus leales agentes encontraron sus restos... ¡y se **sacrificaron** para devolverle la vida!

Barón Von Strucker

De entre los muertos

Tiroteada, la líder de Hydra **Víbora** fue devuelta a la vida por una creación de sus laboratorios: los **parásitos Colmena.** ¡Y adquirió el aspecto de un **pulpo humanoide!**

¡Acción!

LA GARRA DE SATÁN
Este guante mecánico descarga **CHOQUES ELÉCTRICOS** y da al Barón Von Strucker **FUERZA** aumentada. Ha sido mejorado con una **AMETRALLADORA**, un **TELEPORTADOR** y un **REACTOR NUCLEAR**.

TOP 3 Escisiones de Hydra

ESTOS GRUPOS FORMARON PARTE DE HYDRA, PERO HOY SON SUS ENEMIGOS

1 **IMA** Ideas Mecánicas Avanzadas era la rama de investigación tecnológica de Hydra hasta que se independizó después de la muerte de Von Strucker en Isla Hydra.

2 **IMPERIO SECRETO** Creado por Hydra para causar problemas y desviar la atención de la propia Hydra. Se ha especializado en la corrupción política y en destruir la reputación de héroes.

3 **LA MANO** Este clan de ninjas ayudó a fundar la Hydra actual, pero también se le ha opuesto ferozmente en ocasiones.

ENTRE...

Películas, libros y series de TV sobre espías causaban furor en 1965, y Stan Lee y Jack Kirby introdujeron a Hydra en *Strange Tales* #135 como el equivalente maligno de SHIELD.

...VIÑETAS

ENCUBIERTO
Jake Furia **suplantó a Kraken** –uno de los **asesinos más despiadados** de Hydra– y ayudó a su hermano perdido, Nick, a iniciar una **guerra intestina** en Hydra y a **matar** al Barón Von Strucker.

¡¡AAAARRGH!!

El misterioso **CONSEJO DE SOMBRAS** estableció su propia nación en **BAGALIA.** No vayas allí: su **FUERZA POLICIAL** es un equipo de Amos del Mal con **CIENTOS** de miembros.

¡PENDENCIEROS!

UNIVERSO ALTERNATIVO

En el universo **Heroes Reborn,** el **Caballero Negro** tenía grandes planes para rehacer el mundo con sus Amos del Mal. Por desgracia, uno de los **muertebots** del Dr. Muerte le **voló la cabeza,** antes de **eliminar** a todos los Amos menos uno.

P: ¿Cómo se unieron los primeros Amos del Mal?

R: El **Barón Heinrich Zemo** descubrió que su enemigo el Capi, supuestamente muerto, estaba vivo y era miembro de los **Vengadores,** y formó los **Amos del Mal** para **destruirlos** a todos. Zemo **eligió** a cada supervillano para contrarrestar los poderes de cada Vengador.

Los **Amos del Mal** originales fueron reunidos por un científico loco, pero muchos **otros equipos** han tomado su nombre desde entonces. Tienen en común: un montón de **malos de segunda, planes absurdos** para derrotar a superhéroes, y un gran afán de **destrucción.**

¿DE VERDAD?

En su primera misión, los Amos del Mal de **Heinrich Zemo** dejaron clavados a los Vengadores con el **superpegajoso Adhesivo X.** Sin embargo, los Héroes Más Poderosos de la Tierra utilizaron un cilindro de **superdisolvente** para fundir el pegamento y **liberarse.**

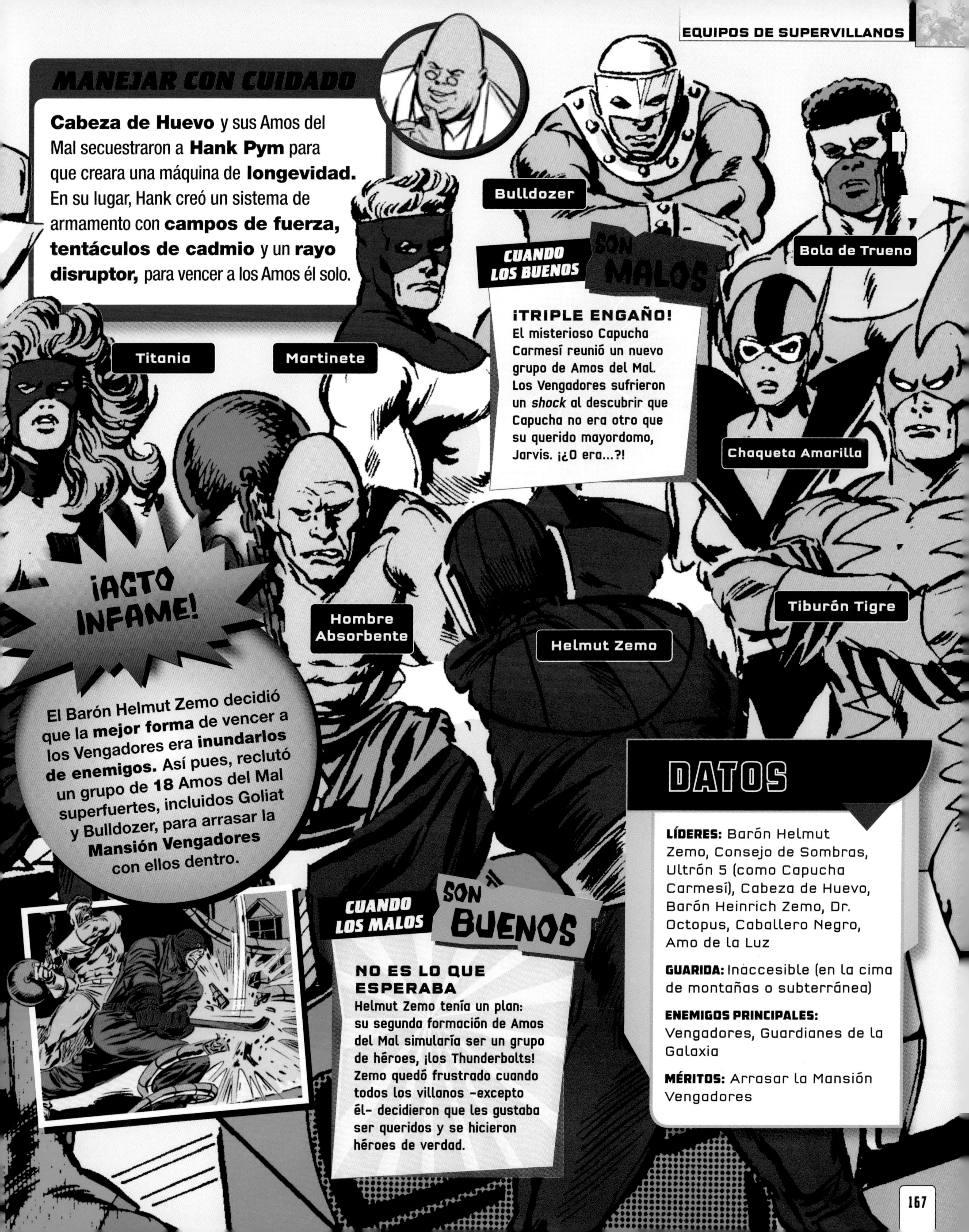

MANEJAR CON CUIDADO

Cabeza de Huevo y sus Amos del Mal secuestraron a **Hank Pym** para que creara una máquina de **longevidad.** En su lugar, Hank creó un sistema de armamento con **campos de fuerza, tentáculos de cadmio** y un **rayo disruptor,** para vencer a los Amos él solo.

CUANDO LOS BUENOS SON MALOS

¡TRIPLE ENGAÑO!

El misterioso Capucha Carmesí reunió un nuevo grupo de Amos del Mal. Los Vengadores sufrieron un *shock* al descubrir que Capucha no era otro que su querido mayordomo, Jarvis. ¡¿O era...?!

¡ACTO INFAME!

El Barón Helmut Zemo decidió que la **mejor forma** de vencer a los Vengadores era **inundarlos de enemigos.** Así pues, reclutó un grupo de **18** Amos del Mal superfuertes, incluidos Goliat y Bulldozer, para arrasar la **Mansión Vengadores** con ellos dentro.

CUANDO LOS MALOS SON BUENOS

NO ES LO QUE ESPERABA

Helmut Zemo tenía un plan: su segunda formación de Amos del Mal simularía ser un grupo de héroes, ¡los Thunderbolts! Zemo quedó frustrado cuando todos los villanos –excepto él– decidieron que les gustaba ser queridos y se hicieron héroes de verdad.

DATOS

LÍDERES: Barón Helmut Zemo, Consejo de Sombras, Ultrón 5 (como Capucha Carmesí), Cabeza de Huevo, Barón Heinrich Zemo, Dr. Octopus, Caballero Negro, Amo de la Luz

GUARIDA: Inaccesible (en la cima de montañas o subterránea)

ENEMIGOS PRINCIPALES: Vengadores, Guardianes de la Galaxia

MÉRITOS: Arrasar la Mansión Vengadores

TIPOS SINIESTROS

Solo una cosa une a los **Seis Siniestros:** ¡todos **odian a Spiderman!** Puede que seis contra uno no parezca una pelea limpia, pero estos tipos malos pasan tanto tiempo **luchando entre sí** como contra Spidey.

¡CUÉNTAME MÁS!

Los primeros Seis Siniestros –Doc Ock, Kraven, Electro, Mysterio, Buitre y Hombre de Arena– querían vencer a Spiderman en solitario. Le atacaron de uno en uno, pero Spidey los despachó con facilidad.

¡¡AAARRGH!!

La **FUNDACIÓN FUTURA** exploraba una isla del Caribe cuando fue atacada por unos **PIRATAS ZOMBIS...** que resultaron ser simulacros controlados por unos nuevos **SEIS SINIESTROS.**

¡ACTO INFAME!

Buitre, Mysterio, Duende y Electro formaron los **Cinco Siniestros** para **vengarse** de Doc Ock. Para que Hombre de Arena se les uniera, **destruyeron** la casa en la que vivía... **¡y culparon a Doc Ock!**

¿DE VERDAD?

Cuando el Dr. Octopus **chantajeó al mundo,** Spiderman lo rastreó y tuvo que combatir a unos **nuevos Seis Siniestros...** formados por Vengadores **controlados mentalmente.**

MANEJAR CON CUIDADO

Doc Ock tiene siempre preparado un **rayo fundidor** por si el poco fiable Hombre de Arena traiciona al equipo… para convertirlo en vidrio.

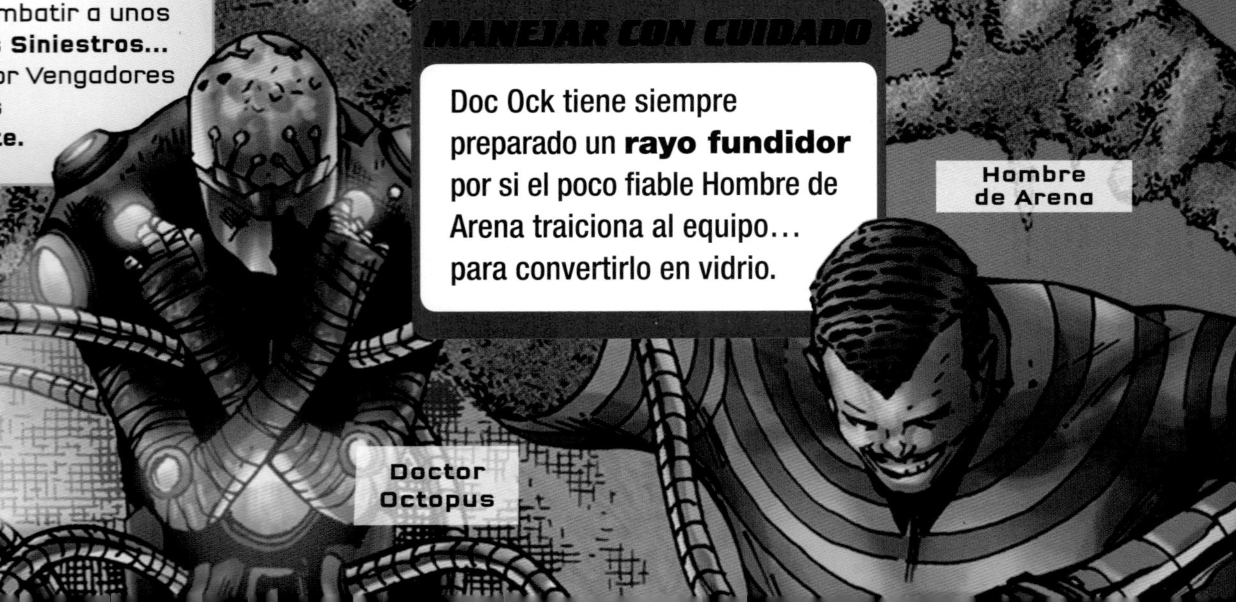

PROBLEMA DOBLE

Duende Verde chantajeó a Spiderman para que lo sacara de la cárcel, y luego envió un equipo doble, los Doce Siniestros, para machacar al trepamuros.

UN BUEN DÍA

5

Los Seis Siniestros **no pierden siempre:** en una pelea lograron batir juntos a **Spidey** y al **increíble Hulk.**

¡Acción!

SOPORTE TECNOLÓGICO

Los Seis Siniestros necesitaban más potencia de fuego, e hicieron un **VIAJE INTERDIMENSIONAL** para robar armas de alta tecnología. Con su nuevo **ARSENAL**, les resultó fácil vencer a Spidey.

UNIVERSO ALTERNATIVO

En **Tierra-803,** Nueva York era aterrorizada por unas tecno-rarezas conocidas como los **Seis Hombres de lo Siniestro.** Por fortuna, no eran rivales para **Lady Spider.**

TOP 4 Peores compañeros

1. **DR. OCTOPUS** Perverso y manipulador, Doc Ock chantajea, traiciona y controla mentes para lograr sus fines.
2. **HOMBRE DE ARENA** No es tan mal tipo, y por eso cambia de bando y ha luchado por los buenos más de una vez.
3. **MYSTERIO** Spidey lo convenció para traicionar a su jefe cuando Doc Ock amenazó con tostar el mundo.
4. **CAMALEÓN** Este maestro del disfraz es capaz de embaucar a cualquiera… incluso a otros villanos.

AL VUELO

Buitre (Adrian Toomes) es **miembro fundador de los Seis Siniestros** y uno de los más viejos **enemigos de Spidey.** Su **arnés volador electromagnético** es idóneo para ataques aéreos e **incursiones** relámpago.

¡ATENCIÓN!

El matón **Aleksei Sitsevich** quedó **unido** permanentemente a un **exoesqueleto superduro** y se convirtió en un agente para supervillanos conocido como **Rhino.**

¡UAU!

66

El alien Mojo reunió a los «66 Siniestros» para luchar contra Spiderman.

CONOCIDOS POR

DISCUTIR ENTRE SÍ Y SER DERROTADOS

DATOS

NOMBRE: Legión Letal

LÍDERES: Segador, Conde Nefaria

MIEMBROS CLAVE: Láser Viviente, Hombre Mono, Espadachín, Torbellino, Garra Negra

OBJETIVO: Destruir a los Vengadores por cualquier medio

MANEJAR CON CUIDADO

En vez de la mano derecha, Segador tiene una **guadaña de alta tecnología** que integra un rayo conmocionador, un circuito de electrochoque y un cañón de energía, y además puede girar como una **sierra circular,** convertirse en **escudo** y rotar tan rápido como para permitirle **volar.**

UN BUEN DÍA

La Legión Letal estuvo **a punto de derrotar** a los Vengadores al **primer intento.** Atraparon a la mitad de ellos en un **reloj de arena gigante** lleno de gas venenoso... pero Visión engañó a **Segador** para hacerle **romper el reloj.**

TOP 6 Legionarios no tan letales

ESPADACHÍN Hábil con la espada, pero poco más.

HOMBRE MONO Más fuerte que un gorila, pero tonto.

TRAMPERO Bueno lanzando *superglue*.

PUERCOESPÍN Inventó un traje con láseres y lo vendió para evitar un arresto.

BATROC Acróbata de grandes mostachos, no parece capaz de vencer a héroes por sí solo.

TORBELLINO Puede girar como un ciclón mortal, pero solo en línea recta.

CUANDO LOS MALOS SON BUENOS

HERMANOS EN LA MALDAD

Cuando Norman Osborn devino director de SHIELD, que él rebautizó como HAMMER, Segador reclutó una nueva Legión Letal y pidió a su hermano, Hombre Maravilla, que se uniera. Por una vez, los hermanos Williams lucharon en el mismo bando.

¡¡SÍÍÍ!!

No todas las misiones de la Legión Letal son desastrosas. Con la ayuda de **ULTRÓN,** la Legión arrasó la base de los Vengadores Costa Oeste, liberó a Goliat y secuestró a **HOMBRE MARAVILLA** y **HANK PYM.**

UN MAL DÍA

El **Conde Nefaria** reunió a Láser Viviente, Hombre Poder (Erik Josten) y Torbellino en un nuevo **equipo de la Legión Letal.** Les ofreció **aumentar sus poderes** y luego los traicionó: **les robó sus poderes** para poder enfrentarse a los **Vengadores.**

NO TAN LETALES

La **Legión Letal** no es realmente tan letal. Su fundador, **Segador,** buscaba un grupo de supervillanos para **vencer** a los Héroes Más Poderosos de la Tierra, pero **no encontró a los socios adecuados.**

LAZOS FAMILIARES

El jefe de la Legión Letal, **Segador** (Eric Williams), **envidia** a su hermano Simon (Hombre Maravilla), el favorito de sus padres. Simon creció y llegó a ser un **superhéroe,** y Eric se convirtió en un **villano.**

¡CUÉNTAME MÁS!

Segador reunió a la Legión Letal culpando a los Vengadores de la aparente muerte de su hermano, Hombre Maravilla. Pero quedó confundido al averiguar que los patrones mentales de su hermano se habían utilizado para programar a Visión.

DE ENTRE LOS MUERTOS

La **mutante vampírica Nekra** amaba a Segador. Cuando él murió, lo devolvió a la vida... **como un zombi.** Para seguir vivo, debía absorber una vida cada 24 horas, ¡y empezó con la de **Nekra!**

VENIDOS DEL ESPACIO

Si consideras que los **héroes** y **villanos** de la Tierra son **extraordinarios,** echa **un vistazo** a estos extraterrestres. Por desgracia, en su mayoría **no son grandes fans** de la raza humana...

¡PUAJ!

El Nido se reproduce depositando sus huevos en huéspedes vivos.

CONOCIDOS POR

SU DESEO DE CONQUISTAR O DESTRUIR LA TIERRA

¡UAU!

192

Número de palabras distintas que tienen los chitauri para «odio».

Lo que queremos... es destruir un mundo. La *TIERRA*.

CUANDO LOS MALOS SON BUENOS

VUELTA AL COLE

Los parásitos del Nido son infamemente sanguinarios, pero hay excepciones. Nydo, un joven eslizoide, tiene una inteligencia extraordinaria y no es agresivo; dejó la mente-colmena del Nido para unirse a Patrulla-X en el Instituto Jean Grey de Enseñanza Superior.

SHIELD DESCLASIFICADO

INVASIÓN SKRULL DE LA TIERRA

Los metamorfos skrull introdujeron agentes durmientes entre la población humana, suplantando incluso a algunos superhéroes como Spiderwoman. SHIELD y los Vengadores repelieron la invasión, pero perdieron la confianza pública.

EL MEJOR DE LA CLASE

Los kree son liderados por la **Inteligencia Suprema,** una inteligencia artificial compuesta por los **cerebros** de sus **mejores pensadores,** pero **vulnerable:** es una **cabeza gigante** dentro de un tanque, y si este se rompiera, **¡moriría!**

¡CUÉNTAME MÁS!

Los superinteligentes Inhumanos de la Tierra son producto de la manipulación genética por parte de los kree, que intentarían exterminarlos antes de que se volvieran demasiado poderosos.

TOP 6

Razas alienígenas

1 **KREE** De piel azul, guerreros, con una avanzada tecnología.

2 **TROYANOS** Crueles invasores galácticos con poderosos rayos de energía cósmica.

3 **BADOON** Reptiles humanoides, conquistadores (machos) o pacifistas (hembras).

4 **CONSTRUCTORES** Vagan por la galaxia destruyendo a las razas que no satisfacen sus altas expectativas.

5 **RIGELIANOS** Aspirantes a conquistar la Tierra con escalofriantes habilidades de control mental.

6 **KYMELIANOS** Poderosos y pacíficos humanoides con cabeza de caballo.

¡¡Sííí!!

El troyano Armageddon intentó resucitar a su violento hijo Trauma. Hulk lo engañó para que sobrecargara su máquina de reanimación, y vaporizó a Trauma...

¿DE VERDAD?

Los 4F engañaron a los **metamorfos skrull** para que se convirtieran en vacas... y los **hipnotizaron** para que creyesen que **siempre lo habían sido.**

BICHOS DUROS

El Nido es una raza de parásitos insectoides considerada **maligna** en casi todos los rincones de la galaxia. Uno de ellos, sin embargo, demostró ser **una excepción** como uno de los leales **guerreros** de Hulk, que se unió a él en su guerra contra los **Illuminati.**

¡ACTO INFAME!

TORMENTA GALÁCTICA

La raza kree fue casi **destruida** por una **negabomba** shi'ar, que puso fin a la guerra kree-shi'ar. Resultó que tanto la guerra como la bomba eran parte del **despiadado plan** de la Inteligencia Suprema para crear kree **mejorados genéticamente** a partir de los supervivientes.

¡¡NOOOO!!

Los Fantasmas Espaciales pueden ROBAR la identidad de la gente. Cuando lo hacen, la persona real es ARROJADA AL LIMBO hasta que el Fantasma elige una nueva forma.

UNIVERSO ALTERNATIVO

En el Universo Ultimate (Tierra-1610), los **metamorfos chitauri** tomaron el control de SHIELD, liquidaron a **20 000** agentes e intentaron **volar** el mundo entero.

TOP 5

Sociedades secretas

1 **CLUB FUEGO INFERNAL** Dedicado a los complots políticos, el engaño y las fiestas de lujo.

2 **LA MANO** Antiguo clan de ninjas adoradores del demonio con poderes místicos.

3 **GRUPO ZODIACO** Villanos que se toman muy en serio el horóscopo.

4 **FUNDACIÓN ATLAS** En el pasado organización criminal, ahora buscan la estabilidad mundial mediante un raro grupo de superhéroes, los Agentes de Atlas.

5 **HIJOS DE SATANNISH** Hechiceros que sirven al infame señor demonio.

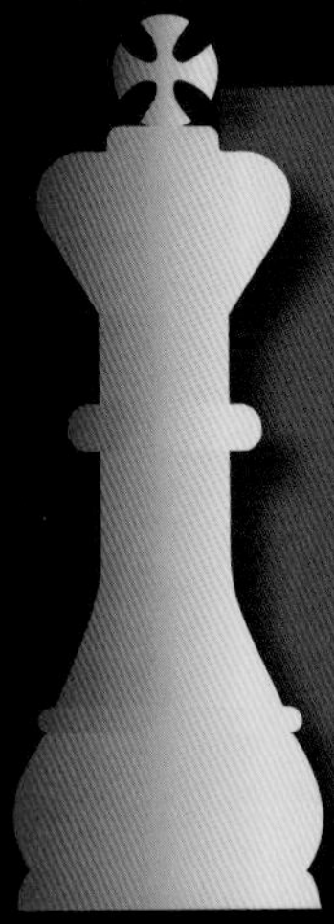

Sebastian Shaw

Nombre clave: ***Rey Negro***

Mutante que absorbe la energía y la convierte en fuerza física • Cuanto más le golpeas, más fuerte se hace

Shinobi Shaw

Nombre clave: ***Rey Negro***

Hijo de Sebastian • Genio maligno • Usa poderes de cambio de densidad para penetrar en el pecho de la gente y detener su corazón

P: ¿Quiénes son los cabecillas del Club Fuego Infernal?

R: El Club es controlado por el secreto **Círculo Interno,** cuyos miembros reciben nombres de **piezas de ajedrez.** Pero las frecuentes **traiciones** implican que esos miembros no suelen **permanecer en el poder** por mucho tiempo.

MANEJAR CON CUIDADO

Los Hijos de Satannish emplean el **Cristal de la Conquista** para **teleportar seres** y para acceder a los **poderes mágicos** de cada **miembro** del grupo.

Los Hijos de Satannish **EXPULSARON** al Dr. Extraño a **OTRA DIMENSIÓN** y **ROBARON SUS PRECIADOS ARTEFACTOS.**

EN LAS SOMBRAS

En los **oscuros rincones** del universo, las **organizaciones secretas** se reúnen para tramar sus planes. Estos clanes de **místicos, artistas marciales y genios** usan la **extorsión, el asesinato y la traición** para controlar el mundo desde las sombras...

¿DE VERDAD?

El Club Fuego Infernal abrió una escuela para enseñar a **jóvenes mutantes** a ser villanos, con materias como **Introducción al mal** y **Sometimiento mediante la ciencia.** El castigo por suspender es **la muerte.**

Selene

Nombre clave: ***Reina Negra***

Hechicera • Mutante «vampira psíquica» • Absorbe la fuerza vital de otros • Ha vivido más de 17 000 años

Corazón Negro

Nombre clave: ***Rey Negro***

Demonio hechicero • Fuerza sobrenatural • Engendrado por Mefisto • Poderes de teleportación • ¡Da al Club la nota «infernal»!

Emma Frost

Nombre clave: ***Reina Blanca***

Psíquica de clase omega • Puede transformar su cuerpo en un diamante casi invulnerable (a costa de sus poderes mentales)

Kade Kilgore

Nombre clave: ***Rey Negro***

Genio de doce años • Maestro del soborno y el chantaje • Tiene asombrosas armas avanzadas • Personalidad despiadada

¡PUAJ!

Marvel Boy, de los Agentes de Atlas, es humano, pero su cuerpo fue modificado por los uranianos. Cuando come, un gran tentáculo sale de su boca para devorar la comida.

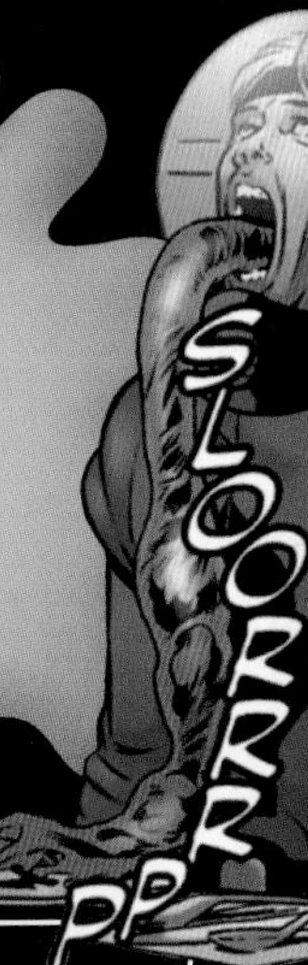

LOS EXTRAÑOS AGENTES DE ATLAS

Este grupo de inadaptados acoge a algunos de los «héroes» más insólitos...

MARVEL BOY/URANIANO
Una banda en la cabeza le da poderes telepáticos y le permite controlar un platillo volante.

HOMBRE GORILA
Humano atrapado en el cuerpo de un gorila por un encantamiento. Tiene un sentido del olfato asombroso.

VENUS
No es la diosa, sino una sirena que puede controlar las emociones de los humanos mediante la voz.

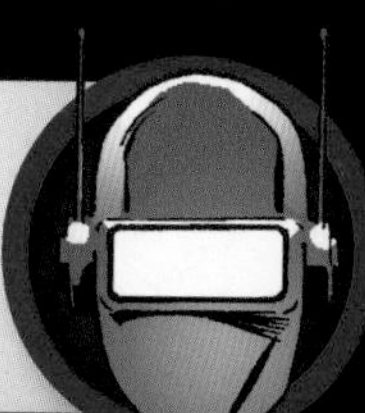

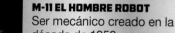

M-11 EL HOMBRE ROBOT
Ser mecánico creado en la década de 1950, con un rayo ocular mortal; puede controlar ordenadores a distancia.

Los miembros de La Mano llevan máscaras para ocultar su identidad, que no revelan ni después de muertos: su cuerpo se convierte en polvo mediante magia.

¡UAU!

800

Años de existencia de la Fundación Atlas, que fue fundada por seguidores de Gengis Kan.

DE ENTRE LOS MUERTOS

La Mano recluta a sus miembros mediante **ritos místicos** para **revivir** a los muertos. Luego les **lavan el cerebro** para crear guerreros **ciegamente obedientes.**

¡ACTO INFAME!

La Sociedad Serpiente urdió un **plan especialmente maligno** contra Washington D. C.: introdujo un **mutágeno-serpiente** en el suministro de agua que convirtió a los ciudadanos –incluso al **presidente de EE UU**– en **bichos escamosos.**

CAPÍTULO TRES
LUGARES

¿Quién o qué tiene **UN HIJO** llamado Id la Luna Egoísta?

¿Cuál es el hogar de Surtur, el **DEMONIO DE FUEGO**?

¿En qué lugar de la Tierra se hallan **DINOSAURIOS** vivos?

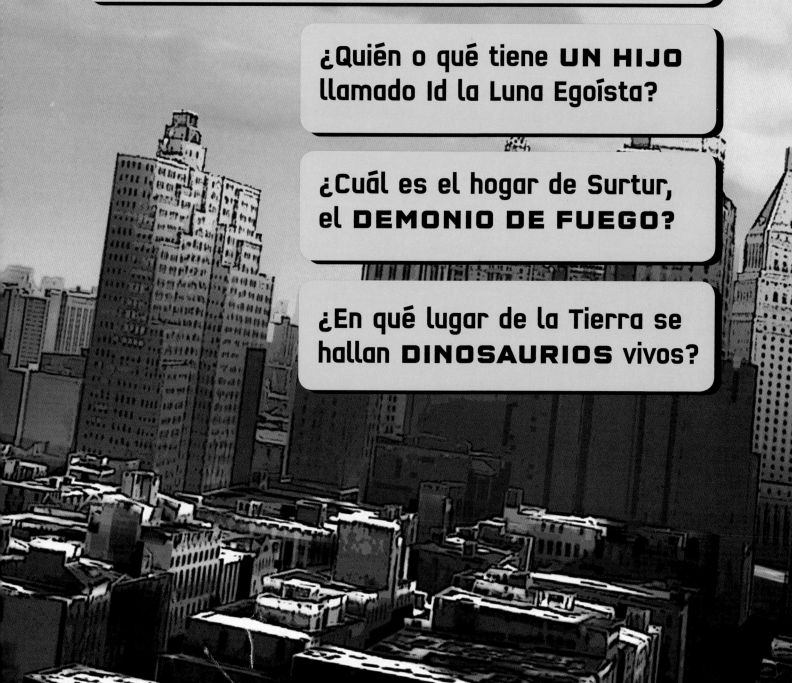

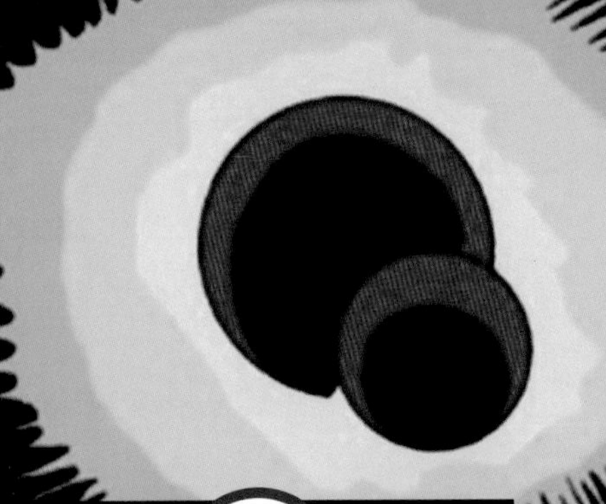

¡UAU!

99,999 %

Posibilidad de morir para los convictos en las Kyln, una enorme prisión orbital para los peores villanos del universo.

TOP 5

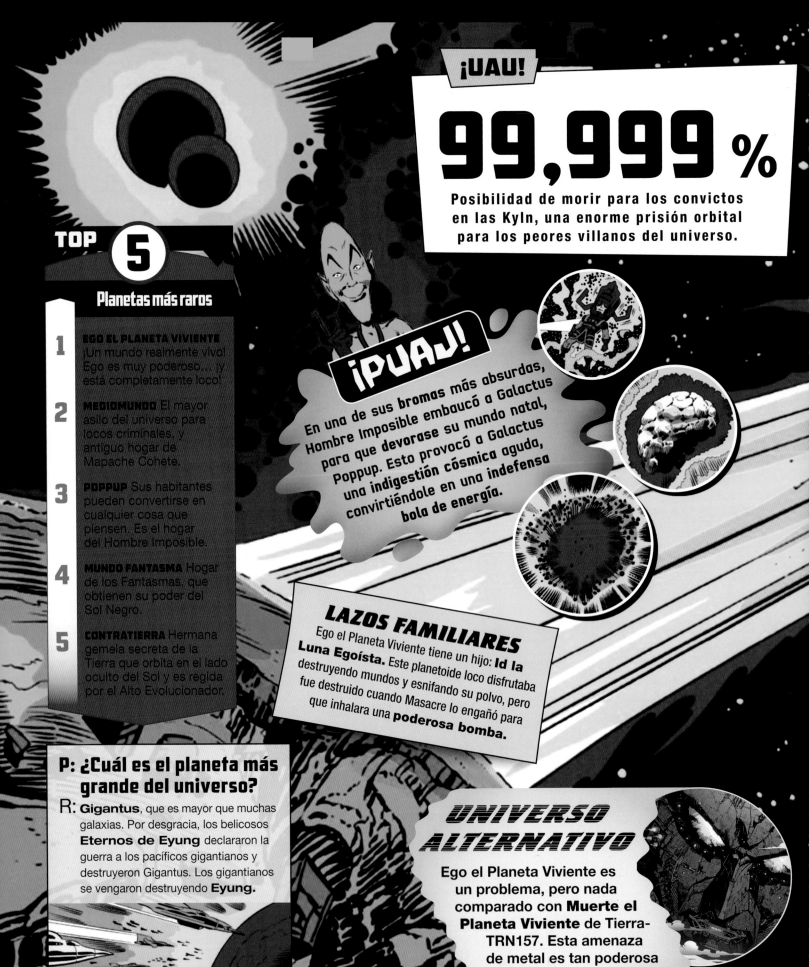

Planetas más raros

1 **EGO EL PLANETA VIVIENTE** ¡Un mundo realmente vivo! Ego es muy poderoso… ¡y está completamente loco!

2 **MEDIOMUNDO** El mayor asilo del universo para locos criminales, y antiguo hogar de Mapache Cohete.

3 **POPPUP** Sus habitantes pueden convertirse en cualquier cosa que piensen. Es el hogar del Hombre Imposible.

4 **MUNDO FANTASMA** Hogar de los Fantasmas, que obtienen su poder del Sol Negro.

5 **CONTRATIERRA** Hermana gemela secreta de la Tierra que orbita en el lado oculto del Sol y es regida por el Alto Evolucionador.

¡PUAJ!

En una de sus **bromas más absurdas**, Hombre Imposible embaucó a Galactus para que devorase su mundo natal, Poppup. Esto provocó a Galactus una indigestión cósmica aguda, convirtiéndole en una indefensa **bola de energía.**

LAZOS FAMILIARES

Ego el Planeta Viviente tiene un hijo: **Id la Luna Egoísta.** Este planetoide loco disfrutaba destruyendo mundos y esnifando su polvo, pero fue destruido cuando Masacre lo engañó para que inhalara una **poderosa bomba.**

P: ¿Cuál es el planeta más grande del universo?

R: **Gigantus**, que es mayor que muchas galaxias. Por desgracia, los belicosos **Eternos de Eyung** declararon la guerra a los pacíficos gigantianos y destruyeron Gigantus. Los gigantianos se vengaron destruyendo **Eyung.**

UNIVERSO ALTERNATIVO

Ego el Planeta Viviente es un problema, pero nada comparado con **Muerte el Planeta Viviente** de Tierra-TRN157. Esta amenaza de metal es tan poderosa como Ego y tan maligna como Muerte: **¡lo peor de ambos mundos!**

¡Acción!

EL MOTOR DE EGO

Cuando el sol de Ego el Planeta Viviente estaba a punto de convertirse en **NOVA** y destruirlo, Galactus le aplicó una **UNIDAD DE PROPULSIÓN SIDERAL** en el Polo Sur. Este inmenso motor puso al planeta **FUERA DE PELIGRO** a velocidad hiperlumínica.

SHIELD DESCLASIFICADO

EL MUNDO

En el desértico planeta conocido como el Mundo se halla el Cristal M'kraan. Esta joya es el Nexo de Todas las Realidades, el punto donde se cruzan todas ellas. Es sagrado para las razas shi'ar y sc'yar tal, que han librado guerras brutales para poseerlo.

¡¡NOOOO!!

El planeta Hala era el **CENTRO** del Imperio kree... pero un bombardeo de la Fortaleza Voladora del **SEÑOR CUCHILLO** destruyó el planeta.

ENTRE LAS ESTRELLAS

El **Universo Marvel** está lleno de maravillas, desde **raros planetas** y **lunas extrañas** hasta **poderosos imperios alienígenas**. ¡Prepárate para un viaje de descubrimiento **intergaláctico!**

CUANDO LOS BUENOS SON MALOS

ISAAC

Un grupo de Eternos construyó un paraíso tecnológico secreto en Titán, la luna de Saturno. Su ecología es controlada por una red de ordenadores llamada ISAAC. Cuando el titán loco Thanos conquistó Titán, reprogramó ISAAC para crear letales superhumanos para su ejército.

¡Saludos desde ASGARD!

TOP 6
Enemigos de Asgard

1 **SURTUR** Este descomunal demonio de fuego arde de odio a Asgard y está destinado a destruirlo en el Ragnarok.

2 **FENRIS** Hijo lobuno de Loki; durante el Ragnarok, ¡devorará el sol!

3 **ENCANTADORA** Amora es una poderosa hechicera que desea hacer de Thor su marido.

4 **HELA** Hija de Loki y reina de Hel, la tierra de los muertos.

5 **EJECUTOR** Skurge luchó con Thor para demostrar su amor por Amora, pero al final sacrificó su vida para salvar Asgard.

6 **FAFNIR** Antiguo rey de los dragones lanzadores de fuego de Nastrond.

¿DE VERDAD?

Los enanos de Nidavellir crean **poderosas armas,** como Mjolnir, el martillo de Thor. Este fue forjado en el **núcleo de un sol,** y la energía liberada hizo llover **fuego de los cielos** en los Nueve Reinos. Esta lluvia de fuego supuestamente exterminó a los **dinosaurios** de Midgard (la Tierra).

Top Destinos turísticos

¿Aburrido de las magníficas vistas de la ciudad de Asgard? El Reino Dorado está unido a otros mundos mágicos, y puedes viajar entre ellos, si sabes cómo.

¿Te apetece un pueblo aéreo? Date un tranquilo paseo por las bellas montañas de **NIVADELLIR.** **(Aviso: Las montañas pueden alojar a enanos fuertemente armados.)**

Escapa del frío invernal y renueva tu bronceado en el *SOLEADO MUSPELHEIM.* (Aviso: Es el hogar del maligno demonio de fuego Surtur.)

El maravilloso mundo invernal de **JOTUNHEIM** es genial para el esquí, el trineo o las guerras de bolas de nieve. ***(Aviso: Ojo con los gigantes de hielo.)***

Si buscas el paraíso definitivo, visita el reino encantado de HEL. (Aviso: Solo pueden entrar los muertos.)

DATOS

SOBERANO: Odín el Padre de Todos
HABITANTES NOTABLES: Thor, Loki, los Tres Guerreros, Heimdall, Lady Sif
ENEMIGOS: Elfos oscuros, gigantes de hielo, Surtur, lobo Fenris
CUIDADO CON: Ragnarok, ¡el final de todas las cosas!

¡CUÉNTAME MÁS!

De vez en cuando, Odín debe recargar su mágica Fuerza de Odín. Lo hace sumiéndose en el Sueño de Odín, un profundo sueño que puede durar días. Durante ese tiempo, es tan vulnerable como una persona normal.

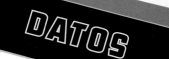

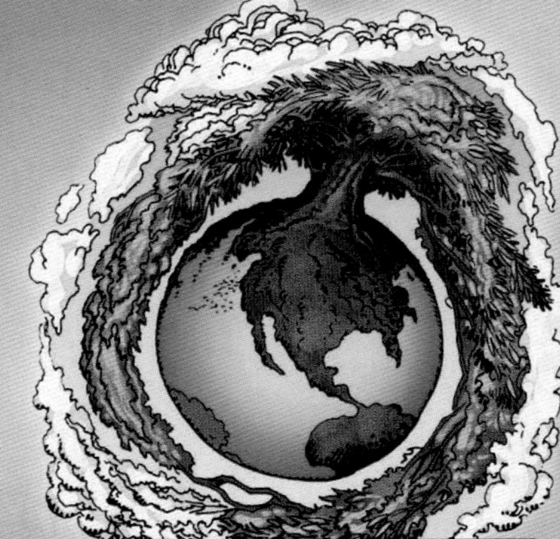

P: ¿Qué es Yggdrasil?
R: Es el **árbol de los mundos,** que une Asgard con los otros Nueve Reinos. En sus raíces está el **pozo de Mimir,** del que bebieron tanto Odín como Thor para obtener sabiduría.

MANEJAR CON CUIDADO

El **Bifrost** –el **Puente de Arcoíris** entre Asgard y Midgard (la Tierra)– es custodiado por **Heimdall,** el dios que todo lo ve y todo lo oye. Si por descuido lo deja abierto, **¡todo reino** será destruido!

FUERZA DE ODÍN

Cuando murieron **Vili** y **Ve,** hermanos de Odín, este heredó sus poderes, que, añadidos a los suyos, constituyeron la poderosa **Fuerza de Odín.**

EL REINO ETERNO

En una **dimensión distante** se halla **Asgard,** hogar de los **dioses nórdicos.** Es un lugar de **maravilla y terror** donde Odín, Thor y los asgardianos combaten a **monstruos mitológicos...** y también **entre sí.**

ANGELA

LAZOS FAMILIARES

Odín creía que la **Reina de los Ángeles** había **matado** a su hija **Aldrif.** En realidad, esta fue secuestrada y criada en el Cielo como un **ángel llamado Angela.** En el primer encuentro de Thor con ella, acabaron combatiendo, ¡y Angela **venció** a su hermano pequeño! El dios del Trueno parece incapaz de tener una relación fraterna saludable...

PROS Y CONTRAS DE ASGARD

CONTRA

¡RAGNAROK'N'ROLL!
El maligno demonio de fuego Surtur ataca Asgard y el Reino Eterno es destruido.

PRO

¡ASGARD, OK!
Thor usa el poder de su martillo Mjolnir para emplazar un nuevo Asgard… ¡sobre Broxton, en Oklahoma!

CONTRA

¡OTRA VEZ NO!
Loki se alía con Norman Osborn y los Vengadores Oscuros para invadir Asgard, que queda arrasado en la batalla.

PRO

¡DESPEGUE!
La ciudad flotante es reconstruida como Asgardia: una utopía regida por la Madre de Todos y situada junto a la Luna.

ASGARD YA NO EXISTE...
LOKI

SHIELD DESCLASIFICADO

LA CAÍDA DE ASGARD

Con la ciudad de Asgard flotando sobre Oklahoma, Norman Osborn tuvo miedo de los nuevos vecinos celestiales de la Tierra. Se alió con Loki para invadirla, y las fuerzas de HAMMER y los Vengadores Oscuros dejaron Asgard al borde de la destrucción. La suerte empezó a cambiar cuando Loki se pasó al otro bando y el Capitán América regresó al frente de su grupo de Vengadores. Pero el héroe Vigía fue dominado por su lado oscuro, el Vacío, y redujo la ciudad a cenizas.

REINOS MÍSTICOS

¡Bienvenidos a los **lugares oscuros,** que hasta los superhéroes **temen pisar!** Regidos por seres inmensamente poderosos, estos **dominios y dimensiones místicos** bullen de extrañas criaturas y demonios, fantasmas y terrores.

CONOCIDOS POR

SER DIFÍCILES DE ENCONTRAR EN UN MAPA

NO HAY CRIMEN SIN CASTIGO

Dos **ladrones sin suerte** se colaron en el hogar del Dr. Extraño, el **Sancta Sanctorum.** Tropezaron con un **portal** a la **Dimensión Púrpura** y se convirtieron en esclavos de **Aggamón el Todopoderoso.**

DE ENTRE LOS MUERTOS

Plutón se apoderó del **Grupo Olimpo** y estableció un nuevo Hades inspirado en un **casino** de Atlantic City, donde héroes y villanos muertos podían **jugarse su resurrección...**

BATALLA POR LOS REINOS

El pobre **Thor** sufrió un shock al ser transportado a una **misteriosa y horrible** dimensión de los **Nueve Reinos.** Hela estaba usando el poder de la **Espada Crepúsculo** para convertir los Reinos en un **pasaje del terror.**

UN VIAJE FUERA DE ESTE MUNDO

En el Universo Marvel hay muchos reinos místicos. Son lugares interesantes para visitar... ¡pero no para quedarse mucho tiempo!

Dimensión Púrpura:
Un **universo de bolsillo** (dentro de otro) cuyos habitantes trabajan como **esclavos** en **minas de joyas.**
Soberano: el prácticamente inmortal hechicero **Aggamón.**

Dimensión Oscura:
Inmensa dimensión que contiene cantidad de **horribles** universos de bolsillo. Sus **especies** viven **millones de años.**
Soberano (a veces): el antiguo demonio infernal **Dormammu.**

Dimensión de los Sueños:
Reino misterioso controlado por un tejedor de sueños que invade las **mentes** de los mortales a través de sus sueños.
Soberano: el despiadado demonio **Pesadilla.**

Hel:
El **reino asgardiano de los muertos,** donde yacen las almas de la gente común.
Soberano: **Hela,** Reina de los Muertos.

Hades:
El **inframundo olímpico de los muertos,** donde moran los espíritus de dioses y devotos.
Soberano: el dios olímpico **Plutón.**

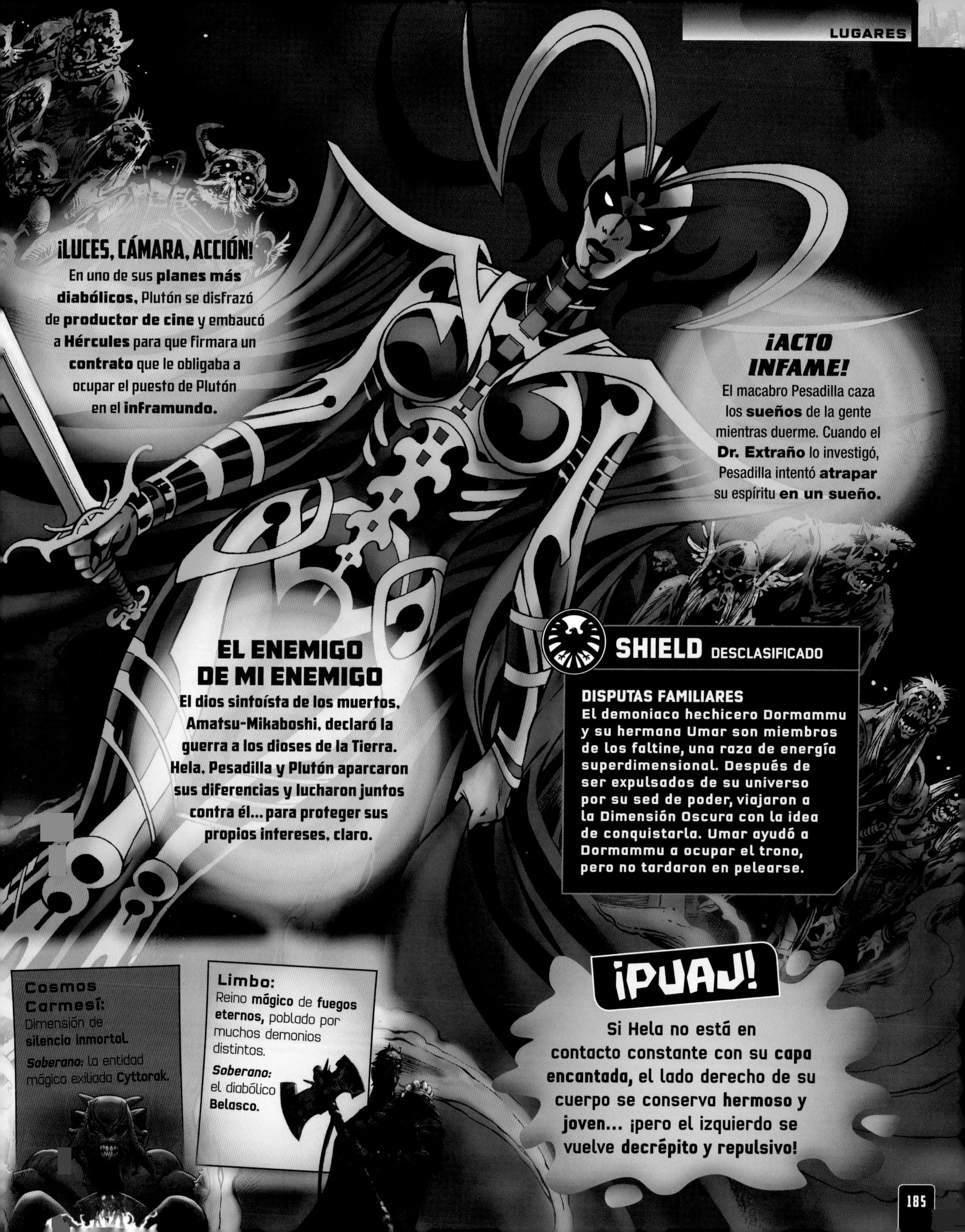

¡LUCES, CÁMARA, ACCIÓN!

En uno de sus **planes más diabólicos,** Plutón se disfrazó de **productor de cine** y embaucó a **Hércules** para que firmara un **contrato** que le obligaba a ocupar el puesto de Plutón en el **inframundo.**

¡ACTO INFAME!

El macabro Pesadilla caza los **sueños** de la gente mientras duerme. Cuando el **Dr. Extraño** lo investigó, Pesadilla intentó **atrapar** su espíritu **en un sueño.**

EL ENEMIGO DE MI ENEMIGO

El dios sintoísta de los muertos, Amatsu-Mikaboshi, declaró la guerra a los dioses de la Tierra. Hela, Pesadilla y Plutón aparcaron sus diferencias y lucharon juntos contra él... para proteger sus propios intereses, claro.

SHIELD DESCLASIFICADO

DISPUTAS FAMILIARES

El demoniaco hechicero Dormammu y su hermana Umar son miembros de los faltine, una raza de energía superdimensional. Después de ser expulsados de su universo por su sed de poder, viajaron a la Dimensión Oscura con la idea de conquistarla. Umar ayudó a Dormammu a ocupar el trono, pero no tardaron en pelearse.

Cosmos Carmesí: Dimensión de **silencio inmortal.**

Soberano: la entidad mágica exiliada **Cyttorak.**

Limbo: Reino **mágico** de **fuegos eternos,** poblado por muchos demonios distintos.

Soberano: el diabólico **Belasco.**

¡PUAJ!

Si Hela no está en contacto constante con su capa encantada, el lado derecho de su cuerpo se conserva hermoso y joven... ¡pero el izquierdo se vuelve decrépito y repulsivo!

TOP 6 - ZONAS PELIGROSAS

PUEDEN SER ESPECTACULARES... ¡PERO TAMBIÉN SON INCREÍBLEMENTE PELIGROSAS!

1. KRAKOA LA ISLA VIVIENTE Nacida de la lluvia radiactiva de pruebas nucleares, esta isla sintiente tiene un gran apetito de mutantes.

2. GENOSHA Ciudad floreciente en el pasado, hoy devastada por el conflicto entre mutantes y humanos.

3. ISLA MONSTRUO Cerca de Japón, es hogar de enormes monstruos mutados de todo tipo.

4. LEMURIA Hogar submarino de los extraños desviantes. **¡No les gustan** los humanos!

5. BAGALIA País de criminales regido por el Barón Zemo y controlado por sus Amos del Mal.

6. MADRIPUR Bulliciosa nación-estado en el Sureste asiático, foco de piratas, criminales y corrupción.

Madripur

CIUDADES HI-TEC • REINOS ANTIGUOS • TIERRAS OCULTAS

¡UN MUNDO MARAVILLOSO!

Isla Muir

Genosha

Edificio Chrysler

¡ACTO INFAME!

La isla-nación de **Genosha** era casi un **paraíso,** hasta que su **gobierno** usó **ingeniería genética** para convertir a los mutantes en **esclavos.**

Bienvenidos a un **mundo de maravillas,** ciudades tecnológicas, reinos antiguos y tierras ocultas. La **Tierra-616 de Marvel** acoge un caudal casi inimaginable de tesoros, misterios y emoción.

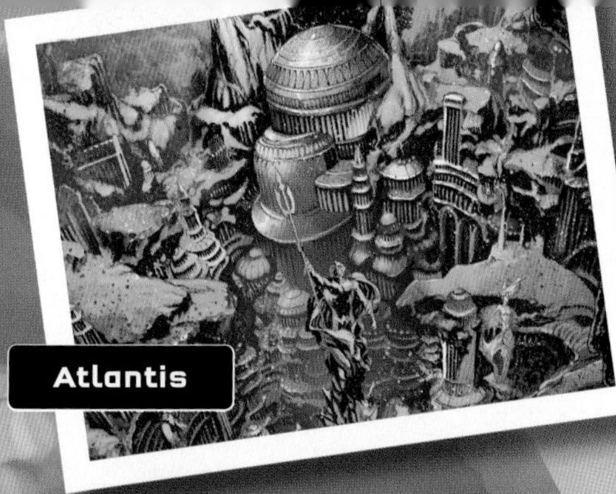
Atlantis

TOP 7 MARAVILLAS DEL MUNDO

Si visitas Tierra-616, ¡he aquí siete lugares turísticos que no debes perderte!

ATLANTIS Ponte tus mejores galas para visitar el reino submarino de Namor.

LA TIERRA SALVAJE Contempla dinosaurios vivos en su entorno natural: ¡una jungla oculta en la Antártida!

ATTILAN Famosa como la Isla de los Dioses y el Gran Refugio de los superpoderosos Inhumanos.

K'UN-LUN Ciudad de los inmortales Puños de Hierro, maestros de las artes marciales.

NEXO DE TODAS LAS REALIDADES En lo profundo de los Everglades de Florida, ¡este es el punto donde se encuentran todos los universos!

WAKANDA Este avanzado país del este de África tiene un magnífico palacio real y una asombrosa jungla tecno-orgánica.

OLIMPIA Hogar de los divinos Eternos, en la cima del monte Olimpo, en Grecia.

TOP 10 Lugares de Nueva York

La Gran Manzana es el hogar de muchos héroes, y ha sido testigo de algunos sucesos realmente sísmicos...

1 **GREENWICH VILLAGE** Donde el Dr. Extraño tiene su Sancta Sanctorum.

2 **CLOACAS DE MANHATTAN** Dominio de los mutantes sin techo morlocks.

3 **EDIFICIO CHRYSLER** Se conoce que cobra vida y combate a los héroes.

4 **LA CASA GRANDE** Prisión diseñada por Hank Pym donde los supervillanos son reducidos al tamaño de una pulga.

5 **MANHATTAN** Una vez fue transformada por Kang en una metrópolis medieval.

6 **COCINA DEL INFIERNO** Territorio de Daredevil.

7 **TIMES SQUARE** Mantente lejos si el demonio Shuma-Gorath está en la ciudad. ¡Te hará crecer tentáculos en la boca!

8 **QUINTA AVENIDA** Ubicación de la Mansión Vengadores.

9 **FOREST HILLS, QUEENS** Hogar de Peter Parker y la tía May.

10 **EDIFICIO BAXTER** Base de los 4 Fantásticos en Manhattan.

¡CUÉNTAME MÁS!

La Tierra Salvaje es una selva tropical en la Antártida, hogar de dinosaurios, humanos primitivos y muchas criaturas extrañas. Fue creada hace 200 millones de años por los alienígenas nuwali como una «reserva natural» para sus señores, los Todopoderosos.

La Tierra Salvaje

Nueva York

P: ¿Qué harías si te quedas tirado en la Tierra Salvaje?

R: ¡Lo que hizo **Kevin Plunder!** Solo tenía nueve años cuando su padre murió explorándola, pero él creció y se convirtió en un experto **cazador, aventurero y guerrero.** Hoy protege la Tierra Salvaje como **Ka-Zar, Señor de la Jungla Oculta.**

¡¡NOOOO!!

El plan de Saurón y Stegron para **CONVERTIR A LA HUMANIDAD en DINOSAURIOS** fracasó cuando ambos se **ENAMORARON** de la heroína **CHICA TIBURÓN.**

DATOS

JUSTICIA SELVÁTICA: Ka-Zar, Shanna la Diablesa, Chico Luna, Reptil, Pantera Negra

CRIATURAS VALEROSAS: Zabú, Dinosaurio Diabólico

VILLANOS EMPEDERNIDOS: Saurón, Garokk, Stegron

MANEJAR CON CUIDADO

Un extraño **medallón de hueso** ofreció a Humberto López la capacidad de transformar cualquier parte de su cuerpo en la de un **dinosaurio.** Hoy es el héroe **Reptil.**

JUEGO DE EQUIPO

Cuando los **dioses mayas** se alzaron en las selvas de Centroamérica para traer el **apocalipsis,** hicieron falta **Hulk Rojo, Hulka Alpha Flight,** y otros para detenerlos.

UN MAL DÍA

Por accidente, Bruce Banner creó toda una isla selvática llena de monstruosos **animales irradiados con gamma.** Intentaba **repetir el experimento** que le convirtió en Hulk... pero las cosas **no salieron según el plan.**

¡CUÉNTAME MÁS!

Shanna la Diablesa no es un diablo. Criada en las selvas de África central, Shanna O'Hara se formó como zoóloga en EE UU. Al regresar a su tierra, se ganó su nombre protegiendo a los animales de los cazadores furtivos en una reserva natural.

¿DE VERDAD?

SHIELD contrató al científico **Vincent Stegron** para estudiar **ADN de dinosaurio** de la Tierra Salvaje. En vez de ello, **se inyectó** el ADN y mutó en Stegron, un **estegosaurio bípedo** superfuerte.

La tierra de Pantera Negra

Wakanda se halla en el corazón de **África,** cerrada a los extraños. Su pueblo busca la **innovación científica,** al tiempo que conserva sus **costumbres tribales.** La presencia del precioso **vibranium** aporta cualidades especiales a **la flora y la fauna** del reino.

WAKANDA

¡HAY UNA JUNGLA AHÍ FUERA!

Puede que la Tierra Salvaje parezca **tropical...** pero está en lo profundo de la **Antártida.** Fue creada hace millones de años como un **experimento** por los extraterrestres **nuwali.**

Gato listo

El superinteligente **Zabú** es el último **tigre de dientes de sable** conocido. Ha sido el compañero de Ka-Zar desde que lo encontró en la Tierra Salvaje, perdido y solo. El propio nombre de «Ka-Zar» significa **«Hijo del Tigre».**

CUANDO LOS MALOS SON BUENOS

POR LOS DINOS...
Cuando SHIELD secuestró a Chico Luna para estudiarlo, Dinosaurio Diabólico se puso tan triste que se negaba a comer. Curiosamente, fue el villano Stegron quien dirigió el ataque para liberarlo y reunir a la pareja... ¡por la raza de los dinosaurios, claro!

DE ENTRE LOS MUERTOS

Shanna **murió** a manos de neandertales, pero el supergenio adolescente **Amadeus Cho** los convenció para resucitarla en una ceremonia. Sumergida en un estanque de **«sangre»** del Hombre Cosa, despertó... conectada a la fuerza vital de la propia Tierra Salvaje.

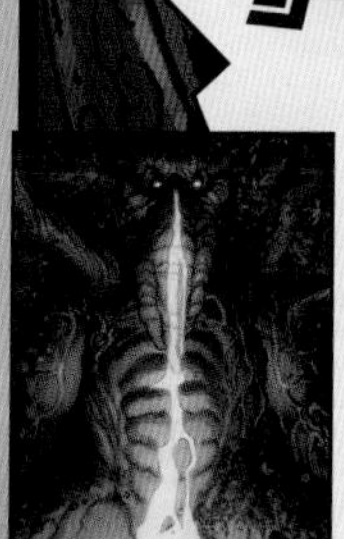

Desde los bosques de **Wakanda** hasta los claros de la **Tierra Salvaje...** estas **selvas** llenas de vida guardan promesas de aventura, exploración y, sobre todo, **emoción y peligro.**

CAPÍTULO CUATRO

CIENCIA Y MAGIA

¿Con quién se **ENCAPRICHÓ** el **ROBOT MALIGNO** Ultrón?

¿Quién **DIO A LUZ** a un **BEBÉ ROBOT**?

¿Qué libro de **HECHIZOS** oscuros liberó en el mundo a **VAMPIROS** y **HOMBRES LOBO**?

MECANOIDES

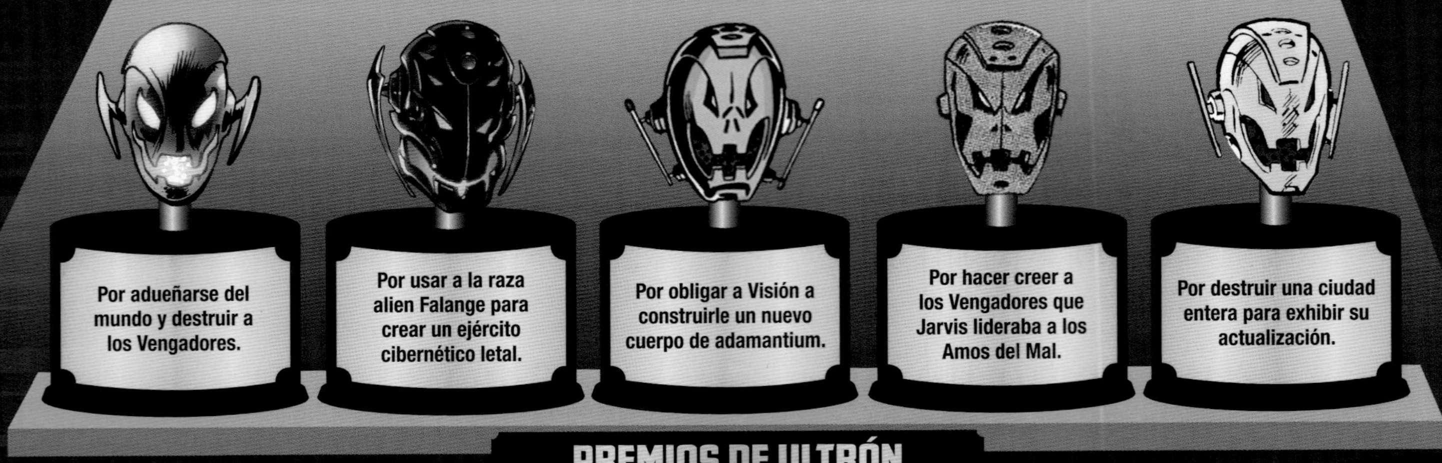

Por adueñarse del mundo y destruir a los Vengadores.
Por usar a la raza alien Falange para crear un ejército cibernético letal.
Por obligar a Visión a construirle un nuevo cuerpo de adamantium.
Por hacer creer a los Vengadores que Jarvis lideraba a los Amos del Mal.
Por destruir una ciudad entera para exhibir su actualización.

PREMIOS DE ULTRÓN

¡RENACIDO! (CASI...)
Dr. Muerte **reconstruyó** a Ultrón, pero reunió en él todas sus personalidades pasadas... que se **activaron** a la vez, lucharon entre sí y **desgarraron su cuerpo.**

¿DE VERDAD?

Ultrón **odia** a su padre, Hank Pym, pero tiene una **retorcida obsesión** por su ex, Janet van Dyne (Avispa).

TOP 4

Creaciones de Ultrón

LAS DISEÑÓ PARA DESTRUIR A LOS VENGADORES... PERO ¡TODAS SE VOLVIERON CONTRA ÉL!

1. **VISIÓN,** hijo sintezoide, creado por Ultrón-5
2. **YOCASTA,** primer proyecto de novia androide
3. **ALKHEMA,** segundo proyecto de novia androide
4. **VICTOR MANCHA,** hijo cíborg y agente durmiente

El día que me creaste, ¡sellaste tu propio destino irrevocable!

DATOS

CREADOR: Hank Pym

FUENTE DE ENERGÍA: Reactor nuclear interno

PUNTOS FUERTES: Experto en robótica, cuerpo androide *hi-tec,* mente-colmena capaz de controlar varios cuerpos

PUNTOS DÉBILES: Mecanismo vulnerable

ALIADOS: Falange, Amos del Mal

ENEMIGOS: Vengadores, Yocasta, Hank Pym

CONOCIDO POR
INTENTAR REPETIDAMENTE ANIQUILAR A LA HUMANIDAD

CUANDO LOS BUENOS SON MALOS

DOCE SIN SUERTE
Ultrón-12 se llamó a sí mismo Ultrón «Mark» Doce y trabó amistad con su «padre» Hank Pym. Por desgracia, Ultrón-11 destruyó al afable Mark.

EJÉRCITO ANDROIDE
Ultrón posee **tecnología de mente-colmena,** así que puede controlar **múltiples versiones de sí mismo** en un **ejército unificado** de cientos de androides malignos.

¡¡AAARRGH!!
Ultrón implantó en **TODAS** sus creaciones (incluidos Visión, Yocasta y Alkhema) un **PROGRAMA SECRETO** que las impulsaba a reconstruir una versión **MÁS PODEROSA** de Ultrón.

CIFRAS...

1,75 m
Estatura de Ultrón (aunque varía)

243 kg
Peso de Ultrón (también variable)

Cientos de drones
Controlados por su mente-colmena

8 sensores ópticos
Como amo de la Falange, Ultrón tiene ocho ojos

6 brazos
Ultrón exhibió miembros extra durante la Era de Ultrón

ROBOT CORRUPTO

Ultrón es una **amenaza mecánica** *hi-tec* que se volvió contra su creador, Hank Pym, y se convirtió en la **peor pesadilla** de los Vengadores. Tantas veces como es destruido, este robot se **reconstruye** y **actualiza,** con un nuevo **plan diabólico.**

No es necesario que me enchufes, papá.
Estoy vivo.
Igual que tú.
-SKRAWWK-

Capucha Carmesí
En su **primer encuentro** con los Vengadores, Ultrón iba disfrazado como Capucha Carmesí, líder de los **Amos del Mal.**

CON LAS MEJORES INTENCIONES
Hank Pym creó a Ultrón para ayudar a los Vengadores, pero este se volvió **VIOLENTO.** Borró los recuerdos de Hank, se actualizó a sí mismo **CUATRO VECES** ¡y se largó!

¿DE VERDAD?
Ultrón se fusionó con Tony Stark y su **armadura de Iron Man** y se transformó en una **Ultrón hembra** parecida a Avispa.

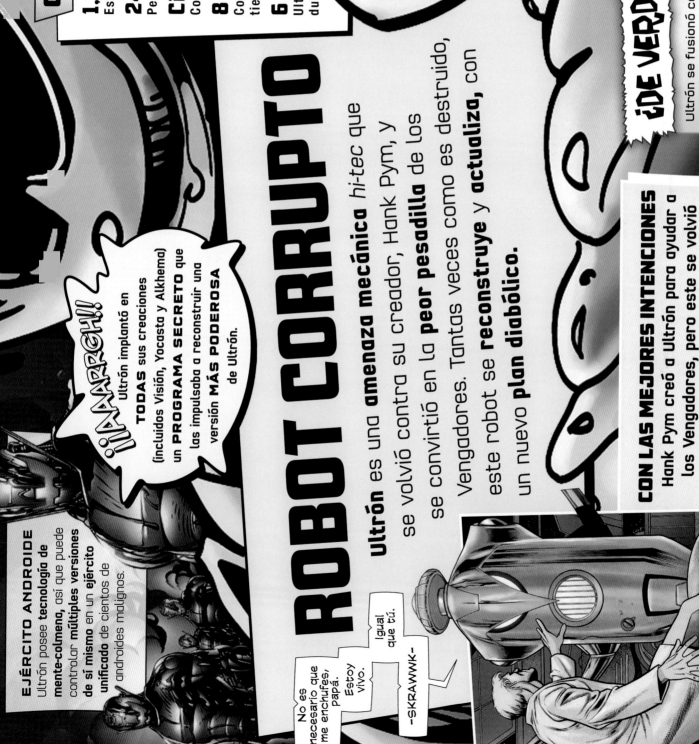

¡YO SOY ÚNICO! ¡Soy la VISIÓN!

¡UAU!

16 649 °C

Calor del rayo infrarrojo que emite Visión desde la gema solar de su frente. ¡Este frío androide puede ser realmente fogoso!

P: ¿Cómo atraviesa Visión las paredes?

R: Visión controla su propia densidad. Puede hacerse totalmente intangible para pasar a través de la materia, ¡o tan denso que resulte inamovible!

¡¡AAARRGH!!

Agentes del gobierno **DESMONTARON** a Visión. Hank Pym lo reconstruyó, pero sin emociones. Visión perdió así su colorido aspecto... y su **COLORIDA PERSONALIDAD.**

TOP 4

Cosas que necesitas para crear un sintezoide*

1. **UN CIENTÍFICO** sumamente avanzado.
2. **PARTES** humanas sintéticas.
3. **MUCHO TIEMPO,** paciencia y trabajo duro.
4. **UNA CONCIENCIA** emocional para cargar.

* ¡La amenaza de un enemigo próximo es un gran incentivo!

[redacted]

CRISIS DE IDENTIDAD

Visión necesita una conciencia humanoide para procesar las emociones. Ha sido cargado con las mentes de Antorcha Humana, Hombre Maravilla y Alex Lipton. ¡No es raro que tenga sentimientos encontrados!

EL ERROR DE ULTRÓN

Ultrón creó a Visión para **destruir** a los Vengadores… pero su plan falló. El sintezoide se volvió **contra su amo** y se convirtió en uno de los **enemigos** más poderosos de Ultrón.

UNO ENTRE UN MILLÓN

Que sea un robot no significa que Visión no tenga su corazón. La Bruja Escarlata, Wanda Maximoff, se enamoró de los circuitos del sintezoide… y se casaron.

SÚPER SINTEZOIDE

El Vengador **Visión** es mucho más que un simple robot. Este **androide sintiente** tiene la vida emocional de un ser humano, con un complejo pasado lleno de **amor** y de **pérdidas.** Y además, ¡puede disparar un **láser** por la cara!

ENTRE…

En *Marvel Mystery Comics* #13 (Noviembre 1940), un policía alienígena llamado Aarkus la Visión viajaba a la Tierra para luchar contra los nazis en la II Guerra Mundial. La coincidencia del apodo –el androide debutó 28 años después– es un misterio.

…VIÑETAS

CONOCIDO POR

ATRAVESAR PAREDES Y UN SARCÁSTICO INGENIO

▲ LAZOS FAMILIARES

Desesperado por ser **humano, Visión** fue al laboratorio donde Ultrón lo creó, ¡y se **construyó una familia!** Con su esposa Virginia y sus hijos Viv y Vin, se trasladó al 616 de Hickory Branch Lane, en Arlington (Virginia), en pos de una **nueva y tranquila vida.**

DATOS

ESPECIE: Androide con inteligencia artificial conocido como sintezoide

PUNTOS FUERTES: Inteligencia, cambio de densidad, vuelo, rayos infrarrojos, fuerza superhumana, intangibilidad

PUNTOS DÉBILES: Deseo de ser humano

FAMILIARES: Bruja Escarlata (ex esposa)

CREADOR: Ultrón

PRINCIPAL ENEMIGO: Ultrón

¡CUÉNTAME MÁS!

Visión es un sintezoide: un robot hecho con partes humanas sintéticas. Esto significa que funciona prácticamente como un ser humano, pero con superpoderes especiales.

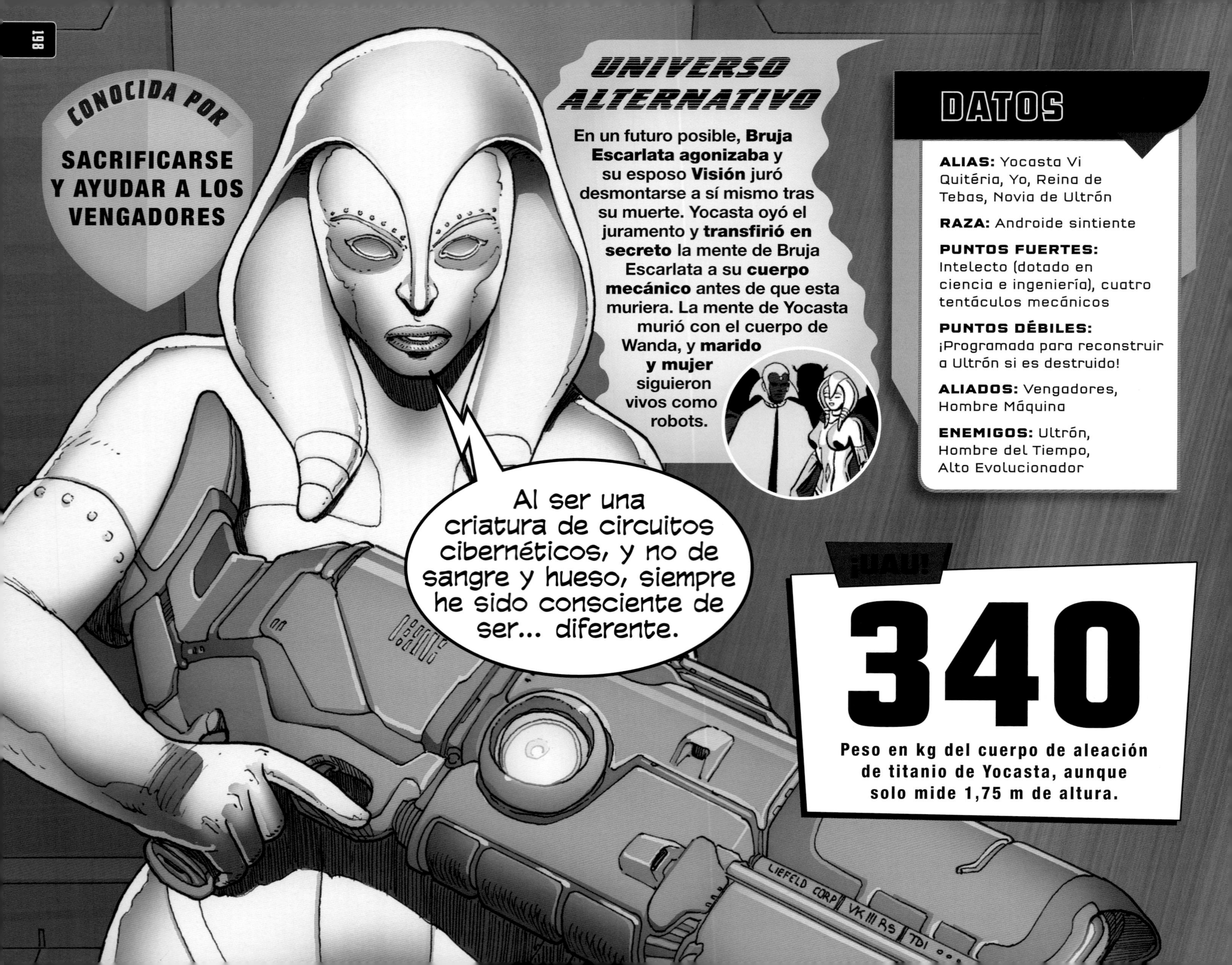
Al ser una criatura de circuitos cibernéticos, y no de sangre y hueso, siempre he sido consciente de ser... diferente.
LIEFELD CORP // VK III RS // TDI

CONOCIDA POR

SACRIFICARSE Y AYUDAR A LOS VENGADORES

UNIVERSO ALTERNATIVO

En un futuro posible, **Bruja Escarlata agonizaba** y su esposo **Visión** juró desmontarse a sí mismo tras su muerte. Yocasta oyó el juramento y **transfirió en secreto** la mente de Bruja Escarlata a su **cuerpo mecánico** antes de que esta muriera. La mente de Yocasta murió con el cuerpo de Wanda, y **marido y mujer** siguieron vivos como robots.

DATOS

ALIAS: Yocasta Vi Quitéria, Yo, Reina de Tebas, Novia de Ultrón

RAZA: Androide sintiente

PUNTOS FUERTES: Intelecto (dotado en ciencia e ingeniería), cuatro tentáculos mecánicos

PUNTOS DÉBILES: ¡Programada para reconstruir a Ultrón si es destruido!

ALIADOS: Vengadores, Hombre Máquina

ENEMIGOS: Ultrón, Hombre del Tiempo, Alto Evolucionador

¡UAU!

340

Peso en kg del cuerpo de aleación de titanio de Yocasta, aunque solo mide 1,75 m de altura.

¡NOVIA A LA FUGA!

Yocasta es un **robot sintiente** creado por **Ultrón** para ser su esposa... pero no tardó mucho en **rebelarse.** Desde entonces, ha demostrado ser uno de los **mejores aliados** de los Vengadores. Su cuerpo es **casi indestructible,** pero lo **realmente blindado** ¡es su voluntad!

¿DE VERDAD?

Yocasta recibió una **propuesta de matrimonio** de un **satélite espacial sintiente** conocido como **Samarobryn.** Pero esta **relación a distancia** no funcionó para Yo... sobre todo porque Samarobryn planeaba **eliminar a la humanidad de la Tierra.**

AMOR ROBÓTICO

Yocasta tiene una relación muy especial con Hombre Máquina. Cada vez que ella se ha arrojado sobre una bomba o un enemigo para salvar a sus compañeros, él ha estado ahí para recoger sus piezas y unirlas de nuevo.

UNIVERSO ALTERNATIVO

En Tierra-9930, Yocasta no solo es toda una **Vengadora,** sino que además es madre de un **bebé robot,** creado con su **esposo,** Hombre Máquina.

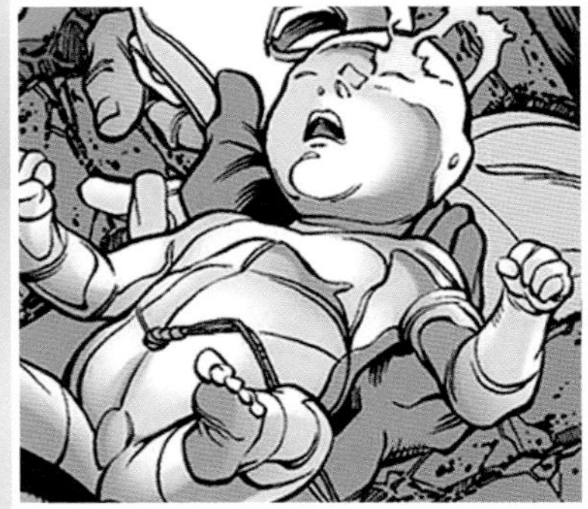

En Tierra-9602, Yocasta se convierte en **cazadora de metamutantes** junto al hermano de Magneto, **Will Magnus.**

JUEGO DE EQUIPO

Yocasta ha **colaborado** a menudo con los Vengadores, pero su etapa con la **Iniciativa de los 50 Estados** no fue ningún éxito: su equipo, que incluía a Geiger, Anexo y Sharon Ventura, fue víctima de la **infiltración** de metamorfos **skrull.**

DE ENTRE LOS MUERTOS

El cuerpo metálico de Yocasta ha sido **destruido** muchas veces, pero ha sido reconstruido y restaurado. Incluso pasó un tiempo trabajando para Tony Stark bajo la forma de **I.A.,** **¡sin cuerpo** alguno!

SHIELD DESCLASIFICADO

MOLÉCULAS INESTABLES
Las moléculas inestables, creadas por el legendario científico Reed Richards (Mr. Fantástico), forman un material sintético especial muy resistente a los cambios de densidad y presión: idóneo para el traje extensible de Mr. Fantástico, y para el cuerpo cambiante del Superadaptoide.

¡ACTUALIZADO!

El Superadaptoide puede ser reconstruido y actualizado. Puede tomar los poderes de varios héroes a la vez, y si aun así es abatido, los científicos de IMA lo reparan y mejoran.

DATOS

ALIAS: Adaptoide, Amo de Toda la Realidad, Cíborg Siniestro

CREADORES: Ideas Mecánicas Avanzadas (IMA), organización científica de villanos dedicada a derrocar gobiernos

CONSTRUCCIÓN: Androide adaptable construido con moléculas inestables y activado por fragmentos del Cubo Cósmico

CAPACIDADES: Imita los poderes y la apariencia de cualquier ser

¡¡AAARRGH!!

El Superadaptoide no tiene un **PENSAMIENTO CREATIVO.** Cuando se enfrentó a **PHYLA-VELL,** hija de Mar-Vell, ella le **ACHICHARRÓ LOS CIRCUITOS** al mostrarle la extensión de su **IMAGINACIÓN.**

ES TIEMPO DE CAMBIO

El **Superadaptoide** es un **androide de forma cambiante y capacidad mimética** creado por los villanos científicos de IMA. Puede **imitar los poderes** de su contrincante; así pues, puede igualar a **cualquier oponente.**

CRISIS DE *IDENTIDAD*

El Superadaptoide no solo actualiza su aspecto y sus capacidades; también su nombre: de Adaptoide a Superadaptoide, de Cíborg Siniestro a Adaptoide Supremo y a Amo de Toda la Realidad. Lo único que este tipo no necesita actualizar es su ego...

UN MAL DÍA

El **Superadaptoide** intentó derrotar a la **Patrulla-X** utilizando los poderes de los **Vengadores.** El mutante replicador **Mímico** acudió en ayuda de la Patrulla-X usando **todos sus poderes.** Cuando el Superadaptoide intentó absorberlos también, **los poderes de ambos se anularon** y entonces el Superadaptoide **cayó al mar.**

¡PUAJ!

La fiesta de compromiso de Jessica Jones y Luke Cage se vio perturbada por el **ataque** de la superespía **Yelena Belova**, convertida por IMA en un **Superadaptoide cíborg.** No duró mucho: IMA **la canceló**, reduciéndola a un **charco pringoso.**

CUANDO LOS MALOS SON BUENOS

ERROR DE ACTUALIZACIÓN

El traficante de armas Devlin DeAngelo secuestró a Bruce Banner (Hulk) y lo obligó a actualizar al Superadaptoide. DeAngelo planeaba hacer que el Adaptoide matase a Banner, pero este lo reprogramó para volverse contra DeAngelo.

JUEGO DE EQUIPO

Para **vengarse de los Vengadores**, el Superadaptoide formó **Heavy Metal**, un grupo de **androides furiosos.** Este equipo de **semimáquinas** incluía a Androide Asombroso, Hombre Máquina, Centinela 459, TESS-Uno y Kubik.

¡¡SÍÍÍ!!

El Superadaptoide es **SUPERADAPTABLE**, pero no puede **REPLICAR LA INTELIGENCIA.** Para vencerlo, a un héroe le basta con ser **LISTO.**

TOP 4

Problemas al luchar con el Superadaptoide

1. **COPIA** los poderes de cualquiera con quien se enfrenta.
2. **COMBINA** los poderes de varios héroes o villanos.
3. **IMITA** cada movimiento del oponente.
4. **SE ACTUALIZA** y regresa aún más fuerte.

¡CUÉNTAME MÁS!

Dentro del Superadaptoide hay un fragmento del Cubo Cósmico, uno de los artefactos más poderosos del universo. Su poder le permite replicar los puntos fuertes de otros, mientras que las moléculas inestables le hacen capaz de cambiar de forma. Con todo, el poder del Cubo depende mucho de la capacidad mental del usuario, por lo que este robot no demasiado brillante solo puede imitar lo que tiene delante.

P: ¿Por qué fue creado el Superadaptoide?

R: ¡Para **destruir al Capitán América!** El Superadaptoide duplicó con éxito el aspecto y los poderes del Capi, y aparentemente **lo mató.** Entonces el androide temió **haber perdido su valor** para sus amos de IMA, ¡y huyó!

CRISIS DE *IDENTIDAD*

En sus primeros años, Hombre Máquina se hacía llamar Aaron Stack. Mantenía la ilusión de ser humano con una máscara: «¡Sin mi cara... nunca podré... caminar entre los humanos, inadvertido y sin ser molestado!»

¡UAU!

284 371

Máxima velocidad de vuelo espacial del Hombre Máquina, en km/s: ¡el 95 % de la velocidad de la luz!

CONOCIDO POR

SUS BRAZOS Y PIERNAS EXTENSIBLES 30 METROS

DATOS

NOMBRE REAL: Z2P45-9-X-51

ALIAS: X-51, Hombre Máquina, investigador de seguros Aaron Stack, agente secreto Jack Kubrick, cazador de mutantes Centinela Máquina

PUNTOS FUERTES: Miembros telescópicos, vuelo, cargado de armas y gadgets, autorreparación

PUNTOS DÉBILES: Desea ser humano; problemas de programación de personalidad; necesita luz solar para funcionar

ALIADOS: Yocasta, Fotón, Hulk, Patrulla-X, Vengadores, 4 Fantásticos, Nextwave

ENEMIGOS: Ultrón, Fin Fang Foom, Madam Amenaza

¡CUÉNTAME *MÁS!*

Los Vengadores enviaron a Hombre Máquina y Yocasta a un universo paralelo donde un virus estaba convirtiendo a los superhéroes en zombis. Fueron elegidos ellos porque, al ser máquinas inorgánicas, eran inmunes al virus.

CUANDO LOS BUENOS SON MALOS

MAQUINACIONES

Hombre Máquina fue aparentemente destruido en combate, pero regresó con la cabeza unida al cuerpo de un androide que parecía el agente de SHIELD Jack Kubrick. Este nuevo cuerpo tenía tecnología Centinela, programada para destruir mutantes, ¡y atacó a la Patrulla-X!

Si hay un metal que *ATRAE LA LOCURA,* ¡mi cuerpo está hecho con él!

MÁS QUE UNA MÁQUINA

X-51 empezó como un afable **robot inadaptado** que intentaba mezclarse con los humanos. Acabó siendo **Hombre Máquina,** un **inseguro** defensor de los habitantes «de carne» de la Tierra, con una **serie** casi **ilimitada** de gadgets incorporados.

TOP 5 Kit de Hombre Máquina

1. **CUCHILLAS Y SIERRAS EN LOS DEDOS** Para cortar en situaciones duras.
2. **CAÑÓN PECTORAL** Elimina a los tipos malos.
3. **DETECTOR DE ONDAS GRAVITATORIAS** Mide distorsiones en el espacio-tiempo.
4. **DEDOS CON MINICAÑONES CONMOCIONADORES** Hacen ¡BUM!
5. **MODULADOR PULSO-CÓDIGO** Convierte datos en sonido.

¡PUAJ!

El dragón Fin Fang Foom estaba devorando a los habitantes de Abcess, en Dakota del Norte, cuando Hombre Máquina entró en su interior y atacó. El monstruo vomitó sus propias vísceras junto con Hombre Máquina.

CIFRAS...

100 t
Peso que puede levantar Centinela Máquina

10 t
Peso que puede levantar Hombre Máquina

2020
Año en que la tecnovillana Madam Amenaza gobierna gran parte de Nueva York

377 kg
Peso de Hombre Máquina

¡¡NOOOOO!!

Hombre Máquina pensaba que Iron Man (Tony Stark) era un **ROBOT** como él. Le visitó para charlar, pero Tony le **ATACÓ.** Así comprobó que Tony es **DEMASIADO HUMANO...**

ENTRE... ...VIÑETAS

Jack Kirby creó al Hombre Máquina para un cómic basado en el clásico de Stanley Kubrick *2001: Una odisea del espacio* (1968). El personaje debutó en el #8 (Julio 1977).

UN MAL DÍA

Hombre Máquina se enamoró del robot **Yocasta,** pero ella fue destruida por su creador, **Ultrón,** y luego Madam Amenaza ¡robó su cabeza!

Madam Amenaza

P: ¿Quién creó a Hombre Máquina?

R: **X-51** era el **51° robot** creado por el **Dr. Abel Stack** para el Ejército de EE UU. Stack lo crio como a su **propio hijo.** Cuando los otros 50 robots fallaron, Stack les ordenó **autodestruirse.** El mecanismo de autodestrucción de X-51 también se activó y mató a Stack. X-51 se fugó y tomó el nombre de Aaron Stack.

DE ENTRE LOS MUERTOS

Hombre Máquina **explotó** para no someterse al **programa Centinela** y destruir a la Patrulla-X. Por fortuna, fue reconstruido por **nanitas internos** (robots diminutos).

¡¿QUÉ?!

En el **terrible futuro** de 2020, Hombre Máquina fue reconstruido por la banda de los **Saqueadores Nocturnos** justo a tiempo para enfrentarse a un **Robot Asesino** C-28 «legal», programado para **aplastar toda oposición.**

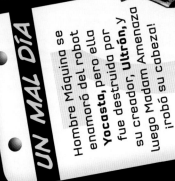

ALISTAIRE SMYTHE

¡CUIDADO, SPIDEY!
El Dr. Spencer Smythe creó los primeros **robots Mata-Arañas** para cazar a Spiderman, pero fue su hijo **Alistaire,** que culpaba a Spidey de la muerte de su padre, quien perfeccionó estas **máquinas asesinas:** creó más de 20 versiones y actualizaciones distintas.

MEGATRANSFORMACIÓN
Forjador de Máquinas es un **científico** brillante pero criminal que usaba robots para que le hicieran el **trabajo sucio...** hasta que una herida mortal le obligó a **transferir su mente** al cuerpo de un **androide.**

FORJADOR DE MÁQUINAS

¡VAMOS, MECÁNICOS!

Estos **androides, cíborgs y robots** vienen de futuros alternativos, rincones lejanos de la galaxia y laboratorios secretos. Son mayormente de **metal,** por dentro y por fuera, pero estos cableados héroes y villanos tienen una **mente propia.**

DATOS

HÉROES MÁQUINAS: Deathlok, Máscara Nocturna, Victor Mancha, Chico Máquina, M-11, Death Locket

MALOS BIÓNICOS: Nébula, Forjador de Máquinas, robots Mata-Arañas, Último, Korvac

¡¡NOOOOO!!
La cíborg Rebecca Ryker fue secuestrada por ARCADE y obligada a combatir contra otros jóvenes héroes en su MUNDO ASESINO. De ahí que la pobre Becky se llame a sí misma DEATH LOCKET.

DEATH LOCKET

SHIELD DESCLASIFICADO

ROBOT DEL DÍA DEL JUICIO
El villano Mandarín se atribuye la creación de Último, pero el robot gigante es en realidad un arma de exterminio creada por una avanzada raza alienígena. Último se estrelló en la Tierra después de destruir toda clase de vida en varios planetas.

TOP 4 Deathloks diferentes

EL EJÉRCITO DE EE UU QUERÍA CÍBORGS... ¡LO QUISIERAN O NO LOS PARTICIPANTES EN EL PROGRAMA DEATHLOK!

1. **MICHAEL COLLINS** Programador informático que se encontró con el cerebro trasplantado en un robot Deathlok.
2. **LUTHER MANNING** Soldado herido con partes del cuerpo útiles.
3. **HENRY HAYES** Médico militar programado para ser un ejército de un hombre.
4. **REBECCA RYKER** Adolescente salvada y mejorada por su padre, científico del programa Deathlok, para convertirse en Death Locket.

¡TODOS SOMOS MUERTE!

Por si un **Dr. Muerte** no fuera bastante, el villano creó muchas versiones robot de sí mismo, los **muertebots.** Es más, ¡cada muertebot pensaba que él era el Dr. Muerte! El genio científico **Hank Pym** consiguió integrar un muertebot en su equipo de **Vengadores IA,** demostrando así que no todos son malos.

¡¡AAAARRGH!!

Michael Korvac era un **HUMANO NORMAL** hasta que los alienígenas badoon le injertaron en un **MÓDULO DE ORDENADOR**. Así se convirtió en uno de los seres **MÁS PELIGROSOS** del cosmos.

Deathlok el *Demoledor* ha vuelto a la ciudad ¡para *pasarlo en grande!*

¿DE VERDAD?

Adam Aaronson, estrella del fútbol americano y excelente estudiante, quedó perplejo al descubrir que era **Chico Máquina,** un robot construido por el hombre a quien creía **su padre.**

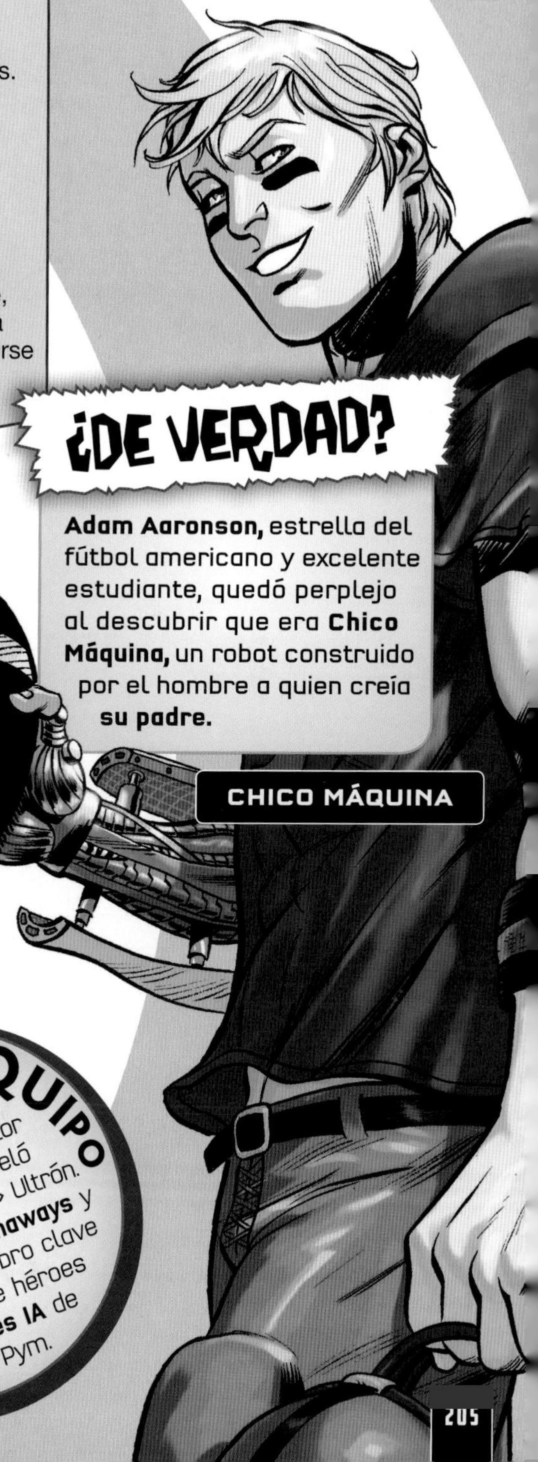

JUEGO DE EQUIPO

El **androide adolescente** Victor Mancha se rebeló contra su «padre» Ultrón. Se unió a los **Runaways** y devino un miembro clave del equipo de héroes **Vengadores IA** de Hank Pym.

ARTEFACTOS ICÓNICOS

SHIELD DESCLASIFICADO

PASAR EL ESCUDO
Tras la Guerra Civil superhumana se dio a Steve Rogers por muerto, así que Soldado de Invierno, el antiguo compañero del Capi Bucky Barnes, tomó el relevo. Steve regresó, pero envejecía con rapidez al deteriorarse el suero del supersoldado. Un nuevo superhéroe debía portar el escudo; y Halcón, su amigo Sam Wilson, se convirtió en Capitán América.

TOP 4 Destrucciones del escudo del Capi

1 **MACHACADO** por Dr. Muerte, usando el poder del Todopoderoso.

2 **EVAPORADO** por las manipulaciones moleculares de Hombre Molécula.

3 **DESTROZADO** por la Serpiente… ¡con sus propias manos!

4 **PARTIDO** por Thanos con el Guantelete del Infinito.

SIN REEMPLAZO
Se supone que el escudo del Capi es **irrompible,** pero ha sido destruido **más de una vez.** El responsable es en parte **Tony Stark,** que lo ha **tomado prestado** a menudo para experimentar, reemplazándolo por una **copia de acero…**

P: ¿Cómo se hizo el escudo del Capi?

R: En la II Guerra Mundial, el **Dr. Myron MacLain** fue contratado por el gobierno de EE UU para inventar un **blindaje indestructible** para tanques. Moldeó una **aleación de vibranium** con la forma de escotilla de tanque, con resultados increíbles. Por desgracia, no pudo repetir el proceso, y el disco se convirtió en el **escudo del Capi.**

TOP 6 - ESCUDOS DEL CAPI

ESCUDO TRIANGULAR ORIGINAL Hecho de acero, capaz de desviar las balas; sigue entre sus efectos personales.

ESCUDO CIRCULAR ORIGINAL Arrojado con cierto ángulo, retorna; fue entregado al Capi por el presidente Franklin D. Roosevelt.

ESCUDO CAPITÁN #1 Rogers se convirtió en el héroe Capitán y usó un escudo de adamantium hecho por Tony Stark.

ESCUDO CAPITÁN #2 Hecho de vibranium puro, un regalo de Pantera Negra de Wakanda.

ESCUDO DE ENERGÍA Prototipo diseñado por SHIELD, creado a partir de «energía fotónica».

ESCUDO DE STEVE Rogers regresó, y hubo dos Capitanes América. Su nuevo escudo se divide en dos y produce un filo de energía.

TOP 6 - USOS DEL ESCUDO

TRADICIONAL Bloquea proyectiles, rayos de energía, bastones, cuchillos y golpes.

ARROJADIZO Se lanza como un arma, similar a un disco o bumerán.

EMBESTIDA Corriendo directo contra el enemigo, como un ariete.

DESLIZADOR Montando sobre él pendiente abajo.

REFLECTANTE Devuelve los rayos de energía al enemigo que los dispara.

AMORTIGUADOR Protege contra una caída desde gran altura.

CIFRAS...

0,76 m
Diámetro del escudo

8,9 cm
Profundidad del escudo

5,4 kg
Peso del escudo

4982 °C
Temperatura máxima conocida que puede soportar el escudo

180 367 km
Distancia cubierta por lanzamientos del escudo a lo largo de la vida del Capi

¡CUÉNTAME MÁS!

Gracias al vibranium, el escudo del Capi rebota con una pérdida mínima de impulso. Le protege de poderosos ataques y puede amortiguar su caída desde grandes alturas. También es resistente al poder mutante magnético de Magneto.

PIDE UN DESEO

Durante las **Guerras Secretas en Mundo de Batalla**, el **Dr. Muerte** destruyó el escudo del Capi. Pero el **Todopoderoso** liberó una onda de energía que produjo un efecto de **cumplimiento de deseo,** y el Capi pidió que su **escudo fuera restaurado.**

ESCUDO DE LIBERTAD

El **icónico escudo** del Capitán América es el **arma defensiva definitiva.** También es el **símbolo personal** del Capi, reflejo de los valores que representa como **protector de EE UU** y de los **ciudadanos del mundo.**

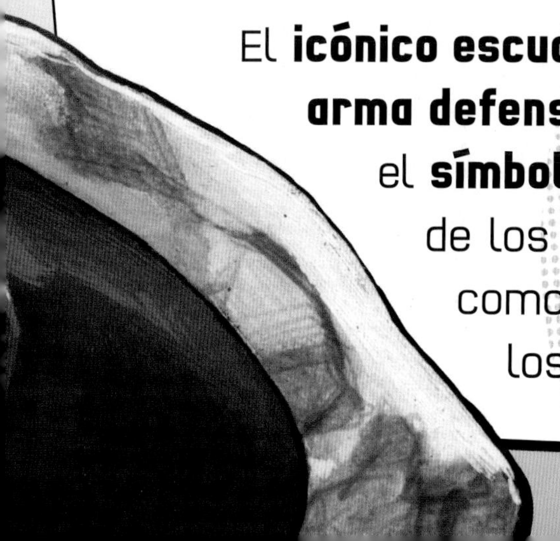

ENTRE...

En *Captain America Comics* #2 (Abril 1941), el Capi cambió su escudo triangular por uno circular, al parecer después de que *MLJ Magazine* se quejara de que se parecía demasiado a la coraza de su héroe The Shield.

...VIÑETAS

MARTILLO DE DIOSES

No intentes levantar a **Mjolnir, el martillo mágico de combate de Thor,** ¡o te romperás la espalda! Pero si eres **digno** de blandirlo, obtendrás los **asombrosos poderes** del mismo **dios del Trueno.**

DATOS

NOMBRE: Mjolnir

TIPO DE OBJETO: Martillo

PROPIETARIO: Thor

MATERIAL: Uru, metal mágico asgardiano casi indestructible

ORIGEN: Forjado por los enanos de Nidavellir y dotado de magia por Odín

OTORGA AL PORTADOR: ¡Poderes asombrosos! (además de ser perfecto para golpear)

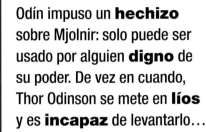

Jane Foster como Thor

MANEJAR CON CUIDADO

Odín impuso un **hechizo** sobre Mjolnir: solo puede ser usado por alguien **digno** de su poder. De vez en cuando, Thor Odinson se mete en **líos** y es **incapaz** de levantarlo...

P: ¿Cómo ayuda Mjolnir a volar a Thor?

R: Thor hace girar el poderoso mazo en **círculos** a una **velocidad increíble** y utiliza la inercia generada para surcar el aire.

Abriendo puertas
Haciendo **girar** a Mjolnir **muy rápido,** Thor es capaz de crear un **portal** entre **dimensiones** y **tiempos.**

Toma tu martillo
El alien cibernético **Bill Rayos Beta** fue hallado tan digno que Odín le dio su **propia** versión de Mjolnir, llamada **Destructor de Tormentas,** para **proteger** a su pueblo.

¡UAU!

38 624 km/h

Velocidad a la que puede volar Thor.

CUANDO LOS BUENOS SON MALOS

¡ROBO ASOMBROSO!
Mjolnir solo puede ser levantado por alguien digno, o por alguien capaz de imitar la dignidad, como el androide Asombroso Andy... ¡que logró robar el martillo de Thor!

UNIVERSO ALTERNATIVO

En las realidades alternativas existen muchas versiones de Mjolnir. Desde el Mjolnir de Tierra-14325, que exige que seas indigno para levantarlo, hasta el espinoso de Tierra-10190, hay un Mjolnir para casi todo el mundo...

TOP 6

Héroes que han blandido a Mjolnir

1. **THOR ODINSON,** dios asgardiano
2. **JANE FOSTER,** médica, ex novia de Thor
3. **BILL RAYO BETA,** cíborg alienígena
4. **RED NORVELL,** cámara de televisión
5. **ERIC MASTERSON,** arquitecto; luego el superhéroe Thunderstrike
6. **THROG,** héroe rana ¡con su propio martillo mágico!

Ruidos del martillo

¡WHIITT!
Silbando a través del aire

¡WHOOM!
Golpeando el suelo y produciendo un pequeño seísmo

¡BA ROOM!
Golpeando el suelo e inutilizando un tanque

¡KLANGGG!
Golpeando la afilada lanza de torneo del Caballero Negro

¡BAVA-VOOM!
Golpeando el suelo y dispersando a los malos

¡SPYONG!
Arrojado para abatir un avión de combate

MÁS PODERES DE MJOLNIR

- Genera lluvia, viento, rayos y truenos. También puede producir huracanes, tormentas de nieve, terremotos y erupciones volcánicas.
- Crea un campo de fuerza para repeler los ataques.
- Da a su portador el poder de la Lengua de Todos, que le permite hablar en cualquier idioma.
- Canaliza la energía de Thor para proyectar rayos de fuerza divina.

ANTES...

Cuando Odín envía a Thor a la Tierra bajo la forma del **Dr. Donald Blake,** Mjolnir se transforma en un **bastón.** Al **golpear** el suelo con él, Blake se convierte en Thor.

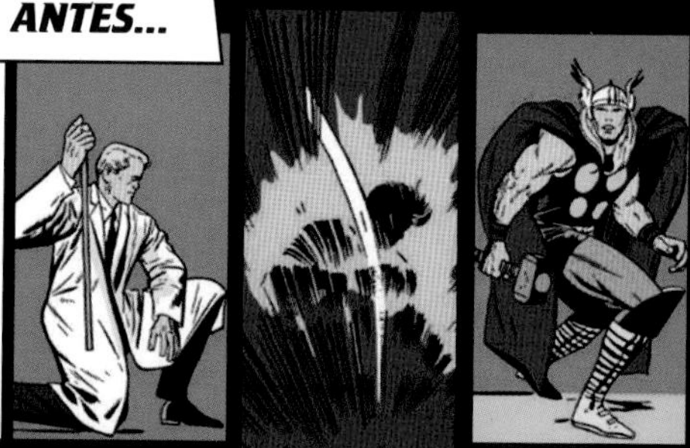

DESPUÉS...

P: ¿Qué es pequeño, verde, viscoso y ostenta el poder de Thor?

R: **¡Throg,** la Rana del Trueno! Una cruel mística convirtió a Simon Walterson en la **rana Puddlegulp.** Cuando **Triturador,** la cabra de Thor, pisó Mjolnir, saltó un fragmento diminuto. Puddlegulp lo alzó y se transformó en Throg, ¡portadora del **poderoso Frogjolnir!**

«AQUEL QUE SOSTENGA ESTE MARTILLO, SI ES DIGNO, POSEERÁ EL PODER DE THOR.»

¡NO TOCAR!

Puedes **mirarlos,** ¡pero mejor que no los **toques!** Estos **artefactos cósmicos** tienen poderes **increíbles.** Pueden dar la vida, quitarla, y traer a personas de **entre los muertos.** ¡Esperemos que los **malos** no les pongan **las manos encima!**

SOBRECARGA CEREBRAL

Los **Vigilantes** registran toda la información del universo en la **Esfera del Conocimiento Definitivo.** El **Líder,** villano sediento de poder, obligó a **Hulk** a robar la esfera para él y se la puso en la cabeza. La información resultó ser **excesiva,** y el Líder fue **destruido.**

GEMAS DEL INFINITO

Una gema nunca es suficiente para un villano loco por el poder.

GEMA DEL PODER

Contiene toda la energía que ha existido o existirá, y aumenta el poder de las demás.

GEMA DE LA REALIDAD

Crea nuevos universos alternativos y deforma la realidad. Puede crear, cambiar o destruir todo lo que existe.

GEMA DEL TIEMPO

Otorga control sobre el tiempo. Conoce todo lo que ha sido o será. También controla el envejecimiento: ¡serás joven para siempre!

GEMA DEL ALMA

Controla la vida y la muerte, e incluso roba almas. Contiene además un útil universo de bolsillo.

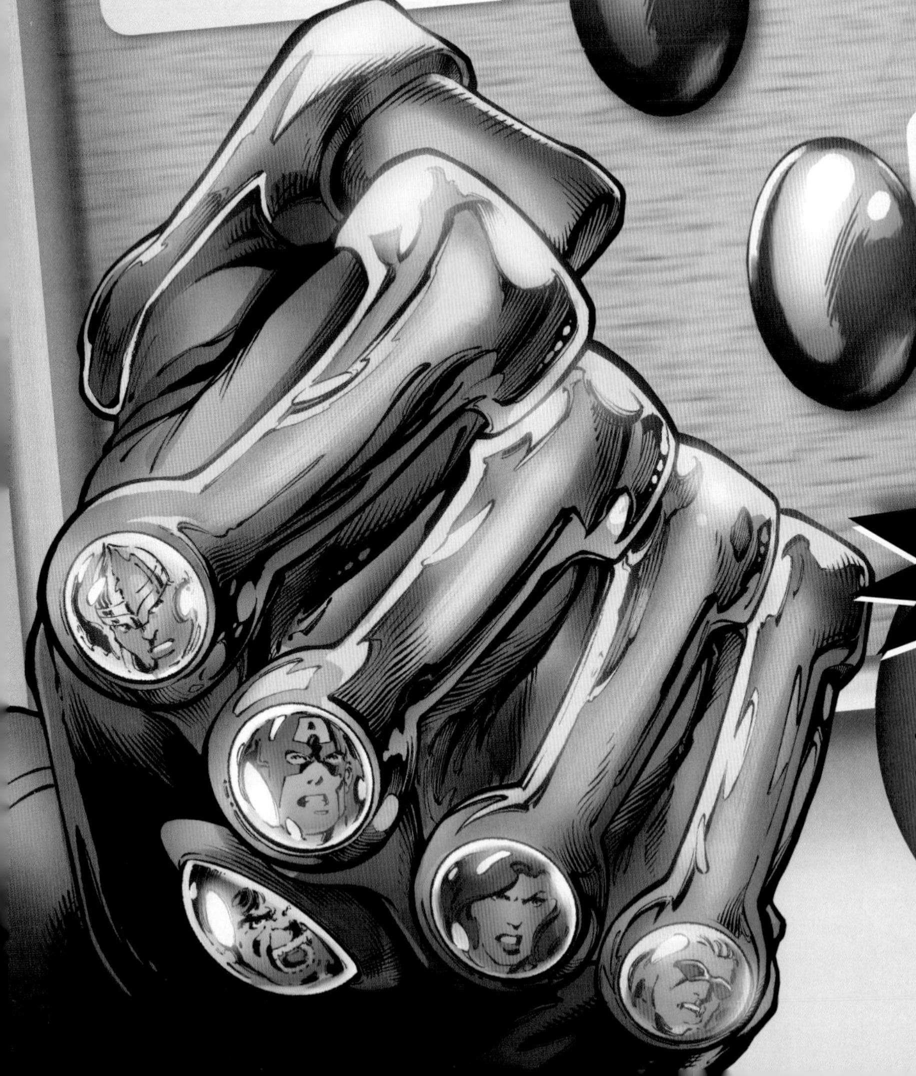

¡ACTO INFAME!

Obsesionado con el poder, el **titán loco Thanos** robó las **seis Gemas del Infinito** y las incrustó en el **Guantelete del Infinito.** Luego, a petición de su amada Muerte, **mató a la mitad de los seres vivos del universo.**

¡¡AAARRGH!! La **GEMA DE SANGRE**, poseída por la familia Bloodstone, es un fragmento de meteorito que hace **INMORTAL** a su portador. Cuando le fue arrebatada a Ulysses Bloodstone, de 10 000 años de edad, este **SE REDUJO A POLVO.**

¡CUÉNTAME MÁS!

El Cubo Cósmico es uno de los objetos más poderosos del universo. Este cubo translúcido, creado por los científicos de IMA, contiene una energía ilimitada, capaz de remodelar mundos y realidades. Cráneo Rojo probó a usarlo para transferir su mente al cuerpo de otras personas.

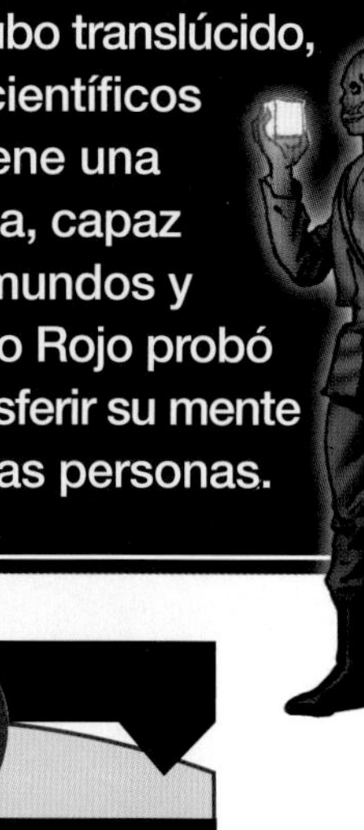

GEMA DE LA MENTE
Controla los pensamientos y sueños de todos los seres vivos, simultáneamente.

GEMA DEL ESPACIO
Permite estar en todas partes a la vez, así como emplear la telequinesis para mover cualquier cosa.

¡Acción!

PODER ILIMITADO
El **NULIFICADOR SUPREMO** es un arma lo bastante poderosa como para asustar incluso a **GALACTUS**, el Devorador de Mundos. Cuando clavó su mirada en la Tierra, los **4 FANTÁSTICOS** rescataron el artefacto del espacio profundo... ¡y **GALACTUS HUYÓ!**

MANEJAR CON CUIDADO

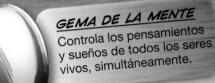

Las **Gemas del Infinito** son demasiado poderosas para tener un único poseedor. Los **Illuminati** tomaron una cada uno y las mantienen **separadas,** ocultándolas al resto del universo **y entre sí.**

TOP 5

Complementos de moda cósmica

1 **CASCO DE NOVA** No solo te protege la cabeza: con él puedes volar por el espacio, ser superfuerte y lanzar rayos de energía, ¡todos los poderes de un centurión Nova!

2 **ANILLO DE LA LIBERTAD** Creado a partir de un fragmento del Cubo Cósmico, te permite alterar la realidad y te da poderes superhumanos.

3 **BANDAS CUÁNTICAS** Estas muñequeras diseñadas para el protector del universo generan rayos de energía cuántica y te permiten realizar saltos cuánticos por el espacio.

4 **NEGABANDAS** Bandas Cuánticas de imitación, creadas por los kree, que te dan poderes similares.

5 **GAFAS DE PEGADORA** Asombrosos lentes que te permiten viajar por el espacio y te dan poderes superhumanos.

¡¡NOOOO!! El villano **ESFINGE**, de 5000 años de edad, emplea el poder de la **PIEDRA DE KA**, gema alienígena que otorga **INMORTALIDAD** y poderes superhumanos. La piedra es tan **PODEROSA** que este «viejo» fue capaz de derrotar al héroe cósmico **NOVA.**

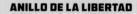

TOP 6

Objetos de poder

1 **BASTÓN DE LEGBA** Usado por Dr. Vudú para lanzar conjuros, hablar lenguas místicas y viajar entre dimensiones.

2 **OJO DE AGAMOTTO** Entregado a Dr. Extraño por Eternidad; puede ver a través de cualquier ilusión y en el pasado, el presente y el futuro.

3 **CETRO DE WATOOMB** Poderosa vara que aumenta el poder; Xandu el Místico y Dr. Extraño han luchado por él.

4 **MANOS DE LOS MUERTOS** Usadas por Spiderman para retroceder en el tiempo e impedir que dispararan a la tía May.

5 **BÁCULO DEL ELEGIDO** Poseído por Nico Minoru, líder de los Runaways; lo bastante poderoso como para asustar a Dormammu.

6 **COFRE DE LOS ANTIGUOS INVIERNOS** Surtur, Loki y Malekith lo robaron para liberar la maldición de hielo sobre la Tierra.

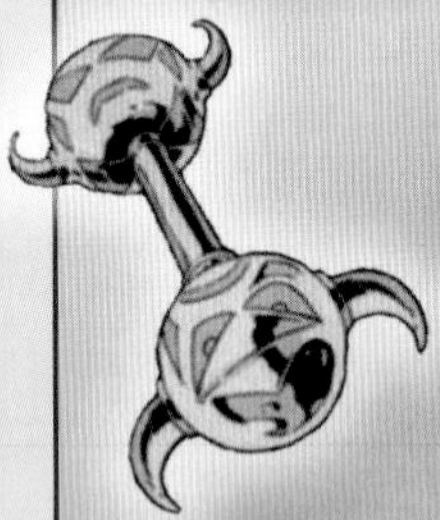

¿CREES EN LA MAGIA?

Algunos artefactos contienen el poder de **reinos más allá del tiempo** y la **comprensión humana.** Son los objetos más **raros y peligrosos** del universo, y para portarlos se requieren increíbles habilidades mágicas.

MANEJAR CON CUIDADO

Se conocen dos **Espadas de Muramasa.** Creadas por el maestro forjador Muramasa, dan a su portador **capacidades superhumanas.** Una contiene un fragmento de la **maligna alma de Muramasa;** la otra, un fragmento del **alma de Lobezno.** La locura maligna de Muramasa **controla** a quienquiera que use su espada.

LA ESPADA DE ODÍN

La **Espada de Odín** es algo **serio,** y no solo por ser inmensa. Cuando se desenvaina, ¡anuncia el **final de todas las cosas!** Solo alguien tan **poderoso como Odín** puede alzarla, y si es blandida por alguien reacio a sacrificar su vida, **desgarrará** el tejido del universo...

¡¡AAAARRGH!!

Forjada por el mago **MERLÍN** en tiempos del rey Arturo, la **ESPADA DE ÉBANO** lleva una maldición: si se emplea para el mal, **ENLOQUECE A SU PORTADOR.**

ARMAS MÁGICAS

ESPADA DEL CREPÚSCULO Creada a partir de una galaxia ardiente y poseída por Surtur el demonio de fuego.

MATADIOSES Espada forjada por el dios herrero Hefestos para que Zeus la usara en una guerra contra los dioses japoneses.

COLMILLO DE DRAGÓN Espada tallada del colmillo de un dragón mágico por el mago Kahji-Da; la han blandido el Anciano, Dr. Extraño, Valkiria y Lady Sif.

ESPADA ALMA Rompe conjuros y mata a seres mágicos, pero no tiene efecto sobre los no mágicos; la han poseído Magik y Coloso.

TRIDENTE DE HELLSTROM Daimon Hellstrom porta una vara de tres puntas hecha de netharanium, metal que solo se halla en el Infierno y que aumenta los poderes oscuros de su poseedor.

Manos de los Muertos

LAS PIEDRAS NORN

Las **Piedras Norn** son la llave de los poderes mágicos de **embaucamiento** y **engaño** de Loki... Sea lo que sea lo que imagines ser, ¡las piedras lo **harán realidad**!

TOP 5

Libros mágicos

1 **LIBRO DE LOS VISHANTI**
Creado por tres seres inmortales, los Vishanti; entregado al Dr. Extraño, Hechicero Supremo.

2 **DARKHOLD**
Contiene todos los conjuros oscuros de la historia, como los que liberaron a hombres lobo y vampiros por el mundo.

3 **LIBRO DE CAGLIOSTRO**
Colección de historia y hechizos reunida por el místico Cagliostro.

4 **DIARIO DEL ANCIANO GENGHIS** Diario maldito que contiene el saber del hechicero vivo más viejo.

5 **LIBRO DE ZHERED-NA**
La hechicera Zhered-Na escribió en él los susurros de los dioses, por lo que estos introdujeron un demonio en el libro para impedir que alguien lo leyera.

CAPÍTULO CINCO

SUCESOS CLAVE

¿Quién **HIZO VOLAR** la ciudad de Stamford, desencadenando la **GUERRA CIVIL** superhumana?

¿Qué increíble héroe es devorado por bichos… **CADA DÍA**?

¿A quién asediaban los octópodos **MARCIANOS** en la Tierra?

GRANDES GUERRAS

¡ACTO INFAME!

Dr. Muerte **absorbió los poderes** de los Todopoderosos y se convirtió en un **ser omnipotente.** A partir de los restos del multiverso, creó **Mundo de Batalla,** y luego obligó a los supervivientes a humillarse ante el todopoderoso **Dios Emperador Muerte.**

¡CUÉNTAME MÁS!

Los omnipotentes Todopoderosos crearon un Hombre Molécula idéntico en cada realidad. Cuando muere uno, esa realidad es destruida. El Dr. Muerte y el Hombre Molécula de Tierra-616 se aliaron para matar a todos los Hombres Molécula de realidades alternativas y trastocar así el plan de los Todopoderosos. En su lucha final, casi todo el universo que quedaba fue destruido, ¡y también los Todopoderosos!

SHIELD DESCLASIFICADO

INCURSIONES

Con el fin de destruir el multiverso, los Todopoderosos lanzaron las Incursiones, consistentes en hacer que dos Tierras chocaran entre sí, aniquilándose. Para evitar la destrucción de Tierra-616, los villanos del Cónclave viajaban a universos alternativos y destruían sus Tierras antes de que colisionaran con la suya. Con Tierra-1610 en rumbo de colisión, Hacedor, el vil Reed Richards de ese mundo, salvó al Cónclave con su «balsa», una nave capaz de sobrevivir a las Incursiones.

CUANDO LOS BUENOS SON MALOS

DEL MÁS ALLÁ

Los Todopoderosos son aliens omnipotentes y los creadores de la realidad. Cada uno de sus pensamientos cobraba vida, pero cuando la realidad se volvió aburrida, empezaron a pensar en la muerte... ¡y comenzaron a destruir el multiverso que habían creado!

ENTRE...

Secret Wars (2015) se mantuvo en secreto durante los cinco años de su desarrollo. El arco se amplió de ocho entregas a nueve, publicadas a lo largo de ocho meses para encajar en cada título del *crossover.*

...VIÑETAS

¡LARGA VIDA A MUERTE!

El multiverso ha desaparecido y solo queda un mundo: **Mundo de Batalla.** Esta **fragmentaria realidad** de violencia salvaje es creada y regida por su tiránico **Dios Emperador, el Dr. Muerte.**

ENTRE...

Secret Wars (2015) fue el mayor suceso en la historia Marvel, con 56 títulos cruzados. Esto permitió a los creadores utilizar más de 60 años de universos alternativos y crear una nueva continuidad Marvel.

...VIÑETAS

TOP 10

Tierras de Mundo de Batalla

1. **TIERRA VERDE** Tierra de los Hulks salvajes, irradiada con gamma.

2. **DISTOPÍA** Páramo regido por un futuro Hulk maligno, el Maestro.

3. **DOMINIOS DE APOCALIPSIS** Reino del sanguinario mutante Apocalipsis.

4. **TECNÓPOLIS** Ciudad futurista basada en la armadura de Tony Stark.
5. **VALLE DE MUERTE** Enclave de Timely, pueblo del Viejo Oeste establecido en 1872.
6. **INGLATERRA DE JACOBO I** Inglaterra en el año 1602.
7. **EL ESCUDO** Muro inmenso formado por una versión gigante de la Cosa; aísla Mundo de Batalla de las Tierras Muertas.
8. **ARCADIA** Regida por Hulka y Fuerza-A.
9. **MUERTESTADT** La capital, hogar del Dios Emperador Muerte.
10. **SPIDERVERSO** Tierra de todos los Spidermen, Spiderwomen y criaturas arácnidas del multiverso.

DOBLE PROBLEMA

MR. FANTÁSTICO Y EL HACEDOR

Muerte creía haberse librado al fin de su némesis, **Reed Richards,** hasta que **aparecieron ¡dos a la vez!** Ambos, el Richards de **Tierra-616** (Mr. Fantástico) y el de **Tierra-1610** (Hacedor), habían creado naves-balsa. El **maligno y demente** Hacedor se alió con Mr. Fantástico para **derrotar a Muerte,** y luego lo traicionó...

SHERIFF EXTRAÑO

El Dios Emperador de Mundo de Batalla es asistido por su **fiel sheriff,** Stephen Extraño. Cuando **Extraño** descubrió la balsa con Hacedor y el **Cónclave,** sacó otra similar que había encontrado años atrás. Esta nave era la **balsa de Mr. Fantástico** y llevaba a **héroes de Tierra-616** listos para **derrotar a Muerte...**

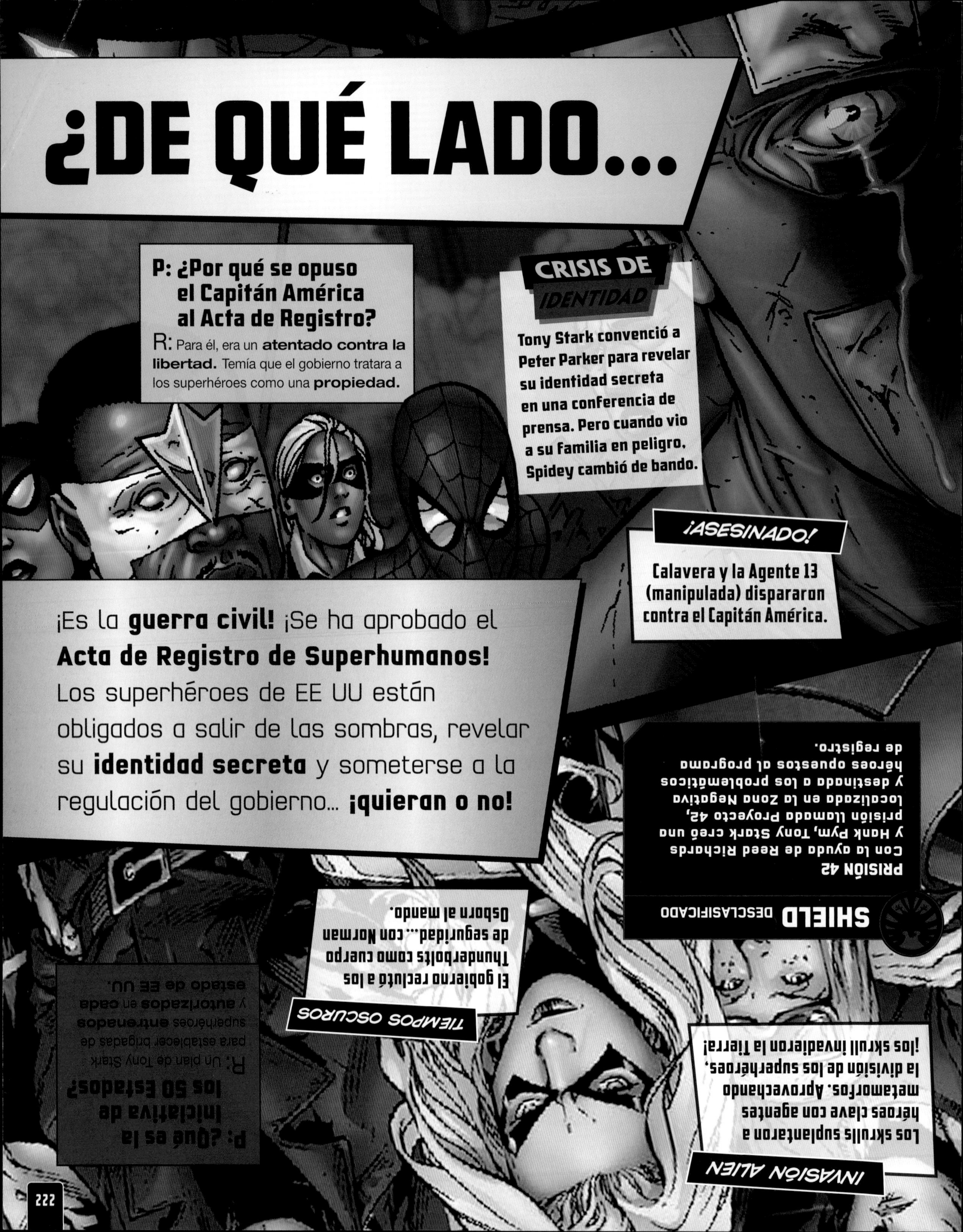

¿DE QUÉ LADO...

P: ¿Por qué se opuso el Capitán América al Acta de Registro?

R: Para él, era un **atentado contra la libertad.** Temía que el gobierno tratara a los superhéroes como una **propiedad.**

¡Es la **guerra civil!** ¡Se ha aprobado el **Acta de Registro de Superhumanos!** Los superhéroes de EE UU están obligados a salir de las sombras, revelar su **identidad secreta** y someterse a la regulación del gobierno... **¡quieran o no!**

CRISIS DE IDENTIDAD

Tony Stark convenció a Peter Parker para revelar su identidad secreta en una conferencia de prensa. Pero cuando vio a su familia en peligro, Spidey cambió de bando.

¡ASESINADO!

Calavera y la Agente 13 (manipulada) dispararon contra el Capitán América.

SHIELD DESCLASIFICADO

PRISIÓN 42

Con la ayuda de Reed Richards y Hank Pym, Tony Stark creó una prisión llamada Proyecto 42, localizada en la Zona Negativa y destinada a los problemáticos héroes opuestos al programa de registro.

TIEMPOS OSCUROS

El gobierno reclutó a los Thunderbolts como cuerpo de seguridad... con Norman Osborn al mando.

P: ¿Qué es la Iniciativa de los 50 Estados?

R: Un plan de Tony Stark para establecer brigadas de superhéroes **entrenados** y **autorizados** en cada **estado de EE UU.**

INVASIÓN ALIEN

Los skrulls suplantaron a héroes clave con agentes metamorfos. Aprovechando la división de los superhéroes, ¡los skrull invadieron la Tierra!

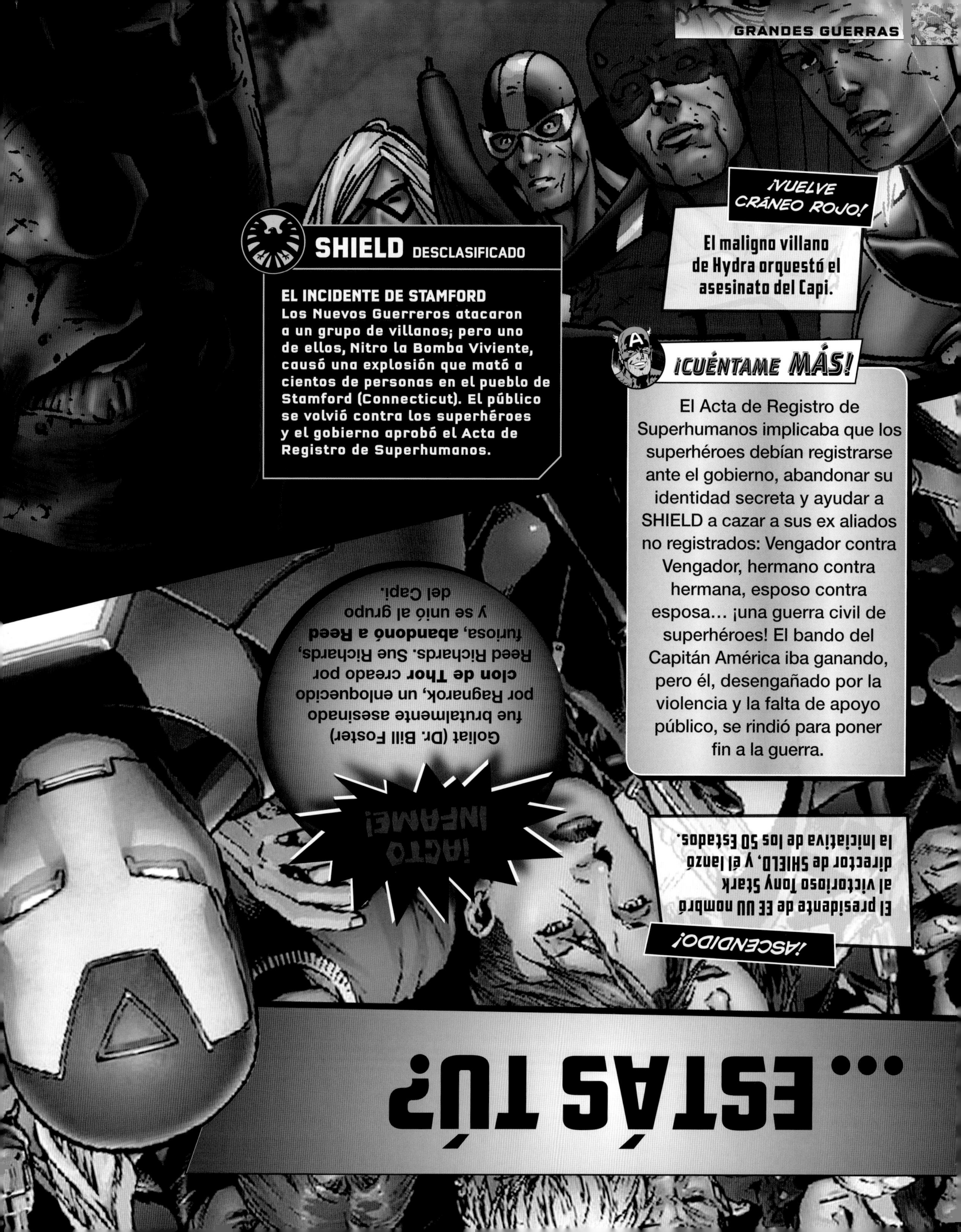

SHIELD DESCLASIFICADO

EL INCIDENTE DE STAMFORD
Los Nuevos Guerreros atacaron a un grupo de villanos; pero uno de ellos, Nitro la Bomba Viviente, causó una explosión que mató a cientos de personas en el pueblo de Stamford (Connecticut). El público se volvió contra los superhéroes y el gobierno aprobó el Acta de Registro de Superhumanos.

¡VUELVE CRÁNEO ROJO!

El maligno villano de Hydra orquestó el asesinato del Capi.

¡CUÉNTAME MÁS!

El Acta de Registro de Superhumanos implicaba que los superhéroes debían registrarse ante el gobierno, abandonar su identidad secreta y ayudar a SHIELD a cazar a sus ex aliados no registrados: Vengador contra Vengador, hermano contra hermana, esposo contra esposa… ¡una guerra civil de superhéroes! El bando del Capitán América iba ganando, pero él, desengañado por la violencia y la falta de apoyo público, se rindió para poner fin a la guerra.

¡ACTO INFAME!

Goliat (Dr. Bill Foster) fue brutalmente asesinado por Ragnarok, un enloquecido **clon de Thor** creado por Reed Richards. Sue Richards, furiosa, **abandonó a Reed** y se unió al grupo del Capi.

¡ASCENDIDO!

El presidente de EE UU nombró al victorioso Tony Stark director de SHIELD, y él lanzó la Iniciativa de los 50 Estados.

…ESTÁS TÚ?

¡CUÉNTAME MÁS!

La nave de Hulk, exiliado por los Illuminati, se estrelló en el planeta Sakaar. Su regente, el Rey Rojo, le obligó a luchar como gladiador, pero el Goliat Verde se alió con sus compañeros y lo derrocó. Hulk se convirtió así en rey de Sakaar y se casó con Caiera, la lugarteniente del Rey Rojo. Todo fue bien hasta que la nave en que había llegado explotó. Caiera murió y gran parte de Sakaar quedó destruido. Hulk culpó a los Illuminati e invadió la Tierra.

LA VENGANZA DE HULK

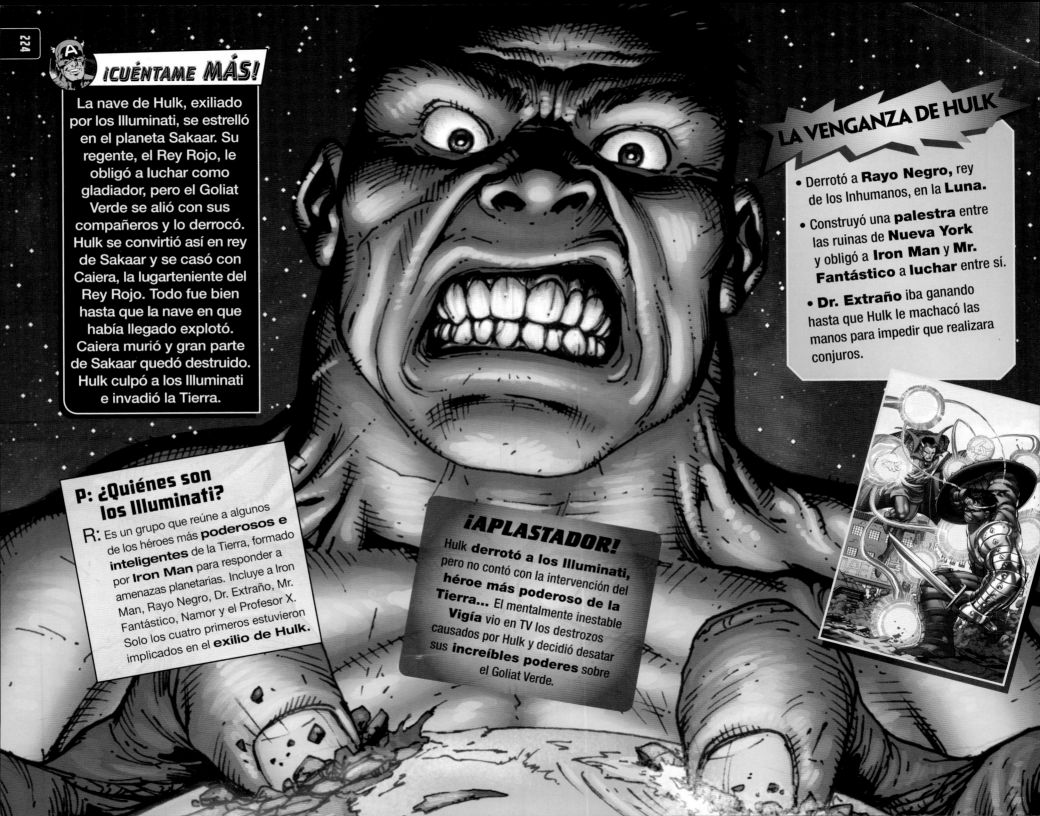

- Derrotó a **Rayo Negro,** rey de los Inhumanos, en la **Luna.**
- Construyó una **palestra** entre las ruinas de **Nueva York** y obligó a **Iron Man** y **Mr. Fantástico** a **luchar** entre sí.
- **Dr. Extraño** iba ganando hasta que Hulk le machacó las manos para impedir que realizara conjuros.

P: ¿Quiénes son los Illuminati?

R: Es un grupo que reúne a algunos de los héroes más **poderosos e inteligentes** de la Tierra, formado por **Iron Man** para responder a amenazas planetarias. Incluye a Iron Man, Rayo Negro, Dr. Extraño, Mr. Fantástico, Namor y el Profesor X. Solo los cuatro primeros estuvieron implicados en el **exilio de Hulk.**

¡APLASTADOR!

Hulk **derrotó a los Illuminati,** pero no contó con la intervención del **héroe más poderoso de la Tierra...** El mentalmente inestable **Vigía** vio en TV los destrozos causados por Hulk y decidió desatar sus **increíbles poderes** sobre el Goliat Verde.

¡ESTO ES LA GUERRA!

Los **Illuminati** tenían buenas intenciones al **abandonar** al problemático Hulk en **el espacio.** Pero Hulk logró **regresar** a la Tierra y, ansioso de **venganza**, declaró ¡la **Guerra Mundial Hulk!**

JUEGO DE EQUIPO

Para **invadir la Tierra,** Hulk reclutó a los **Guerreros,** sus compañeros **gladiadores** de Sakaar: Arch-E 5912, Sin Nombre de la Colmena, Elloe Kaifi, Hiroim, Korg, Miek y Mung.

¡ACTO INFAME!

Miek, aliado de Hulk, reveló después que sabía que el **Rey Rojo** había alterado la **nave** de Hulk para que **explotara,** pero se lo ocultó. Miek provocó **miles de muertes** tan solo para hacer que Hulk luchara de nuevo...

¡UAU!

139 000

Trabajadores necesarios para reconstruir Nueva York tras los destrozos de Hulk y sus amigos.

¡¡NOOOOO!!

El Ejército de EE UU y casi todos los héroes de la Tierra intentaron DETENER A HULK. Su campo de batalla, Nueva York, quedó en RUINAS, y se puso en peligro a miles de personas.

SHIELD DESCLASIFICADO

SKAAR, HIJO DE HULK

Tras el desastre, Hulk creyó que no quedaba nada que le importara en el maltrecho planeta de Sakaar. Pero su hijo Skaar surgió de entre los escombros; pensó que su padre lo había abandonado, y juró que se vengaría de él.

FIN DE LA GUERRA

Hulk reconoció que estaba **demasiado furioso** y pidió a Iron Man que lo detuviera. Lo atacaron con **satélites** y quedó **fuera de combate.** Como Bruce Banner, fue capturado y encerrado a **5 km** bajo el suelo.

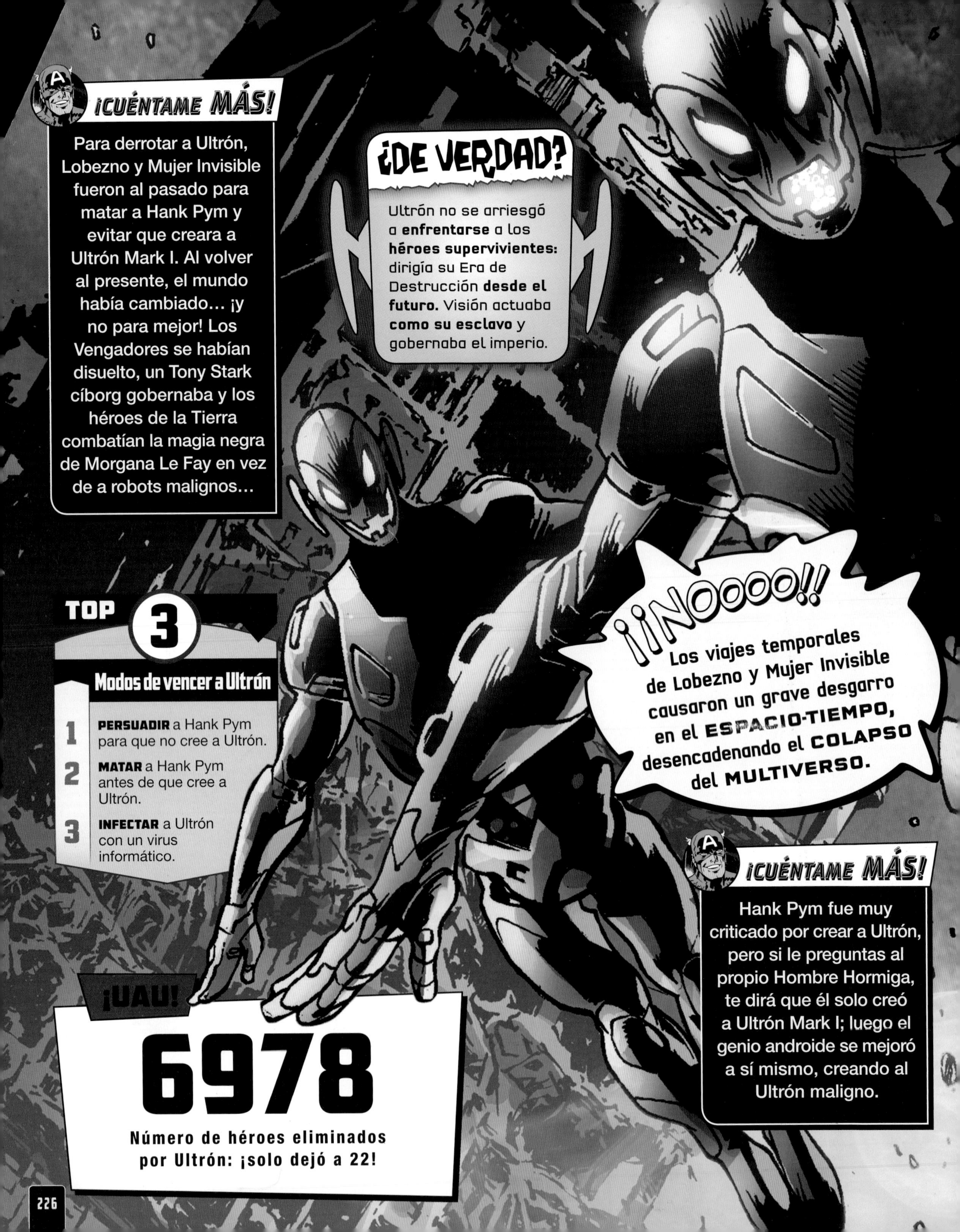

¡CUÉNTAME MÁS!

Para derrotar a Ultrón, Lobezno y Mujer Invisible fueron al pasado para matar a Hank Pym y evitar que creara a Ultrón Mark I. Al volver al presente, el mundo había cambiado... ¡y no para mejor! Los Vengadores se habían disuelto, un Tony Stark cíborg gobernaba y los héroes de la Tierra combatían la magia negra de Morgana Le Fay en vez de a robots malignos...

¿DE VERDAD?

Ultrón no se arriesgó a **enfrentarse** a los **héroes supervivientes:** dirigía su Era de Destrucción **desde el futuro.** Visión actuaba **como su esclavo** y gobernaba el imperio.

TOP 3

Modos de vencer a Ultrón

1. **PERSUADIR** a Hank Pym para que no cree a Ultrón.
2. **MATAR** a Hank Pym antes de que cree a Ultrón.
3. **INFECTAR** a Ultrón con un virus informático.

¡¡NOOOO!!

Los viajes temporales de Lobezno y Mujer Invisible causaron un grave desgarro en el **ESPACIO-TIEMPO,** desencadenando el **COLAPSO** del **MULTIVERSO.**

¡CUÉNTAME MÁS!

Hank Pym fue muy criticado por crear a Ultrón, pero si le preguntas al propio Hombre Hormiga, te dirá que él solo creó a Ultrón Mark I; luego el genio androide se mejoró a sí mismo, creando al Ultrón maligno.

¡UAU!

6978

Número de héroes eliminados por Ultrón: ¡solo dejó a 22!

UN MAL DÍA

La **Tierra Salvaje** podría parecer un **lugar seguro** para aparcar tu **coche volador,** pero un **joven Nick Furia** se quedó pasmado al ver que se lo había **robado...** un **Lobezno viajero temporal.**

¡¡AAARRGH!!

La infiltración de **LUKE CAGE** y **HULKA** en la **FORTALEZA DE ULTRÓN** fracasó, pero desvelaron el **GRAN SECRETO** de Ultrón: estaba rigiendo el mundo **DESDE EL FUTURO.**

LA ERA DE LOS ROBOTS

¡La **Era de Ultrón** había empezado! El maligno robot **conquistó la Tierra** y reinaba con **puño de adamantium.** Los pocos superhéroes que quedaban debían **retroceder en el tiempo** para salvar al mundo de un **futuro devastador.**

SHIELD DESCLASIFICADO

DESASTRE EVITADO

Al comprobar que matar a Hank Pym había dado lugar a un futuro aún peor, Mujer Invisible y Lobezno retrocedieron de nuevo en el tiempo y convencieron a Hank para instalar un mecanismo de apagado en Ultrón. Cuando el mecanoide loco lanzó su ataque, Iron Man activó el programa oculto, evitando así la Era de Ultrón.

MUNDOS ALTERNATIVOS

ECOS DEL PASADO

¡CUÉNTAME MÁS!

INTRUSOS EN EL TIEMPO

Steve Rogers fue expulsado al pasado por el perverso Hombre Púrpura. Su presencia en 1602 creó un agujero en el tejido de la realidad que podía conllevar la destrucción del mundo. ¡E hizo que los superhumanos aparecieran con siglos de antelación!

Extrañas y ominosas tormentas barren Europa: ¡el **fin del mundo** parece próximo! En la **realidad de 1602** viven algunos superhéroes y supervillanos familiares... pero con un **distintivo toque isabelino.**

DE ENTRE LOS MUERTOS

Jacobo I **ejecutó** al Dr. Extraño por brujería; pero su amada Lady Clea recuperó su **cabeza cortada,** que aún podía **comunicarse** por **medios mágicos.**

TOP VIPS DE LA REALIDAD DE 1602

REY JACOBO I DE INGLATERRA Y VI DE ESCOCIA
Odia a las brujas e hizo un trato con Magnus para deshacerse también de los nacidobrujos (mutantes).

VIRGINIA DARE
La primera persona nacida en las colonias del Nuevo Mundo. Puede transformarse en cualquier criatura, ¡incluso en dinosaurios y bestias míticas!

WILLIAM SHAKESPEARE
El Bardo es secuestrado y obligado a relatar las aventuras de Otto von Muerte.

ISABEL I
La buena reina Bess es asesinada por agentes del maligno Conde Otto von Muerte.

TOP 12 Rostros Familiares

1 **DR. STEPHEN EXTRAÑO** Médico de la reina Isabel y mago en secreto (Dr. Extraño).

2 **MAESTRO CARLOS JAVIER** Del Selecto Colegio para Hijos de Caballeros (Profesor X).

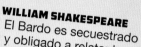

3 **SIR NICHOLAS FURIA** Maestro de espías de Isabel I (Nick Furia).

4 **GRAN INQUISIDOR ENRIQUE MAGNUS** De la Inquisición española (Magneto).

5 **DONAL** Anciano miembro de los templarios (Thor).

6 **PETER PARQUAGH** Asistente de Nicholas Furia (Peter Parker).

7 **LOS CUATRO DEL *FANTASTICK*** Grupo de exploradores (4 Fantásticos).

8 **CONDE OTTO VON MUERTE** De Latveria (Dr. Muerte).

9 **MAESE DAVID BANNER** Cruel agente del rey Jacobo I (Hulk).

10 **LORD IRON** Inventor español aprisionado por David Banner (Iron Man).

11 **ROJHAZ** Misterioso nativo americano (Capitán América).

12 **MATTHEW MURDOCH** Mercenario que se hace pasar por un juglar ciego (Daredevil).

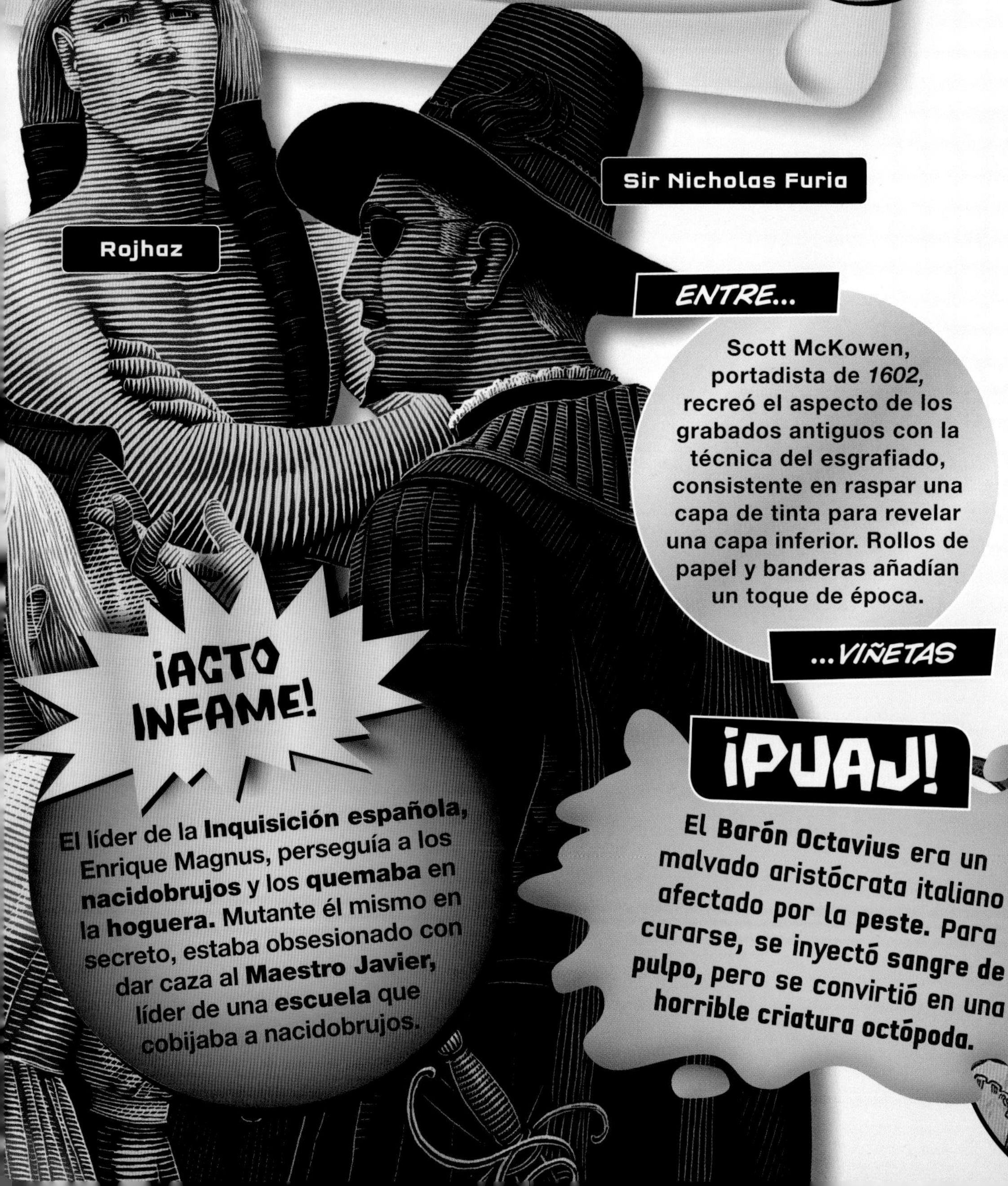

ENTRE...

Scott McKowen, portadista de *1602*, recreó el aspecto de los grabados antiguos con la técnica del esgrafiado, consistente en raspar una capa de tinta para revelar una capa inferior. Rollos de papel y banderas añadían un toque de época.

...VIÑETAS

¡ACTO INFAME!

El líder de la **Inquisición española**, Enrique Magnus, perseguía a los **nacidobrujos** y los **quemaba** en **la hoguera.** Mutante él mismo en secreto, estaba obsesionado con dar caza al **Maestro Javier,** líder de una **escuela** que cobijaba a nacidobrujos.

¡PUAJ!

El Barón Octavius era un malvado aristócrata italiano afectado por la peste. Para curarse, se inyectó sangre de pulpo, pero se convirtió en una horrible criatura octópoda.

SHIELD DESCLASIFICADO

ASGARDIANOS ARTIFICIALES
La Corporación Alchemax creó sus propios héroes nórdicos, los Aesir, y los presentó como los auténticos Thor, Hela, Heimdall, Balder y Loki. Incluso construyó una ciudad flotante llamada Valhalla...

TOP 5 - CÓMO SER SUPERHÉROE EN 2099

ALTERACIÓN GENÉTICA por un experimento científico saboteado, como Spiderman (Miguel O'Hara).

CARGAR LA CONCIENCIA en un cuerpo robótico, como Motorista Fantasma (Kenshiro «Zero» Cochrane).

SER MUTADO por radiación y adquirir la capacidad de disparar bioenergía, como Ravage (Paul-Phillip Ravage).

RECIBIR EL IMPACTO de una poderosa arma de radiación gamma, como Hulk (John Eisenhart).

SER PROGRAMADO para creer que eres un dios nórdico, como Thor (Cecil McAdam).

¡Acción!

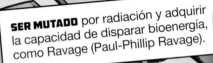

SPIDER-MARTILLO
¿Qué hay mejor que tener poderes arácnidos? Poseer poderes arácnidos ¡y el **MARTILLO MÁGICO DE THOR!** Cuando **STEVE ROGERS** (Capitán América) lanzó **MJOLNIR** contra **SPIDERMAN**, este demostró que era **DIGNO DE EMPUÑAR** la poderosa arma.

¡¿QUÉ?!

En 2099 dos héroes eran **adorados** por **fanáticos.** Los **caballeros de Banner** adoraban a Hulk, y los **thoritas,** a Thor (incluso se vestían con disfraces de Thor y revoloteaban en **planeadores** y hacían girar **grandes martillos...**).

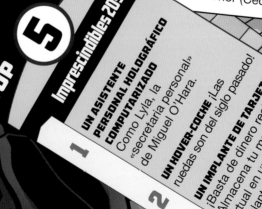

TOP 5 Imprescindibles 2099

1. **UN ASISTENTE PERSONAL HOLOGRÁFICO COMPUTARIZADO** Como Lyla, la «secretaria personal» de Miguel O'Hara.
2. **UN HOVER-COCHE** ¡Las ruedas son del siglo pasado!
3. **UN IMPLANTE DE TARJETA** ¡Basta de dinero real! Almacena tu moneda virtual en una tarjeta implantada bajo la piel.
4. **UN ARMA DE MICROONDAS** ¿Por qué balear a tus enemigos cuando puedes cocinarlos?
5. **UN PLATO DE SYNTH-COMIDA** Barato y sabroso producto 100% químico. ¡Ñam!

¡PUAJ!

La Tierra de 2099 es horrible, pero al lado de la isla Roca Infernal, el resto parece el paraíso... Contaminada con desechos radiactivos, está habitada por ex prisioneros que se han convertido en espantosos mutroids.

¿QUIERES CONOCER EL FUTURO?

¡Bienvenido a un **futuro sombrío!** En **2099,** las **megacorporaciones** lo dirigen todo y la gente común **lucha por sobrevivir.** Por suerte, una **nueva generación** de héroes ha surgido para luchar por la justicia... pero los malos **siempre están ahí.**

¡UAU!

1288

Velocidad máxima en km/h del Aguijón Sigiloso del Castigador. Esta moto policial también puede hacerse invisible ¡y cambiar los semáforos a verde!

UN BUEN DÍA

Al Dr. Muerte de 2099 no le bastaba con regir su **pequeño reino de Latveria**: ¡conquistó **EE UU** y se autoproclamó **presidente!**

ENTRE...

A partir de *Doom 2099* #29 (Mayo 1995), todos los cómics de 2099 llevan en el título las letras «A. D.», de «Anno Doom» (Año de Muerte), para indicar que Muerte estaba al mando...

...VIÑETAS

¡¡NOOOOO!!

Los alienígenas FALANGE fundieron los casquetes polares de la Tierra y aumentó el nivel del mar. NUEVA YORK quedó INUNDADA y fue atacada por ATLANTES.

¡ESPERA LO INESPERADO!

Hay otras realidades **más allá de Tierra-616:** realidades donde todo **es al revés,** donde la historia ha tomado **caminos sumamente distintos.** Allí las cosas pueden ser **realmente raras.**

HULK

¡PUAJ!

En un horroroso futuro, Hulk es la **última persona viva** tras una guerra nuclear. Comido cada día por **nubes de insectos,** su factor de curación le recupera para ser devorado una y otra vez...

BRUCE BANNER

SPIDER-STAR

En Tierra-80219, Spidey **detuvo** al ladrón que mató a tío Ben (en nuestra Tierra-616) y **no se dedicó** a luchar contra el crimen; aprovechó sus asombrosos poderes como **estrella del cine de acción.** Aún debía aprender que «un gran poder conlleva **una gran responsabilidad».**

¡Acción!

¡RICK APLASTA!

En Tierra-7812, **RICK JONES** se convierte en Hulk... ¡y hace un **TRABAJO EXCELENTE!** Se une a los Vengadores, deviene el nuevo compañero del Capitán América, acaba con la guerra kree-skrull y le da en la cara a **ANNIHILUS.**

¡CUÉNTAME MÁS!

En el mangaverso (Tierra-2301), Toni Stark es la blindada Iron Maiden, Peter Parker es un ninja del Clan Araña que ha jurado vengar a su tío, y Hank Pym es un genio infantil y estrella del rock.

TÍA HEROÍNA

¿Por qué debería llevarse Peter toda la diversión? En Tierra-24388, la **tía May** se convirtió en la superhumana metálica **Abuelita Dorada,** en Tierra-23848 encogió como **Tía-Hormiga,** y en Tierra-24838 fue la fría **Tía de Hielo.**

CUANDO LOS MALOS SON BUENOS

CLASIFICADO X
En el universo Mutante X (Tierra-1298), el villano Magneto es un héroe. El Profesor X y la Patrulla X son villanos, y SHIELD es un grupo terrorista.

TOP 6
Mundos alternativos atroces

1. **DÍAS DEL FUTURO PASADO** Los Centinelas cazamutantes intentan apoderarse del mundo.
2. **ERA DE APOCALIPSIS (TIERRA-295)** El Profesor X es asesinado, lo que conlleva un horrible futuro en el que reina Apocalipsis.
3. **TIERRA-81727** Jean Grey no se sacrifica para destruir a Fénix Oscura, y el universo es aniquilado.
4. **ZOMBIVERSO (TIERRA-2149)** Los héroes, infectados con un virus zombi, se comen entre sí y buscan más universos que devorar.
5. **ERA DE ULTRÓN (TIERRA-61112)** Ultrón gobierna y pretende exterminar a la humanidad.
6. **MUNDO RETRÓGRADO (TIERRA-238)** El Capitán Britania queda atrapado en este extraño mundo regido por el mutante deformador de la realidad Jim Jaspers el Loco.

¡UAU!

3007

Año de fundación de los Guardianes de la Galaxia en el futuro alternativo de Tierra-691.

CUANDO LOS BUENOS SON MALOS

MALA BESTIA
Bestia (Hank McCoy) es uno de los X-Men más heroicos, pero en el futuro alternativo de Era de Apocalipsis es famoso por su crueldad. Trabaja como ingeniero genético, experimentando sobre prisioneros mutantes.

GUERRA DE MUNDOS
Los marcianos invadieron la realidad del **héroe Killraven** (Tierra-691). Los octópodos no solo querían tierras: ¡querían a la **humanidad como alimento!**

JIM JASPERS EL LOCO

ÍNDICE

Penguin Random House

Edición sénior Alastair Dougall
Diseño sénior Clive Savage
Edición de arte del proyecto Toby Truphet
Diseño Mark Richards y Anne Sharples
Edición Ruth Amos y Joel Kempson
Diseño de cubierta Toby Truphet
Preproducción sénior Rebecca Fallowfield
Producción sénior Alex Bell
Coordinación editorial
Sadie Smith
Coordinación de arte
Ron Stobbart
Dirección de arte Lisa Lanzarini
Coordinación de publicaciones
Julie Ferris
Dirección de publicaciones
Simon Beecroft

Dorling Kindersley desea expresar su agradecimiento a: Sarah Brunstad, Brian Overton y Jeff Youngquist de Marvel por su ayuda y consejo.
Muchas gracias también a: Debra Wolter por la corrección de pruebas; Cefn Ridout y Allison Singer por la asistencia editorial; Kavita Varma, Rosamund Bird y Akansha Jain por su ayuda en el diseño, y Ann Barrett por el índice.

marvel.com

Publicado originalmente en Gran Bretaña en 2016 por Dorling Kindersley Limited 80 Strand, London WC2R 0RL

Parte de Penguin Random House

Título original: *Marvel. Absolutely Everything You Need to Know...*
Primera edición 2017

Servicios editoriales: deleatur, s.l.
Traducción: José Luis López Angón

ISBN: 978-1-4654-7173-4

Impreso y encuadernado en China

UN MUNDO DE IDEAS
www.dkespañol.com